Eva von Redecker

Zur Aktualität von Judith Butler

Aktuelle und klassische Sozial- und Kulturwissenschaftler|innen

Herausgegeben von
Stephan Moebius

Die von Stephan Moebius herausgegebene Reihe zu Kultur- und SozialwissenschaftlerInnen der Gegenwart ist für all jene verfasst, die sich über gegenwärtig diskutierte und herausragende Autorinnen und Autoren auf den Gebieten der Kultur- und Sozialwissenschaften kompetent informieren möchten. Die einzelnen Bände dienen der Einführung und besseren Orientierung in das aktuelle, sich rasch wandelnde und immer unübersichtlicher werdende Feld der Kultur- und Sozialwissenschaften. Verständlich geschrieben, übersichtlich gestaltet – für Leserinnen und Leser, die auf dem neusten Stand bleiben möchten.

Eva von Redecker

Zur Aktualität von Judith Butler

Einleitung in ihr Werk

Bibliografische Information der Deutschen Nationalbibliothek
Die Deutsche Nationalbibliothek verzeichnet diese Publikation in der
Deutschen Nationalbibliografie; detaillierte bibliografische Daten sind im Internet über
<http://dnb.d-nb.de> abrufbar.

1. Auflage 2011

Alle Rechte vorbehalten
© VS Verlag für Sozialwissenschaften | Springer Fachmedien Wiesbaden GmbH 2011

Lektorat: Cori Mackrodt

VS Verlag für Sozialwissenschaften ist eine Marke von Springer Fachmedien.
Springer Fachmedien ist Teil der Fachverlagsgruppe Springer Science+Business Media.
www.vs-verlag.de

Das Werk einschließlich aller seiner Teile ist urheberrechtlich geschützt. Jede Verwertung außerhalb der engen Grenzen des Urheberrechtsgesetzes ist ohne Zustimmung des Verlags unzulässig und strafbar. Das gilt insbesondere für Vervielfältigungen, Übersetzungen, Mikroverfilmungen und die Einspeicherung und Verarbeitung in elektronischen Systemen.

Die Wiedergabe von Gebrauchsnamen, Handelsnamen, Warenbezeichnungen usw. in diesem Werk berechtigt auch ohne besondere Kennzeichnung nicht zu der Annahme, dass solche Namen im Sinne der Warenzeichen- und Markenschutz-Gesetzgebung als frei zu betrachten wären und daher von jedermann benutzt werden dürften.

Umschlaggestaltung: KünkelLopka Medienentwicklung, Heidelberg
Umschlagbild: Judith Butler, ROPI Bildagentur
Gedruckt auf säurefreiem und chlorfrei gebleichtem Papier
Printed in Germany

ISBN 978-3-531-16433-5

Für Jutta,
der ich nicht mehr von Judith Butler erzählen konnte.

Danksagungen

„It seems that every text has more sources than it can reconstruct within its own terms."

(GT xxxiv)

Ich danke Claudia Ulbrich, in deren Geschichtsseminaren ich zum ersten Mal ‚mit Butler' arbeiten konnte; Juliane Rebentisch und Christoph Menke für die große Unterstützung dabei, dies in die Philosophie zurückzuversetzen – und ganz besonders Rahel Jaeggi für ihre herzliche und geduldige Förderung während dieses Projekts und darüber hinaus.

Meinem Herausgeber Stephan Moebius verdanke ich nicht nur treffende und hilfreiche Anmerkungen zum Manuskript, sondern auch den Rückhalt, den sein großes Vertrauen bedeutete.

Dirk Quadflieg danke ich für Zuspruch im entscheidenden Augenblick und Katrin Pahl für das spannende Auftakt-Gespräch zur Konzeption des Buchvorhabens.

Alle Teilnehmer_innen des sozialphilosophischen Kolloquiums an der HU haben dies Buch auf ganz besondere Weise unterstützt – durch die ausgiebige, konstruktive Diskussion des 4. Kapitels und generell durch motivierende Anteilnahme. Letztere brachte mir in entscheidenden Momenten auch Ilona Pache entgegen – danke!

Für hilfreiche Kommentare, Einwände und Ermutigungen danke ich all' jenen, die mir durch Vorablektüre von einzelnen Teilen beigestanden haben: Georg Brunner, Antke Engel, Mona Frese, Judith Mohrmann, meine Schwester Sophie von Redecker und mit unfehlbar scharfem Blick Margarete Stokowski. Ohne Euch wäre das nichts geworden!

Iwona Janickas Hilfe am Manuskript sowie generell beim Nerven-Bewahren war unschätzbar.

Elisabeth Bonsen hat mit ihrer beharrlichen und behutsamen Lektüre des gesamten Texts dessen Verwandlung in ein ‚richtiges' Buch eingeleitet; an Stellen größter Ratlosigkeit konnte ich mich zudem immer auf Aurélies Verständnis und den klärenden Beistand ihres glasklaren Verstands verlassen.

In ganz besonderem Maße stehe ich in der Schuld der Teilnehmer_innen meines Proseminars zu Judith Butler, das im Sommersemester 2010 an der HU stattfand. Eure Ideen und Fragen haben die Arbeit an dieser Einführung herausgefordert und beflügelt.

Die Liste aller jener, deren Beitrag unverzichtbar war, sich aber nicht direkt auf das Manuskript bezog (wenn er auch Spuren darin hinterlassen haben mag ...), würde diese Aufzählung sprengen. Ich beginne sie also nur mit dem obersten Eintrag:

Ann and Aurélie – thank you ...

Inhalt

Siglenverzeichnis 11

Einleitung: Gegenwartssinn und Gewaltkritik 13

1. Werdegang 19

2. Stilbruch. Die Methode Butler'scher Kritik 35

    2.1 Poetisches Sprachverständnis 36
    2.2 Genealogie und Dekonstruktion 41
    2.3 Dissens als Tugend 46
    2.4 Der Wert der Ermöglichung 51

3. Performativität – das Auftreten von Normen 55

    3.1 … in der Dragbar: Genderperformance 57
    3.2 … unter der Haut: Materialisierung 66
    3.3 … in der Hassrede: Wortgewalt 74
    3.4 … in der Widerrede: Verheißungen der Wiederholbarkeit 79

4. Melancholie. Das Innenleben der Macht 87

    4.1 Ödipus' Vorzeichen: Melancholie von Geschlecht 88
    4.2 Verlust und Subjektwerdung: Der Moment der Unterwerfung 93
    4.3 Antigones Anspruch 100
    4.4 Unbetrauerbarkeit und Dehumanisierung 110

5. Ansprechbarkeit. Das Ethische in der Enteignung 117

    5.1 Ekstatisches Geschlecht 118

    5.2 Widerrufbare Subjekte 124

    5.3 Kampf um Gewaltlosigkeit 130

    5.4 Philosophie der Freiheit 136

6. Rezeption 141

Bibliographie

Werke von Judith Butler 155

Literatur zu Butler 157

Sonstige Literatur 159

Siglenverzeichnis

SD: Subjects of Desire
GT: Gender Trouble
UG: Das Unbehagen der Geschlechter
BM: Bodies That Matter
KG: Körper von Gewicht
ES: Excitable Speech
HS: Hass spricht
PP: Psychic Life of Power
PM: Psyche der Macht
AC: Antigone's Claim
AV: Antigones Verlangen
GA: Giving an Account of Oneself
EG: Kritik der ethischen Gewalt
UG: Undoing Gender
MG: Die Macht der Geschlechternormen
PL: Precarious Life
GL: Gefährdetes Leben
FW: Frames of War
RK: Raster des Krieges
KA: Krieg und Affekt

Weitere Schriften sind mit Autor_innennamen und Jahreszahl nachgewiesen. Ausführliche Literaturangaben finden sich in der Bibliographie.

Mit „*" gekennzeichnete Zitate sind von mir (EvR) selbst aus dem Englischen übersetzt oder zumindest gegenüber der deutschen Textausgabe leicht verändert.

Einleitung: Gegenwartssinn und Gewaltkritik

> „Ich nickte. ‚Das ist wie damals, als ich vierzehn war, und diese Mann-Frau gesehen habe.' Angie stütze ihr Kinn auf ihren Handrücken, während sie mir zuhörte. ‚Ich hatte das ganz vergessen. Meine Eltern haben mich zum Einkaufen mitgeschleppt. Du weißt doch, wie laut und überfüllt die Geschäfte in der Adventszeit sind? Auf einmal wurde alles richtig still. Die Registrierkassen hörten auf zu klingeln und niemand bewegte sich. Alle starrten zur Juwelier-Abteilung. Da ist dieses Pärchen, eine Mann-Frau und eine Femme. Sie haben nichts gemacht, außer Ringe anzugucken, verstehst Du?' Angie lehnte sich zurück und atmete langsam aus. ‚Alle glotzten sie an. Der Druck schoss die beiden Frauen aus der Tür wie Korken. Ich wollte hinterherrennen und sie bitten, mich mitzunehmen. Und gleichzeitig dachte ich: Scheiße. Das werde ich sein.' Angie schüttelte ihren Kopf. ‚Es ist hart, wenn man es kommen sieht, nicht wahr?' – ‚Ja', sagte ich. ‚Als ob Du eine einspurige Straße langfährst und einen Achtzehntonner geradewegs auf Dich zusteuern siehst.'"
>
> (Feinberg 1993: 68f)

In Leslie Feinbergs *Stone Butch Blues*, einem der klassischen queeren Bildungs- und Bekenntnisromane, berichtet die Hauptfigur im Rückblick auf eindrückliche Weise von einem Moment, in dem ihr zugleich mit ihrer Identität oder Zugehörigkeit auch das ‚Schicksal' bevorstehender Gewalt klar wurde. Das lebensbedrohliche Gewaltpotential, das dann in Form von polizeilicher Verfolgung, Vergewaltigung, gesellschaftlicher Ächtung, psychischer Strapaze und körperlicher Verletzung tatsächlich die meisten Seiten dieser Biografie füllt, verdeutlicht die Erzählerin an einer vergleichsweise ‚harmlosen' Situation. An dieser Stelle liegt ‚nur' die Beobachtung einer Alltagssituation vor, deren eingehende Schilderung aber ausreicht, um das ganze Ausmaß der kommenden Verfolgung als Einlösung einer bereits erkannten Gewalt zu verstehen. In dem Moment, als die maskuline Frau mit ihrer Partnerin im Weihnachtsgeschäft die Juwelierauslage auf eine bestimmte Weise anblickt, offenbaren sich der jugendlichen Betrachterin die Ausmaße einer strukturellen Gewalt – eines Potentials, das alle weitere Verfolgung ankündigt, wenn nicht bereits vorwegnimmt. Und diese stumme Gewalt, die zwei Lesben aus dem Kaufhaus weichen lässt, ist nicht etwa eine sanftere Variante der Torturen, über die *Stone Butch Blues* ansonsten berichtet, sondern deckt die Grundlage auf, die alle diese Ausschreitungen bedingt.

Dass darin, wie gesellschaftliche Macht und soziale Identitäten verteilt sind, bereits ein vernichtendes Potential angelegt ist, eine Gewalt vor der Gewalt, bildet den Ausgangspunkt für Butlers gesamtes Werk. In vielen verschiedenen Bereichen diagnostiziert sie eine solche ‚Gewalt vor der Gewalt', die einzelne, offenkundige

Ausschreitungen strukturell bedingt. Es ist geradezu der Grundgedanke ihrer kritischen Gesellschaftstheorie, dass zum Beispiel darin, wie jemand angesehen wird, wenn er_sie sich einen Ring ansieht, eine Entscheidung über die Lebbarkeit von Leben liegt. Was die literarische Protagonistin in der Bildwelt einer Motorradfahrerin über das Ausmaß dieser Bedrohung schlussfolgert, wäre demnach mitnichten übertrieben: *„Als ob Du eine einspurige Straße langfährst und einen Achtzehntonner geradewegs auf Dich zusteuern siehst."* In Butlers Untersuchungen, ganz gleich, ob sie sich der ‚Terrorismusbekämpfung', der Entstehung des Gewissens oder dem Geschlechterverhältnis widmen, geht es im Grunde immer darum, aufzudecken, wie in den sozialen Machtverhältnissen bereits Bahnen vorgezeichnet sind, die ein Gewaltpotential freisetzten, das dem des Achtzehntonners gegenüber einer Motorradfahrerin gleicht. Solche strukturelle Gewalt, oder Gewalt vor der Gewalt, äußert sich nicht in einmaligen Akten. Sie bildet die Matrix, in der einzelne Gewalttaten möglich werden. Bestimmte Redeweisen, Kategorien, Erwartungen, diese oder jene Selbstverständlichkeit, die aber so angeordnet sind, dass sie zusammengenommen den Druck erzeugen, der manchen Menschen nicht etwa nur bestimmte Rechte vorenthält – sei es auf Eheschließung oder auf Rechtshilfe in der Kriegsgefangenschaft, – sondern sie systematisch aus dem Menschlichen hinauskatapultiert. Die obige Szene schildert nicht weniger als das, in treffender Metaphorik: *„Der Druck schoss die beiden Frauen aus der Tür wie Korken."* Solcher Gewalt ist nicht mit einzelnen Verboten oder partiellen Maßnahmen beizukommen. Selbst der Appell an Gewaltlosigkeit, auf den Butlers Werk schließlich zusteuert, wird eine eher ungewöhnliche und komplizierte Form annehmen. Das Kernstück Butler'scher Kritik besteht darin, solche Gewalt überhaupt erst einmal sichtbar zu machen. Sie lenkt den Blick über diejenigen Opfer, die wir vielleicht noch recht gut wahrnehmen, auf die Rahmenbedingungen einer Gewalt, die einen Großteil ihrer Kosten eben gar nicht erst auffällig werden lässt.

So geht die Konzeption der Performativität (3. Kapitel), in der sich Geschlecht und Identität manifestieren, mit einer dezidierten Kritik an den Begriffen und Vorstellungen einher, mit denen wir die in Frage stehenden Phänomene gemeinhin beschreiben. Diese Kategorien schmuggeln nämlich die Ansprüche von Stabilität und Eindeutigkeit ein, an denen gemessen manche Geschlechter dann keine Geschlechter sind, manche Paare keine Paare, manche Personen keine Personen. In der Analyse der Melancholie (4. Kapitel) zeigt sich daraufhin nicht nur, wie sich gesellschaftliche Macht psychisch festsetzt, sondern auch, wie die soziale ‚Unmöglichkeit' bestimmter Lebens- und Liebes-Optionen Subjekte auf der Basis unnennbarer Verluste gründet. Solche Verleugnung ist zu ihrer Aufrechterhaltung indessen aber fortgesetzt auf die ‚Ausschaltung' der in Frage stehenden Aspekte angewiesen, seien sie innerpsychisch oder im gesellschaftlichen Umfeld. In dem Projekt, um den Begriff der „Ansprechbarkeit" (5. Kapitel) herum eine Ethik der Gewaltlosigkeit zu entwerfen, sucht Butler nach einer Alternative zu solcher in ihrer Rigidität immer schon gewaltabhängigen Subjektivität und fokussiert die normativen Rahmen, die unsere Ansprechbarkeit und auch unsere Affekte vorstrukturieren.

Entscheidend für Butlers Projekt ist, dass die jeweilige ‚Gewalt vor der Gewalt' nicht, wie manche fatalistische Varianten gerade (post)strukturalistischer Theorie mitunter behaupten, notwendig und stets gleich bemessen wäre. Sie ist das Korrelat eines jeweiligen Systems, sei es der Heteronormativität oder aggressiver Außenpolitik, sie kann sich mit diesem wandeln und auch reduzieren. Mehr noch – auch innerhalb einer bestimmten Formation sind Gewaltpotentiale nicht ungebrochen oder widerspruchslos. Keine der von Butler beschriebenen und kritisierten Strukturen ist in dem Sinne strukturell, dass sie zur Natur des Menschen, zur Logik der Geschichte oder zum Lauf des Schicksals gehörte – im Gegenteil besteht Butlers Hauptarbeit darin, die von ihr identifizierten Machtgebilde als solche zu benennen und einer verschleiernden Naturalisierung in einer der genannten Notwendigkeiten zu entreißen.

Damit erhalten ihre Analysen einen dezidierten Gegenwartsbezug. Sie sind nicht nur lokal situiert, in einem westeuropäisch-nordamerikanischen Kontext, sondern in ihrer zeitlichen Aktualität oft nur an Dekaden gebunden. Da Butler eine zeitgenössische Denkerin ist, bedarf es keiner weiteren Beschwörungen, warum ihr Werk ‚gerade in unserer Zeit' von Belang ist. Diesen Nachweis erbringt sie selbst. Aber im Gegenzug beschränkt der zeitliche Index Butlers Untersuchungen auch in der Reichweite ihrer Gültigkeit. Gerade die Kontexte, die ihre theoretische und politische Ausgangsposition prägen, fallen heute bereits unter die Rubrik des ‚historischen', weshalb das Kapitel zu Butlers Werdegang (1.) zumindest die akutesten darunter vor Augen führt, nämlich die amerikanische Schwulen- und Lesbenbewegung zur Zeit der AIDS-Krise und die innerfeministischen Kämpfe um Sexualität. Weil Butlers Denken so dezidiert dem jeweils gegebenen historischen Moment verschrieben ist, bedarf es ständiger Reaktualisierung, die nicht mit willkürlicher Positionsveränderung verwechselt werden darf. Es sind die Umstände, die sich ändern, weshalb zum Beispiel das Anfangszitat, das aus einem literarischen Werk aus dem Jahrzehnt von Butlers akademischer Ausbildung stammt und eine Szene beschreibt, die ihrer Kindheit zeitgenössisch sein könnte, zumindest in den Kaufhäusern einiger weniger spätkapitalistischen Metropolen derzeit anachronistisch wirken könnte. Wenn dem so wäre, bedeutet das allerdings nicht, dass in unsere, zumal globalen, Machtverhältnisse keine überlebensbedrohlichen „Achtzehntonner" mehr eingelassen sind. Es bedarf des Gegenwartssinns und großer

Aufmerksamkeit, um sie nicht zu übersehen. Und auch Butlers zukünftige Werke, die in gewisser Hinsicht der ‚Aktualität' dieser Einführung spotten werden, werden dieser Perspektive verpflichtet sein. Obwohl ich mit der Klammer einer Analyse und Kritik von ‚Gewalt vor der Gewalt' einen Interpretationsrahmen anbiete, der anhaltende normative Bedeutung beansprucht, soll also nicht Butlers je spezifische Aktualität geleugnet werden.

Die Gegenwärtigkeit von Butlers Denken und ihre Gewaltkritik laufen an einem bestimmten Punkt zusammen, nämlich der Weigerung, eine Analyse in die Zukunft zu verlängern. Das Verbot, in die Zukunft zu forschen, findet sich bereits im Talmud. Butlers Werk beharrt auf einer starken Version dessen: nämlich, dass eine der Achsen von Gewalt in dem Abschluss gegen die Zukunft besteht, der sich immer dann einstellt, wenn eine Bestimmung oder eine Gruppe als definitiv behauptet wird. Jede Definition beruht auf Ausschlüssen und der Verleugnung einer Grauzone. Wenn Definitionen aber auch noch als universell, im Sinne von allgemein und anhaltend gültig verstanden werden, zementieren sie diese Ausschlüsse, ohne die sich jeweils wandelnde Welt noch zur Kenntnis nehmen zu können. Universalität, so Butler, sollte deshalb nicht ganz aufgegeben, sondern umgemodelt werden, und zwar zu einem andauernden Prozess der Übersetzung. Nur im Offenhalten von Kategorien und Identitäten lässt sich die demokratische und ethische Möglichkeit zukünftiger Variation und Integrationen bewahren. Die mitunter nervenaufreibende Punktualität und Selbsteinschränkung von Butlers theoretischem Stil muss nicht als ironische Positionsverweigerung aufgefasst werden. Sie lässt sich auch als Strategie verstehen, die der Hoffnung Rechnung trägt, in der Gegenwart nicht die Möglichkeit zukünftiger Verbesserung ausschließen zu müssen.

Wenn eines der faszinierendsten Charakteristika von Judith Butlers Denken ihr Augenmerk für Aktualität ist, so hat sie das im Laufe ihrer Karriere auch immer wieder dazu veranlasst, das Thema zu wechseln. Diese Entwicklung soll in diesem Buch zwar eingefangen, aber nicht auf eine bloße Chronologie gebracht werden. Vielleicht etwas überraschend werden im folgenden nicht erst Butlers Überlegungen zu Gender, dann zum Subjekt allgemein und dann, über einen Abstecher zur Ethik, hin zu Krieg und Frieden rekapituliert (und vielleicht noch um einen Ausblick auf ihr anstehendes, Zionismus-kritisches Buch ergänzt). Die einzelnen thematischen Kapitel, die sich um die Schlüsselbegriffe „Performativität", „Melancholie" und „Ansprechbarkeit" gruppieren, setzen vielmehr jeweils bei der in der betreffenden Werkphase zentralen Konzeption von Gender und Sexualität an, schwenken im nächsten Abschnitt auf den allgemeinen Subjektbegriff über und widmen sich dann den in diesem Zusammenhang entstehenden Perspektiven für Gesellschaftskritik und Widerstand. In diesem systematisierenden Vorgehen werden die einzelnen Werke Butlers, bei denen es sich ja ohnehin zumeist eher um motivisch verknüpfte Sammlungen hochkarätiger Essays handelt, zum Teil zerstückelt und selektiv verwendet, was vielleicht gerade die studentischen Leser_innen mit einem gezielten Anliegen enttäuscht. Deshalb ist zur Orientierung hinsichtlich der Hauptwerke zunächst zu sagen, dass sich *Das Unbehagen der Geschlechter, Körper von Gewicht* und *Hass spricht* hauptsächlich im 3. Kapitel, *Psyche der Macht, Antigones Verlangen* und *Gefährdetes Leben* im 4. Kapitel und *Kritik der ethischen Gewalt, Macht der Geschlechternormen* und *Raster des Krieges* im 5. Kapitel finden. Darüber hinaus kann dieses Buch von der_dem eiligen Leser_in auch auf das 2. Kapitel reduziert werden. Dieser Teil enthält unter dem Titel „Stilbruch. Die Methode Butler'scher Kritik" methodologische Überlegungen und generelle Charakterisierungen, die als eine Art ‚Leseanleitung' den Einstieg in Butlers Werk erleichtern und die Hürde beim Verständnis ihrer so oft als schwierig geltenden Texte verringern helfen sollen. Zugleich wirbt dieser Abschnitt auch dafür, in der vermeintlichen Schwierigkeit nicht immer nur ein Hindernis zu sehen. Verunsicherung oder Unklarheit muss nach Butler nicht notwendig negativ sein, und stellt definitiv keinen Zustand dar, der in jedem Fall so schnell wie möglich zu überwinden wäre – ein Begehren, dass das Ende von philosophischer Kritik bedeutete.

Damit soll nicht gesagt sein, dass sich die Darstellung im Ganzen und insbesondere von Butlers Thesen nicht am Maßstab der Klarheit messen lassen soll. Darin, manche Dinge direkter, geradliniger und einfacher zu fassen als die Autorin selbst, bestand die besondere Herausforderung beim Schreiben einer solchen Einführung gerade zu Butlers Werk. Eine Maßnahme, um dennoch in der Zusammenfassung nicht die Originaltexte gänzlich aus der Darstellung zu verbannen, ist deren recht extensive Zitation im Text. Umso dringlicher ist aber der Hinweis, diese nicht als Ersatz, sondern als Einstieg für die Bezugstexte zu verstehen. Der ‚Aktualität von Judith Butler' kann sicher nicht besser gedient werden, als dass diese Einleitung Anlass zu vielen konkurrierenden und ergänzenden Interpretationen ihres Werks und dessen Anwendungsmöglichkeiten bietet.

1. Werdegang

> „Die Frage nach dem Kontext wird in der Dekonstrukion nicht aufgegeben: Er wird bloß für schier unbegrenzbar gehalten. Das heißt nicht, dass man nie versuchen sollte, einen Kontext einzugrenzen, sondern nur, dass ein jeder solcher Versuch einer notwendigen Revision offen steht."
>
> (Butler et al. 2000c: ix*)

„Ein Leben erzählen" kann man laut der jüdischen Philosophin Hannah Arendt erst nach dem Tod (Arendt 2002: 240). Judith Butler verkompliziert die Sache weiter, indem sie darauf hinweist, dass der narrativen Integration eines Lebens immer gerade die ‚Lebendigkeit' entginge: dass ein Leben nichts ist, das sich kontinuierlich entwickelt, wie etwa ein Baum wächst, sondern seine Ausrichtung und Charakteristik gerade dadurch gewinnt, durch Umstände und Gegenüber unterbrochen – ‚dekomponiert' – zu werden. Butler nennt das auch die „Enteignung" durch Kontexte, und dieses ‚biographische' erste Kapitel konzentriert sich deshalb neben der Darstellung einiger Eckdaten und Butler'schen Selbstauskünfte, die ihre Entwicklung hin zur Philosophie betreffen, besonders auf zwei solche unterbrechende Kontexte. Das ist zunächst die Diskussionslage innerhalb der feministischen Bewegung um 1979, d.h. zu dem Zeitpunkt als Butler selbst aktiv in die Gendertheorie eintrat. Und es ist zweitens der spezifische Aktivismus, der sich im Widerstand gegen die homophobe Stimmung und Administration während der AIDS-Krise Mitte der 1980er formierte, als Butler *Gender Trouble* verfasste. Die Skizzen der *feminist sex wars* und von ACT UP sollen nicht als umfassendes Hintergrundbild für Butlers Werk gelten, bilden aber wichtige Momente, deren Intervention in Butlers Werdegang sich in der Ausrichtung ihrer Theorie niedergeschlagen hat – und anders als jüngere Ereignisse wie etwa die Kriege im Irak und in Afghanistan handelt es sich um Kontexte, die dem aktuellen Kreis der Butlerleser_innen vielleicht nicht präsent sind.

Judith Butler ist am 24. Februar 1956 in Cleveland geboren, einer Industriestadt an der US-amerikanischen Nordgrenze im Bundesstaat Ohio. Beide Eltern sind praktizierende Juden und politisch engagiert. Die Familie ihrer Mutter stammt aus Ungarn, wo alle ihre Verwandte der Shoah zum Opfer fielen, außer zwei Cousins, die Butlers Großmutter 1938 mit sich retten konnte. Die Mutter, eine studierte Wirtschaftswissenschaftlerin, war zu Lebzeiten ihrer Eltern orthodox und schloss sich später der Reformsynagoge an, die auch ihr Vater, der Zahnarzt war, besuchte.

Butlers Großeltern besaßen ein Kino, und Butler führt den Beginn ihrer ‚Theoretisierung' von Geschlecht darauf zurück, dass ihr auffiel, wie sich die Mitglieder ihrer Familie stetig an die Hollywoodstars ihrer Generation anpassten, und darüber eine Art Assimilation in die amerikanische Gesellschaft vornahmen. In einem Interview, das auch in die sehr sehenswerte, 2008 entstandene Arte-Dokumentation über Butler aufgenommen wurde, beschreibt sie diesen Prozess:

> „So wurde meine Großmutter langsam aber sicher Helen Hayes, und meine Mutter wurde langsam aber sicher zu einer Art Joan Crawford. Und ich denke, mein Großvater war jemand wie Clark Gable oder Omar Sharif (…). Vielleicht ist *Gender Trouble* eigentlich eine Theorie, die aus meinem Versuch hervorging, daraus klug zu werden, wie meine Familienmitglieder diese Hollywood-Normen verkörperten – und wie sie es auch wieder nicht taten. Sie versuchten diese Verkörperung, aber dann gab es da auch wieder etwas Unmögliches. Und vielleicht war meine Schlussfolgerung, dass womöglich jeder, der diese Normen zu verkörpern versucht, daran auch scheitert – auf eine Weise, die letztlich interessanter sein mag, als die Erfolge."[1]

Butler genoss eine jüdische Erziehung, sie besuchte eine jüdische Schule, lernte hebräisch und erhielt zusätzlichen Unterricht in jüdischer Ethik. Sie galt, ihrer eigenen Auskunft nach, als Problemkind: undiszipliniert und rebellisch. Als Teenager wurde sie vor das Ultimatum gestellt, entweder die Schule zu verlassen oder zusätzlichen Einzelunterricht beim Rabbi zu nehmen. Diese Strafe kam Judith jedoch sehr gelegen, denn sie bewunderte den Rabbi, Daniel Silver, und hatte schon vorher mitunter auch deshalb die Schule geschwänzt, um seine Predigten hören zu können. Butler beschreibt die erste Stunde dieses Nachsitzens rückblickend folgendermaßen:

> „Er sagte ‚Was willst Du lernen? Dies ist Deine Strafe. Jetzt wirst Du ernsthaft etwas lernen müssen.' Ich glaube, er bezweifelte meine Ernsthaftigkeit. Ich erklärte, dass ich existentielle Theologie lesen wollte, insbesondere Buber. (Buber habe ich nie verlassen.) Ich wollte die Frage betrachten, ob der deutsche Idealismus mit dem Nationalsozialismus in Verbindung gebracht werden kann (…). Meine dritte Frage war, warum Spinoza aus der Synagoge exkommuniziert worden war. Ich wollte wissen, was da geschehen ist und ob die Synagoge im Recht war." (Butler 2010c*)[2]

---

1   Transkribiert aus: „Judith Butler, Philosophin der Gender", Regie: Marie Mandy (Frankreich 2006).*
2   "He said: 'What do you want to study in the tutorial? This is your punishment. Now you have to study something seriously.' I think he thought of me as unserious. I explained that I wanted to read existential theology focusing on Martin Buber. (I've never left Martin Buber.) I wanted look at the question of whether German idealism could be linked with National Socialism. Was the tradition of Kant and Hegel responsible in some way for the origins of National Socialism? My third question was why Spinoza was excommunicated from the synagogue. I wanted to know what happened and whether the synagogue was justified." (Butler 2010c)

1. Werdegang

Eine größere Ernsthaftigkeit – wenn das denn ernst gemeint war –, lässt sich wohl aus dem Mund einer Vierzehnjährigen kaum vorstellen. Solche Gratwanderung zwischen tiefem Ernst und Parodie demonstriert Butler auch in der anderen Anekdote, die sie aus ihrer Jugend berichtet. Auf die Frage nach ihren Zukunftsplänen soll sie einem Pädagogikdoktoranden geantwortet haben, entweder Philosoph_in oder Clown werden zu wollen. Im Nachhinein kommentiert sie: *„Ich glaube, ich begriff damals, dass vieles davon abhinge, ob ich meinen würde, die Welt sei es wert, über sie zu philosophieren, oder nicht, und davon, was der Preis für Ernsthaftigkeit sein mochte."* (MG 369).

Diesen Zugang zur Philosophie als existenziellem Projekt, als etwas, das mit der Frage nach dem Leben zusammenhängt, betont Butler besonders in ihrem 2002 erschienenen Aufsatz „Can the ‚»Other« of Philosophy speak?". Sie versucht damit einen Philosophiebegriff zurückzugewinnen, der weiter als die Definition des akademischen Feldes ist und sich gegen dessen Abgegrenztheit ins Feld führen lässt. In diesem Zusammenhang erzählt sie noch eine alternative Geschichte ihrer eigenen ‚Initiation' in die Philosophie:

> „Meine erste Einführung in die Philosophie war vollkommen uninstitutionell, autodidaktisch und verfrüht. Diese Szene lässt sich am Besten im Bild des jungen Teenagers fassen, der sich im Untergeschoss des Hauses der schwierigen Familiendynamik entzieht, wo Bücher aus der Collegezeit der Mutter aufbewahrt werden und wo Spinozas *Ethik* zu entdecken ist. Meine Gefühle befanden sich in Aufruhr, und ich fing an, Spinoza zu lesen, um herauszufinden, ob es mir vielleicht helfen würde, besser mit meinen Gefühlen zurechtzukommen, wenn ich erst wüsste, was sie sind und wozu sie dienen. Was ich im zweiten und dritten Kapitel dieses Textes fand, war tatsächlich ergiebig. Die Extrapolation emotionaler Zustände aus dem primären Beharren des *conatus* [Existenzstreben] beim Menschen beeindruckte mich als die gründlichste, reinste und klarste Erklärung menschlicher Leidenschaften. Ein Ding strebt danach, in seinem Sein zu beharren." (MG 371)

Die Zentralität des Existenzstrebens im Rahmen von Butlers eigener späterer Theorie wird tatsächlich auch in der Mitte dieses Buches, in Kapitel 4.2., wiederbegegnen. Butler beschreibt noch ihren Kontakt mit weiteren philosophischen Werken, Kierkegaards *Entweder/Oder* und Schopenhauers *Die Welt als Wille und Vorstellung*, und resümiert dann die Atmosphäre dieser zufälligen und nicht institutionellen Zirkulation von Philosophie, die ja, wenn auch in vielleicht anderer Szenerie, ebenso weite Bereiche der Rezeption von *Gender Trouble* charakterisieren wird:

> „Diese Bücher gelangten also, wie man sagen könnte, als Nebenprodukte der Institution Philosophie zu mir, das allerdings in einer deinstitutionalisierten Form. Jemand hatte entschieden, man solle sie übersetzen und verbreiten, und sie wurden von jemandem für Seminare bestellt, die meine Eltern oder ihre engsten Freunde besucht hatten; später wurden sie in einem Regal abgelegt und tauchten als Bestandteil des visuellen Horizonts wieder auf, der das rauchererfüllte Untergeschoss des Vororthauses zierte, das mein Zuhause war. Ich saß missmutig

und bedrückt in diesem Keller, hatte die Tür abgeschlossen, so dass niemand hereinkommen konnte, und hatte genug Musik gehört. Und irgendwie schaute ich auf in diesem düsteren, ungelüfteten Raum und durch den Rauch meiner Zigarette fiel mein Blick auf einen Buchtitel, der in mir den Wunsch [*the desire*] weckte, zu lesen, Philosophie zu lesen." (MG 374)

Das Begehren, Philosophie zu lesen, setzte Butler nicht nur in die Wahl ihres Studienfachs um, sondern auch in der Themenwahl ihrer Promotion, die sie über das Motiv des Begehrens in Hegels *Phänomenologie des Geistes* und dessen Rezeption in der französischen Philosophie des 20. Jahrhunderts schrieb. Deren Titel lautet: *Recovery and Invention: The Projects of Desire in Hegel, Kojève, Hyppolite, and Sartre*. Butler veröffentlichte diesen Text, nachdem sie ihn um ein Kapitel, das sich auch der poststrukturalistischen Hegelrezeption bei Derrida, Foucault, Lacan und Deleuze annahm, erweitert hatte, 1987 als *Subjects of Desire. Hegelian Reflections in Twentieth-Century France*. Die zentrale Frage dieses Buches, der auch Butlers gesamtes späteres Werk verpflichtet bleibt, reformuliert sie selbst folgendermaßen: *„Was ist der Zusammenhang von Begehren und Anerkennung und wie kommt es, dass die Subjektkonstitution eine radikale und grundlegende Beziehung zur Alterität mit sich bringt?"* (SD xiv).

Als Studentin in Yale von 1974 bis '82 war Butler Teil einer der renommiertesten akademischen Institutionen des Landes, die übrigens erst seit 1969 weibliche Studienanfänger_innen zuließ (auf Graduiertenlevel war das schon vorher der Fall). Sie konzentrierte sich auf die klassischen Themen der kontinentalen Philosophie – Marx und Hegel, die Phänomenologen Heidegger und Merleau-Ponty sowie die Tradition der Frankfurter Schule. Das akademische Jahr 1978/79 verbrachte sie mit einem Fulbright Stipendium in Heidelberg und vertiefte bei Dieter Henrich und Hans-Georg Gadamer ihre Studien zum deutschen Idealismus. Dieses Auslandsjahr löste in ihrem Elternhaus heftige Debatten aus. Laut Butler ist es nur einem Machtwort ihrer Großmutter zu verdanken, dass die Philosophiestudentin in das Land der Täter der Shoah aufbrechen durfte. Diese hatte darauf hingewiesen, dass man in ihrer Familie schließlich schon immer zum Studieren nach Deutschland gegangen sei, während Butler selbst sich damit verteidigte, dass Deutsch auch die Sprache sei, in der Bachmann und Celan schrieben.

Obwohl Butler in ihrem Grundstudium nach eigenen Angaben sporadisch und skeptisch Paul de Mans Vorlesungen zu Nietzsche verfolgt hatte, ergab sich ihr eigentlicher Kontakt mit poststrukturalistischer Theorie erst nach diesem Auslandsaufenthalt abermals auf den eher unkonventionellen Kanälen der Philosophievermittlung. Das *Women's Studies Program* in Yale war zunächst größtenteils in Eigeninitiative und selbstorganisiert entstanden, ab 1979 wurde ein reguläres Lehrangebot etabliert, zu dem auch Butler beitrug. Im Rahmen der feministischen

1. Werdegang

Colloquien wurde sie auf die zeitgenössischen französischen Denker aufmerksam, die ihr Doktorvater Maurice Nathanson nicht bereit gewesen wäre, zur ernsthaften Philosophie zu zählen. Das Buch, das vielleicht die wichtigste Vorarbeit zu *Gender Trouble* darstellt, Foucaults *Sexualität und Wahrheit I. Der Wille zum Wissen*, brachte ihr z.b. die Anthropologin Gayle Rubin nahe, die 1979 bei der „Second Sex Conference" am *New York Institute for the Humanities* darüber vortrug. In einem späteren Interview kommentieren die beiden Theoretikerinnen diesen Wissenstransfer folgendermaßen:

> „Rubin: Habe ich mit dem Buch herum gewedelt?
> Butler: Ja, Du hast mich eingeführt.
> Rubin: Ich war wirklich einfach total heiß auf das Buch.
> Butler: Ja, Du hast mich auch heiß darauf gemacht ..." (Butler/Rubin 1983: 72*)

Damit befinden wir uns bereits mitten in dem Kontext, der entscheidend für Butlers theoretischen Ausgangspunkt wurde – den Debatten innerhalb der amerikanischen Frauenbewegung Anfang der 80er Jahre. Während Butler selbst, bzw. ihr 1990 erschienenes Buch *Gender Trouble,* meist mehr oder weniger mit dem Ende der zweiten feministischen Welle identifiziert wird, weil es dem „Subjekt des Feminismus", also ‚der' Weiblichkeit oder der Gruppe aller Frauen, begrifflich den Boden entzog, sind es mit Hinblick auf die Struktur der eigentlichen Bewegung die sogenannten *feminist sex wars*, die man mit dem Niedergang der ‚zweiten Welle' in Verbindung bringt. Die Strategie der ‚zweiten Frauenbewegung' lässt sich ganz grob als Kampf um die rechtliche Gleichstellung beschreiben, nachdem die Frauenrechtlerinnen vorausgegangener Generationen mit dem Wahlrecht zunächst die politische Gleichberechtigung erstritten hatten. Eines der wichtigsten Ziele war die Kriminalisierung von Gewalt gegen Frauen. Rechtliche Errungenschaften wie das Gesetz gegen Vergewaltigung in der Ehe bilden Meilensteine dieser Politik, deren entscheidende Voraussetzung die Politisierung des vermeintlich Privaten darstellt. Mit der Prävention von sexueller Gewalt gegen Frauen zum Ziel und dem Gesetzgeber als Adressaten formierte sich dabei gegen Ende der 70er ein besonderer Schwerpunkt um den Kampf gegen Pornografie, die als Erotisierung und Verbreitung weiblicher Unterwerfung und Minderwertigkeit verstanden, wenn nicht gar generell zum Ursprung weiblicher Unterdrückung erklärt wurde.[3]

Innerfeministisch ging diese Entwicklung mit intensiven Diskussionen und Experimenten um die Möglichkeiten gewaltfreier, nicht männlich-patriarchalisch dominierter Sexualität einher. Adrienne Rich etwa formuliert die Vision eines „lesbischen Kontinuums", das alle Facetten von weiblich-gleichgeschlechtlicher Inti-

---
3   Vgl. z.B: Dworkin 1988 u. MacKinnon 1994.

mität, Solidarität und Sexualität umfassen und als Alternative zu einer patriarchalisch organisierten „Zwangsheterosexualität" sichtbar machen sollte. Dabei ging es nicht zuletzt auch darum, Frauenfreundschaft als eine spezifisch weibliche Erfahrung entschieden von männlicher Homosexualität abzurücken, der gegenüber Rich von einer „qualitativen Differenz" spricht:

> „... zum Beispiel das Überwiegen von anonymem Sex und die Rechtfertigung von Päderastie unter männlichen Homosexuellen, die ausgesprochene Altersdiskriminierung in männlich homosexuellen Standards sexueller Attraktivität, etc. Beim Definieren und Beschreiben von lesbischer Existenz würde ich hoffen, in Richtung einer Dissoziation lesbischer von männlich homosexuellen Werten fortzuschreiten. Ich nehme lesbische Erfahrung, wie Mutterschaft, als eine tiefgreifend *weibliche* Erfahrung wahr, mit speziellen Unterdrückungen, Bedeutungen und Potentialen, die wir nicht verstehen können, so lange wir sie mit anderen sexuell stigmatisierten Existenzen zusammenfassen." (Rich 1997: 323*)

Auf der Linie einer solchen Sichtweise lagen auch die Argumente für den Wert von separatistischen Einrichtungen und Netzwerken. In einer männerdominierten Kultur, so der Ansatzpunkt, sei es naiv zu glauben, dass einzelne Frauen allein durch Partizipation an gemischten Institutionen, etwa Parteien oder Universitäten, ihre Stellung behaupten und die bestehenden Machtverhältnisse überwinden könnten. Die Basis für nachhaltige feministische Strategie müssten, wie auch durch historische Analysen untermauert wurde, rein weibliche Allianzen bilden, in denen Fähigkeiten und Selbstvertrauen erworben und von denen aus die Rollenverteilung in der Gesellschaft insgesamt in Angriff genommen werden könnte. *„Mir scheint, dass uns die historische* sisterhood *viel darüber lehren kann, Frauen an erste Stelle zu setzen, sei es als Freundinnen, Liebhaberinnen oder politische Verbündete"*, wirbt zum Beispiel die feministische Historikerin Estelle Freedman 1979 für eine solche Strategie (Freedman 2006b: 34*).

Diese Politik des Separatismus war innerhalb des Feminismus keineswegs alternativlos, und erst recht nicht unumstritten. Ebenfalls 1979 hielt Monique Wittig auf der Simone-de-Beauvoir-Konferenz in New York City einen Vortrag, der die Idee des Separatismus einer erschütternden Radikalisierung unterzog. Butler, die auf dieser Veranstaltung auch ihren ersten eigenen feministischen Aufsatz vortrug, beschreibt den Eindruck, den Wittigs „One is not born a woman" (Wittig 1981) auf sie machte, als „desorientierend", „schwindelerregend" und transformativ: *„Nachdem ich sie gehört hatte schien mir der Raum geradezu greifbar zu einem neuen Ort zu werden"* (Butler 2007b: 528*). Wittigs materialistischer feministischer Ansatz läuft der Vorstellung eines „weiblichen Kontinuums", oder einer „historischen *sisterhood*" drastisch entgegen. Lesbische Beziehungen dienen ihrer Analyse gemäß nicht dazu, weibliche Räume zu kreieren, sondern Weiblichkeit obsolet zu machen:

1. Werdegang 25

> „Lesbe ist der einzige Begriff, den ich kenne, der jenseits der Kategorien von Geschlecht (Frau und Mann) angesiedelt ist, weil das betreffende Subjekt (Lesbe) *keine* Frau ist – weder ökonomisch, noch politisch, noch ideologisch. Denn was eine Frau ausmacht, ist ein spezifisches soziales Verhältnis zu einem Mann, ein Verhältnis, das wir zuvor Sklaverei genannt haben (…), ein Verhältnis, dem Lesben entkommen, indem sie sich weigern, heterosexuell zu werden oder zu bleiben. Wir sind auf die selbe Weise Ausreißer_innen aus unserer Klasse, wie es die entflohenen Sklav_innen waren, wenn sie der Sklaverei entkommen und frei waren." (Wittig 1981: 54*)

Während Wittig also die Basis feministischer Politik unter Beschuss nimmt, spielten sich die eigentlichen *sex wars* an den Rändern der vorausgesetzten ‚Gruppenidentität' ab. Der Versuch, weibliche ‚Gegenwelten' zu formieren, ging nicht ohne drastische Abgrenzungen gegen vermeintlich ‚unweibliche' und damit ‚antifeministische' Gruppen vor sich. In dem Zitat von Adrienne Rich wurde bereits die krude Distanznahme von männlich homosexueller Kultur deutlich. Die Missbilligung traf aber auch jene weiblichen Identitäten und Sexpraktiken, die als patriarchalischen Mustern verhaftet angesehen wurden, also insbesondere Rollenspiel und Aneignung von Männlichkeit in Butch/Femme Beziehungen und in sadomasochistischen Kontexten. Das Dildo stand in den Augen mancher Feministinnen, die sich in Organisationen wie „Women Against Violence Against Women" (WAVAW) und „Women against Pornography" (WAP) organisierten, ebenso fürs Patriarchat wie die Erotisierung von Machtgefällen in einverständlichem SM. Gayle Rubin charakterisiert rückblickend diese Tendenz in einem Interview mit Judith Butler folgendermaßen:

> „Ende der Siebziger war nahezu jede sexuelle Variation irgendwo in der feministischen Literatur negativ dargestellt, und zwar mit einer feministischen Rationalisierung. Transsexualität, männliche Homosexualität, Promiskuität, öffentlicher Sex, Transvestismus, Fetischismus und Sadomasochismus wurden in feministischer Rhetorik alle geschmäht, und jeder von ihnen wurde irgendeine kausale Vorrangstellung in der Erschaffung und Aufrechterhaltung weiblicher Unterdrückung zugeschrieben. Irgendwie waren diese armen sexuellen Abweichungen plötzlich der ultimative Ausdruck patriarchaler Herrschaft (…). Und gleichzeitig entlastete es die viel mächtigeren Institutionen männlicher Vorherrschaft und die traditionellen Ansatzpunkte feministischer Agitation: die Familie, Religion, Diskriminierung im Arbeitsleben und ökonomische Abhängigkeit, erzwungene Reproduktion, voreingenommene Ausbildung, Mangel an rechtlichem und bürgerlichem Status, etc." (Butler/Rubin 1994: 77*)

Im Sinne von Rubins Statement stand auch schon die sich ihrerseits als dezidiert feministisch verstehende ‚sex-positive' Bewegung dieser Entwicklung diametral entgegen. Das Anliegen der *sex radicals* bildete die Enttabuisierung und Befreiung weiblicher Sexualität in allen ihren Facetten. Die Aktivistinnen verstanden die Unterdrückung und Einhegung von weiblicher und lesbischer Erotik als eines der zentralen Machtmittel zur Entmündigung von Frauen, aber auch als Effekt einer verinnerlichten Misogynie, die die patriarchalische Gesellschaftsordnung mit sich bringe. Pat Califia veröffentlichte 1980 den bis dato einzigen expliziten lesbischen Sexratgeber *Sapphistry*, der sozusagen auf ‚konkreter Ebene' eine ähnliche Erschütterung der Identifikation von weiblicher Freundschaft und Solidarität mit Lesbianismus vollzog, wie Wittigs theoetische Intervention. *„Wir sind nicht einfach nur Erz-Feministinnen"*, konstatiert Califia im Vorwort. *„Wir sind Frauen, die darüber nachdenken, einander zu berühren; wir ziehen einander aus und erkunden die sinnliche Möglichkeiten unserer eigenen Körper und die unserer Liebhaber_innen"* (Califia 1983: xv). Wenn schon das Insistieren auf der genuin erotischen Qualität weiblicher Beziehungen einen Keil in die feministische Bewegung treiben konnte, wurden diejenigen Aspekte der Sexualität, die sich positiv auf männliche Homosexualität bezogen – sei es im Propagieren von Promiskuität oder innerhalb der BDSM-Szene[4] – als Verrat auf allen Ebenen verteufelt, beziehungsweise als Opfer der patriarchalischen Gewaltkultur pathologisiert. Was nicht heißt, dass sich nicht auch innerhalb der sex-positiven Zirkel erbitterte Frontstellungen aus der Frage ergaben, nach welchen Kriterien über Gruppenzugehörigkeit entschieden werden sollte. Gayle Rubin etwa äußert ihre Wut über eine Diskussion bei einem Treffen von Frauen in San Francisco, die an der Gründung einer lesbischen BDSM Gruppe interessiert waren, in folgender Beschreibung:

> „Beim Valencia-Rose-Treffen bekundeten einige Separatist_innen schleunigst, dass sie wollten, dass die neue Gruppe bisexuelle und transsexuelle Frauen ausschließt: Sie sollte »*lesbian-only*« sein und auf sogenannte »gebürtige« (vermutlich genetische) Frauen beschränkt. Außerdem wollten sie nur die Lesben zulassen, die nur Sex mit anderen Lesben hatten, die nur Sex mit anderen Lesben hatten, die nur Sex mit anderen Lesben hatten, vermutlich bis auf die zehnte Generation von Fick-Partner_innen (…). 1984 strebte der lesbische Separatismus nach neuen Graden von Purismus, womöglich in einem vergeblichen Versuch, die Grenzen der lesbischen Nation gegen den AIDS-Organismus abzudichten." (Rubin 1996: 341*)

In dieser Polemik klingt bereits an, was komplett das Dasein der anderen zeitgleichen Emanzipationsbewegung bestimmte: der Höhepunkt der AIDS-Krise insbesondere in schwulen Kreisen zu Beginn der 80er Jahre. Bevor auf diesen anderen wichtigen Rahmen von politischem Aktivismus eingegangen wird, soll noch einmal im Vorgriff auf Butlers Positionierung in den skizzierten innerfeministischen Konflikten eingegangen werden. Bemerkenswerterweise entzieht sie sich einer klaren Zuordnung in eines der beiden Lager. Die Ablehnung restriktiv gehandhabter Zugehörigkeitsvoraussetzungen teilt sie mit Nachdruck:

---

4   „BDSM" ist das Kürzel für alle jene Sexualpraktiken, in denen einvernehmliche Machtgefälle erotisiert werden. Die Abkürzung setzt sich zusammen aus „B" für *bondage*, „DS" für *dominance/submission* (Dominanz/Unterwerfung) und „SM" für Sado-Masochismus.

1. Werdegang

„Ich entwickelte in meiner Jugend große Skepsis gegenüber einer bestimmten Art von jüdischem Separatismus. Ich meine, ich sah, wie man in der jüdischen *community* immer beisammen blieb, und niemandem außerhalb traute. Man bringt jemanden mit nach Hause, und die erste Frage lautet ‚Sind Sie jüdisch, sind Sie nicht jüdisch?' Dann kam ich in die lesbische *community*, im College, später, im Hauptstudium, und das erste, was sie fragten, war: ‚Bist Du eine Feministin oder bist Du keine Feministin?' ‚Bist Du Lesbe oder bist Du keine Lesbe?' Und ich dachte mir: ‚Schluss mit diesem Separatismus!' (…) Es fühlte sich nach der gleichen Regulierung der Gemeinschaft an. Man traut nur denen, die absolut wie man selbst sind, die dieser partikularen Identität einen Treueeid geleistet haben. (…) ‚Ist diese Person lesbisch? Ich glaube, sie hatte vielleicht eine Beziehung mit einem Mann. Was sagt das darüber, wie wahr ihre Identität ist?' Ich dachte, dass ich es nicht aushalte, in einer Welt zu leben, in der Identität auf diese Weise kontrolliert ist." (Butler 2010c*)

Butlers Gemeinschaftserfahrung bewegte sie also zu einer antiseparatistischen Politik. Es ist bezeichnend, dass sich dem auch eine ganz andere Auswertung von ähnlichen Ausgangsvoraussetzungen gegenüberstellen lässt. Als Befürworterin exklusiver Institutionen, in denen unterdrückte Gruppen sich selbst organisieren können, beschreibt die bereits zitierte Estelle B. Freedman, die der gleichen Generation wie Butler angehört, ihr eigenes Verhältnis zum Separatismus folgendermaßen:

„Im Amerika der Nachkriegszeit jüdisch aufzuwachsen, lieferte entscheidende Lehren hinsichtlich sozialer Hierarchien, zusammen mit einer tiefen Verankerung in Identitätspolitik. Trotz ihres nahezu vollkommenen Schweigens über den Holocaust vermittelte meine Familie und die eng verwobene jüdische Subkultur, in der ich aufwuchs, eine historische Lehre über die Fallstricke assimilatorischer Überlebensstrategien und darüber, wie wichtig es ist, eine starke gemeinschaftliche Basis zu schaffen (…). Wie auch meine Großeltern sozialisierten mich unser Rabbi und andere Gemeindeleiter dazu, meine jüdische Identität in einer nichtjüdischen Welt beizubehalten. Die Teilnahme an einer Reihe von jüdischen Institutionen, von der Hebräisch-Schule zu Jugendgruppen und Sommercamps, bildete einen sicheren Hafen. Jahre später, als ich eine jüdische Feministin sagen hörte, dass weiblicher Separatismus den jüdischen Separatismus ihrer Jugend ersetzt hatte, wurde mir klar, wie stark meine frühe Gemeinschaft meine eigenen politischen Instinkte geprägt hatte." (Freedman 2006a: 4*)

Während Butler inhaltlich also unmissverständlich auf Seiten des Antiseparatismus steht, ja ihr Werk geradezu als Gegenentwurf zu einem auf Abgrenzung angewiesenen Identitätsverständnis gelesen werden kann, hat sie dennoch stets darauf beharrt, sich als Feministin und Teil der größeren feministischen Bewegung zu definieren. Insofern ist es auch, wie im Rezeptionskapitel noch einmal aufzugreifen sein wird, leicht irreführend, Butler zu geradlinig zur Gründungsfigur der *Queer Theory* zu erklären. Anders als viele Kolleg_innen – wie zum Beispiel auch Rubin – hat Butler stets an einem ‚klassischen' feministischen Rahmen und somit an der Analyse von Gender festgehalten und diese nicht zugunsten des Fokus auf Sexualität aufgegeben.

> „Ich würde sagen, dass ich zuerst eine feministische Theoretikerin bin, und erst dann eine
> Queer-Theoretikerin, oder eine Theoretikerin des Schwulen und Lesbischen. Ich bin wohl
> in erster Linie dem Feminismus verpflichtet (...). Dazu kommt, dass ich entschieden dage-
> gen bin, wenn manche Leute in der *Queer Theory* behaupten wollen, dass die Analyse von
> Sexualität radikal von der Analyse von Geschlecht getrennt werden könne." (Butler 1994*)

Nachdem Butler sich akademisch in die aktuellen feministischen Debatten einzu-
mischen begonnen und 1984 eine Stelle im interdisziplinär-geisteswissenschaft-
lichen Programm der Wesleyan University angenommen hatte, begann sie systematisch, poststrukturalistische Denker in ihre Arbeit einzubeziehen. In der darauf
folgenden Anstellung als Assistenzprofessorin in Washington D.C. richtete sie
schließlich ihr philosophisches Interesse auf ein neues Projekt, das, wie sie selbst
anführt, die „andere Seite" ihres Lebens stärker mitreflektierte:

> „Während ich in der akademischen Welt eingerichtet war, lebte ich zugleich auch ein Leben
> außerhalb ihrer Mauern und obwohl *Gender Trouble* ein akademisches Buch ist, begann es
> für mich mit einem Übersetzen, als ich am *Rehoboth Beach* saß und mich fragte, ob ich die
> zwei verschiedenen Seiten meines Lebens verbinden könnte." (GT xvii)

„*Rehoboth Beach*" stellt in diesem Zitat eine vielsagende Anspielung dar. Der
Strandabschnitt in Delaware ist nämlich nicht nur der zentrale Treffpunkt für
schwule und lesbische Badegäste an der amerikanischen Ostküste, sondern trägt
auch einen biblischen Namen, der auf hebräisch treffenderweise „Platz für alle"
bedeutet. Die ‚andere Seite', Butlers Erfahrung in der Schwulen- und Lesbenbewegung, beginnt ihrer Auskunft nach nicht erst mit den akademischen Diskussionen
um lesbische Identität. Ebenfalls im Vorwort zur 1999er Neuauflage von *Gender
Trouble* betont Butler, wie vertraut sie schon ‚von Haus aus' mit der spezifischen
Gewalt war, die Geschlechternormen mit sich bringen:

> „Ich wuchs mit einem gewissen Verständnis der Gewalt von Gender-Normen auf: ein Onkel,
> weggeschlossen wegen seines anatomisch ungewöhnlichen Körpers, um Familie und Freunde
> beraubt, verlebte seine Tage in einem »Institut« in der Prärie von Kansas; schwule Cousins,
> die ob ihrer – tatsächlichen oder vermeintlichen – Sexualität aus ihrem Zuhause gejagt wur-
> den; mein eigenes stürmisches Coming-Out im Alter von sechzehn; und im Anschluss eine
> Erwachsenenwelt verlorener Jobs, Liebhaberinnen und Wohnungen." (GT xxi*)

Die hier erwähnten Cousins boten Butler auch eine starke Allianz und Identifikationsvorlage, etwas, was in der Homosexuellenszene zunächst nicht selbstverständlich
war – in ihrem Beginn war die Homosexuellenbewegung stark männerdominiert,
während viele Lesben sich primär in feministischen politischen Zusammenhän-
gen organisierten und identifizierten. Butler verortet sich in diesem Kontext mit
folgender Charakterisierung:

1. Werdegang

> „In den Vereinigten Staaten [hat man] nur die Wahl, mich in jüngeren Jahren als *bar dyke* zu beschreiben, die ihre Tage damit verbrachte, Hegel zu lesen und ihre Abende, nun, in der Schwulenbar, die gelegentlich zu einer Drag-Bar wurde. Und ich hatte einige Verwandte, die sozusagen in der Szene waren, und es gab da irgendeine wichtige Identifikation mit diesen »Jungs«" (MG 338*)

Diese „Identifikation mit den Jungs" war bezeichnend für eine neue Ära homosexueller Politik, die sich in den 80er Jahren zur Zeit der AIDS-Krise in den USA formierte. Nach den legendären Stonewall-Unruhen 1969, wo Stammgäste der New Yorker Bar begannen, sich gegen eine Polizeirazzia und willkürliche Verhaftungen tätlich zur Wehr zu setzten – das Ereignis, das jährlich mit dem Christopher Street Day begangen wird – hatte die amerikanische Homosexuellenbewegung sich Mitte der 70er Jahre zunächst von der militanten *gay liberation* in Richtung der *gay rights politics* reorientiert. Lobbyarbeit und Aufklärungskampagnen setzten stärker auf Integration und Respektabilität.

Die anwachsende Homophobie in der Gesellschaft nach Ausbruch der AIDS-Epidemie, die bei panischer Furcht vor Ansteckung das Immunschwäche-Syndrom gleichzeitig als ‚*gay disease*' und Folge eines unverantwortlichen Lebenswandels hinstellte, intensivierte auch innerhalb der Szene negative Gefühle. Die Moralisierung der Krankheit, die große Unsicherheit hinsichtlich ihrer Übertragung und Ursache – erst 1985 wurde überhaupt das Virus isoliert und ein standardisiertes Testverfahren zugelassen – manifestierte sich in weiten Kreisen in ‚*gay shame*'. ‚*Pride*', das Zugwort der Bewegung seit der Stonewall-Aufstände, wurde nicht mehr aus dem distinkten Lebenswandel und der sexuellen Kultur abgeleitet, sondern sollte durch ‚Verantwortungsbeweise' bezogen werden, die der heterosexuellen Mehrheit die ‚Anständigkeit, ihrer schwulen Mitbürger_innen vor Augen führte. Die *community*, und zwar Schwule und Lesben, die von der homophoben Stimmung ebenso betroffen waren, hatte enorme Leistungen zu erbringen. Spenden wurden gesammelt, Aufklärungsarbeit geleistet und die Kranken und Sterbenden – die oft von ihren Herkunftsfamilien entfremdet, wenn nicht verstoßen, lebten – versorgt. Mit der rapide anwachsenden Zahl der Opfer – allein in 1983 verdreifachten sich die AIDS-Fälle auf über 1000 – wurde die Lage immer katastrophaler und auch deshalb emotional so belastend, weil die eigenen Verluste von weiten Teilen der Öffentlichkeit mit Häme bedacht und die bestehenden Beziehungen negiert wurden. Butler beschreibt die Isolation der Betroffenen im Rückblick folgendermaßen:

> „Die Menschen machten alle möglichen emotionalen Verluste durch, die öffentlich nicht anerkannt und während der AIDS-Krise sehr akut wurden. In den ersten Jahren der AIDS-Krise gab es viele Schwule, für die es nicht möglich war, sich dazu zu bekennen, dass ihre Liebhaber A, krank und B, tot waren. Sie konnten keinen Zugang zum Krankenhaus bekommen, um

ihre Partner zu besuchen und sie konnten nicht ihre Eltern anrufen und sagen, ‚Ich habe gerade die Liebe meines Lebens verloren.'" (Butler 2010c*)

Ein zentrales Anliegen des AIDS-Aktivismus bestand also darin, nicht nur auf die Tode aufmerksam zu machen – überhaupt die Existenz einer Epidemie, auf die gesundheitspolitisch reagiert werden musste zu demonstrieren –, sondern auch Ausdrucksformen für die Trauer um die eigenen Verluste zu finden. Regelmäßig wurden Trauermärsche, Lichterketten und Totenwachen organisiert. Das beeindruckendste Zeugnis dieser Art von Aktivismus ist das *Quilt*, ein riesiges Patchwork aus Stoffstücken, die jeweils von Freund_innen zu Erinnerung an einen Verstorbenen gestaltet wurden. Douglas Crimp, AIDS-Aktivist und Kunstkritiker aus New York, beschreibt den Eindruck, den die Ausstellung des *Quilt* machte, folgendermaßen:

> „Als ich über das Quilt ging, war ich tief bewegt – von der schieren Ungeheuerlichkeit an Verlust, von den vielfältigen Gefühlen für die Leben so vieler Menschen, und von den schmerzerfüllten Reaktionen der Mittrauernden. Mir fiel besonders meine Reaktion auf das Panel auf, das den Namen Michel Foucaults trug. Er war ein intellektuelles Idol, seine Schriften waren entscheidend für meine eigene Arbeit und er hatte sich weniger als ein Jahr vor seinem Tod bereit erklärt, meine Dissertation zu lesen. Dieses Panel zu betrachten, hatte dennoch eine geringere emotionale Wirkung auf mich als ab und zu einen Namen zu sehen, den ich als den von jemandem erkannte, den ich nur flüchtig gekannt oder von dem ich mal gehört hatte. In diesen Momenten ging mir der volle Umfang meines Verlusts auf – nicht meine guten Freunde Craig, Dan, Hector, René, Robert ..., deren Tod ich direkt miterlebt hatte, sondern andere, von denen ich, da ich sie nicht gut genug kannte, nicht einmal gewusst hatte, dass sie tot waren. Mit anderen Worten: Ich hatte nicht nur das Zentrum meines Lebens verloren, sondern auch seine Peripherie." (Crimp 2002: 196*)

Crimps Einstellung zum *Quilt* war dennoch nicht ohne Ambivalenz. Als eines der Gründungsmitglieder von ACT UP/New York verlangte er nach militanteren Formen des Protests. War nicht womöglich, so mutmaßt er in dem oben zitierten Essay, ein Teil der positiven öffentlichen Resonanz auf das *Quilt* auf den Umstand zurückzuführen, dass es die schwule Menschen auf eine Weise repräsentierte, die eben deshalb nicht den notorischen Hass und die vertraute Hysterie auslöste, weil die Betreffenden tot waren? Musste man nicht für das Leben kämpfen?

Die Radikalisierung des Protests, für den ACT UP (*AIDS Coalition to Unleash Power*) einstand, war unter anderem auch deshalb erfolgreich, weil 1985 im Fall *Hardwick vs. Bower* der Oberste Gerichtshof eine alte ‚Sodomie'-Gesetzgebung bestätigt hatte, der gemäß die Festnahme eines schwulen Paares, das ein Polizeibeamter in Illionois in ihrem eigenen Schlafzimmer beim Oralverkehr aufgelauert und festgenommen hatte, gerechtfertigt war. Mit dieser Entscheidung wurde schlagartig deutlich, wie wenig aussichtsreich eine Politik der Respektabilität war. Jean O'Leary, der Geschäftsführer der *National Gay Rights Advocates*

1. Werdegang 31

brachte die Stimmung auf den Punkt: „*Even the closet (is) now unsafe*" (zit. nach Gould 2009: 139). Während schwule Saunen und *darkrooms* von den Behörden geschlossen wurden, verbreitete sich sogar Furcht vor Internierung. Die öffentliche Meinung befürwortete erzwungene Quarantäne für Infizierte und verschiedene Bundesstaaten erwogen, diese einzuführen (vgl. Gould 2009: 118). Zudem wurde ein Gesetz erlassen, das die Kündigung eines Arbeitnehmers bereits bei dem Verdacht auf HIV-Infektion legalisierte. Eine Politik, in der für Homosexuellen-Rechte ‚im Privaten' gestritten wurde, schien müßig. ‚Im Privaten' war man nicht nur Nachstellungen ausgesetzt, sondern litten um 1987 auch über 30.000 Infizierte an einer tödlichen Krankheit, deren Existenz die Reagan-Regierung zunächst leugnete und nach wie vor nicht mit ausreichender Finanzierung von Forschung und Versorgung bekämpfte. Die 1987 zunächst in New York gegründete Aktivist_innengruppe ACT UP reagierte darauf mit einer offensiveren Strategie. Sie verstand es, die Trauer in Wut umzumünzen und organisierte nicht nur massive Demonstrationen, sondern auch diverse Formen von zivilem Ungehorsam und Agitprop. Eine spezifische Ausdrucksform war dabei die Dramatisierung der politischen Agenda im öffentlichen Raum, die weniger auf Anerkennung als auf Erschütterung und Verstörung abzielte. Butler, die selber Mitglied einer Guerilla-Theatergruppe war, beschreibt eine der berühmtesten Protestformen, die ACT UP etablierte, die *dieins*, folgendermaßen:

> „Als ACT UP (die lesbische und schwule Aktivist_innengruppe) begann, *die-ins* auf den Straßen New Yorks aufzuführen, war das ausgesprochen dramatisch (…). Es hatte schon zuvor Straßentheater gegeben, sowie die Tradition aus der ziviler-Ungehorsams-Ecke der Bürgerrechtsbewegung, dass man sich schlaff zusammenfallen und dann von Polizisten wegtragen ließ: sich tot zu stellen. Diese Präzedenzfälle oder Konventionen wurden in den *die-ins* aufgegriffen, wo plötzlich alle auf einmal »starben«. Sie gingen die Straße runter, alle gleichzeitig, und dann zeichneten sie weiße Linien um die Körper, wie Polizeimarkierungen, um den Platz der Leiche zu kennzeichnen. Es war eine schockierende Symbolisierung. Es war verständlich, in sofern es sich auf Konventionen berief, die in vorausgegangenen Protestkulturen entstanden waren, aber es stellte eine Neuerung dar. Es war das Anzeichen einer neuen Form zivilen Ungehorsams. Und es war ausgesprochen drastisch. Es zwang die Leute, stehen zu bleiben und herauszufinden, was geschah. Es herrschte Verwirrung. Die Leute wussten erstmal nicht, warum diese Menschen sich tot stellten. Starben sie tatsächlich, hatten sie eigentlich AIDS? Vielleicht, vielleicht auch nicht. Vielleicht waren sie HIV positiv, vielleicht auch nicht. Es gab keine vorgefertigten Antworten auf diese Fragen. Die Aufführung stellte eine Reihe von Fragen, ohne einem die Werkzeuge auszuhändigen, um die Antworten abzulesen." (Butler 1994*)

Auch wenn hier nur eine leichte Verschiebung in der Repräsentation der Opfer vor sich ging, hatte sich die Taktik doch deutlich zu einer spezifischen Variante von Konfrontation gewandelt. Was scheinbar ein Detail der Inszenierung darstellt – die Kreidestriche um die Opfer – symbolisiert neben der Trauer auch eine profunde Wut und Anklage – die Assoziation läuft darauf hinaus, dass hier ‚Morde', und nicht einfach Krankheitsopfer zu verzeichnen waren. Dass durch Uneindeutigkeit und Verunsicherung – parodistisch – Politik gemacht werden kann, erst recht wenn diese sich gegen vernichtende normative Rahmen wendet, ist zunächst eine Lehre der Taktik von ACT UP. Die Verschmelzung von Theatralität und Aktivismus war auch insofern ein Lebenselixier der Bewegung, als sie zugleich am eigenen erotischen Selbstverständnis arbeitete. Die Teilnahme von Lesben am AIDS-Aktivismus verdankt sich nicht nur der Tatsache, dass sie von den Medien ebenfalls als ‚AIDS-Träger_innen' konstruiert wurden, sondern dass viele ‚sex-radikale' Lesben sich der Schwulenbewegung verbunden fühlten, weil deren Sexualität unter so starken Rechtfertigungsdruck geraten war. Der Kampf wurde zunehmend als ein gemeinsamer Kampf für sexuelle Freiheit und gegen Diskriminierung verstanden. Mit der trotzigen Aneignung von *queer* als Selbstbezeichnung reklamierte die Bewegung ‚*pride*' wieder für die eigene Lebensweise, in aller ihrer Diversität und ‚Perversität'. Der gesellschaftlichen Verunglimpfung, die sich in ‚schwuler Scham' eingenistet hatte, wurde auf allen Ebenen mit erotischer und politischer Selbstbehauptung entgegnet. Butler gibt in ihrem Essay „Auf kritische Weise *queer*" (KG 305-334) eine ganze Liste dieser theatralisch wirksamen Aktionsformen an:

> „Eine solche Geschichte könnte die Traditionen einschließen von *cross-dressing, drag balls, street walking, butch-femme spectacles*, die fließenden Übergänge zwischen dem Marsch (New York City) und der *parade* (San Francisco); *die-ins*, veranstaltet von Queer Nation; *drag*-Vorführungen zugunsten von AIDS (…); das Zusammentreffen von Theaterarbeit mit theatralischem Aktivismus, das Vorführen exzessiver lesbischer Sexualität und Ikonografie, die der Desexualisierung der Lesbe wirkungsvoll begegnet; taktische Störungen öffentlicher Foren durch lesbische und schwule Aktivisten mit dem Ziel, die öffentliche Aufmerksamkeit und Empörung auf die unterlassene staatliche Finanzierung von AIDS-Forschung und AIDS-Bekämpfung zu lenken." (KG 320)

Als eine der Chronist_innen der Bewegung resümiert Deborah Gould: „*In einem Umfeld sozialer Nicht-Anerkennung, hat* queer *uns zu wechselseitiger Anerkennung herausgefordert und diese intensiviert*" (Gould 2009: 256*). Dabei ist aber entscheidend, dass diese „Gegenseitigkeit", dieses „Wir" ein unwahrscheinliches und disparates war. Die Allianz aus Schwulen, Lesben, Transgender, Sex-Radikalen, Prostituierten, Drogenkonsument_innen war in den 80er-Jahren präzedenzlos. ‚*Queer*' vereinte für eine Weile Gruppen, die sich vorher keineswegs als Gemeinschaft verstanden hatten. Vor diesem Hintergrund wird nicht nur verständlicher, warum die *Queer Theory* allgemein eine ‚Anti-Identitäts-Politik' voraussetzt, sondern auch, warum Butler selbst so beharrlich daran festhält, dass *queer* eben keine ‚Identität' ist, auch wenn sie als ‚lesbischwultrans' weit gefasst wird. ‚*Queer*' als Allianz muss sich stets neu reformulieren, je nachdem welche Identitäten und

1. Werdegang

Praktiken von den herrschenden Normen unanerkennbar oder auch ‚unbetrauerbar' gemacht werden.

In diesem Sinne begründet Butler auch ihre umstrittene Ablehnung des Zivilcouragepreis beim Berliner CSD 2010 im Versäumnis der Veranstalter_innen, die derzeit dringlichen antirassistischen Bündnisse betrieben zu haben: *„Für mich ist »queer« eine aktive Bewegung unter Minderheiten, die zu Koalitionen führen sollte, und wenn eine Minderheit im Namen einer anderen geopfert wird, hat die Bewegung ihren politischen Anspruch auf Gerechtigkeit und Gleichheit verloren"* (Butler 2010e).

Die Frage, die Butlers jüngstes Werk prägt, ob sich gegenwärtig aus bestimmten Weisen, Trauer zu erfahren, ein neuer Sinn von politischer Gemeinschaft ergeben könne, verweist unübersehbar zurück auf Erfahrungen des AIDS-Aktivismus. Eine der wenigen Stellen, wo Butler in ihrem Werk überhaupt die Option der Zugehörigkeit zu einem „wir" positiv erwägt, lautet:

> „Ich denke, wenn ich immer noch zu einem »wir« sprechen kann, in das ich mich selbst einschließen kann, spreche ich zu denjenigen unter uns, die in bestimmten Hinsichten außer sich leben, sei es in sexueller Leidenschaft, emotionaler Trauer oder politischem Zorn. In einem gewissen Sinne besteht die Schwierigkeit darin, zu verstehen, welche Art von Gemeinschaft diejenigen bilden, die außer sich sind." (MG 39)

Während Butler sich mithin politisch als „außer sich" lebend versteht und ihre Theorie als „das Andere der Philosophie" (MG 367) stilisiert, ist sie inzwischen doch zumindest institutionell fest verankert. 1989, im Jahr vor der Veröffentlichung von *Gender Trouble*, trat Butler eine Assistenzprofessur an der renommierten Johns Hopkins Universität in Baltimore an. Zwei Jahre später erhielt sie dort bereits eine ordentliche Professur für Humanwissenschaften, 1993 folgte sie dann einem Ruf nach Berkeley, wo sie einen Lehrstuhl für Rhetorik und vergleichende Literaturwissenschaft innehat und ihre weitere Forschungslaufbahn bestritt. Mit ihrem 2010 entschiedenen (vorläufig nur teilzeitigem) Wechsel an die Columbia University in New York City wäre Butler schließlich an die Ostküste und an eine *Ivy League University* zurückgekehrt,[5] wenn auch nicht ganz in die Philosophie: Sie wird in Columbia einen über-disziplinären Lehrstuhl für kritische Theorie bekleiden.

---

5 Einer historischen Klassifizierung im Hochschulsport folgend werden die acht ältesten US-amerikanischen Universitäten als „Ivy League" bezeichnet, der Begriff wird inzwischen synonym für ihren Status als ‚Elite-Universitäten' verwendet.

2. Stilbruch. Die Methode Butler'scher Kritik

> „… Ich glaube, es muss so sein (und ist seit Marx definitiv so gewesen), dass ein_e kritische_r Intellektuelle_r zu werden harte Arbeit an schwierigen Texten mit sich bringt."
>
> (Butler 2004b: 329*)

Dieses Kapitel ist ausdrücklich als eine Art ‚Leseanleitung' konzipiert, als ein Versuch, nicht über die Eigenwilligkeit von Butlers Texten hinweg geradewegs in den Inhaltstransfer zu springen. Es soll einige Vorbehalte abtragen, die der direkten Butlerlektüre entgegenstehen mögen und fehlende Voraussetzungen überbrücken. Obwohl einiges dafür spricht, die ‚Schwierigkeit' von Butlers Texten schlichtweg abzustreiten – wie hätten sie denn so einmalige und breitenwirksame Euphorie hervorrufen können, wenn da nichts zu verstehen wäre – soll hier der umgekehrte Weg eingeschlagen und die vermeintliche Schwierigkeit unter die Lupe genommen werden. Die Aussichten sind gut, dass sie sich dabei auflösen – oder zumindest in ganz anderem Licht erscheinen. Das erste Unterkapitel wird von Butlers Sprachverständnis aus ihre Schreibweise beleuchten. Versteht man erst einmal die Effekte, die sie mit bestimmten Komplikationen erzielen will, mag es einfacher erscheinen, sich diesen auszusetzen. Eine weitere Schwelle bei der direkten Butlerrezeption kann sich daraus ergeben, dass sie fast durchgängig über andere Autor_innen operiert, sich ihre Fragen und Positionen über die Auseinandersetzung mit anderen Texten erschreibt. Das zweite Kapitel widmet sich den beiden für Butlers Werk besonders relevanten Methoden der Kritik, Genealogie und Dekonstruktion, und versucht aufzuzeigen, wie sich diese auf die Dramaturgie ihrer eigenen Texte – und das Ensemble der darin präsentierten Bezugsautor_innen – niederschlagen. Zwei weitere Charakteristika von Butlers Stil, ihre Vorliebe für unausgesetztes Fragen und ihre Abneigung, bestimmte grundlegende Leitwerte – das normative Fundament ihrer Theorie – preiszugeben, werden in Abschnitt 2.3. und 2.4. angegangen. Dabei soll zunächst Butlers allgemeines Kritikverständnis, ihre Vorstellung davon, wie sowohl theoretisch als auch existenziell Unruhe und Veränderung zu stiften ist, dargestellt werden. Im letzten Unterkapitel, zu dessen Ergänzung noch der Schluss dieses Buches herangezogen werden kann (Kapitel 5.4.), geht es dann genau um das Verhältnis, das sich aus der Perspektive des Kritikbegriffs zu dessen normativen Grundlagen ergibt.

Ein genereller Lektürehinweis kann vielleicht schon an dieser Stelle vorweggeschickt werden: Butlers Texte entfalten sich nicht linear. Das heißt nicht, dass sie sich nicht in solche Darstellungen übersetzen lassen, aber sie lassen sich nicht auf Anhieb so lesen. Wie manchen Leser_innen vielleicht wenigstens von Jacques Derrida oder Emmanuel Lévinas vertraut sein mag, gibt es eine von der Tradition jüdischer Gelehrsamkeit geprägte Schreibweise, deren Vorbild die spezifische Darstellungsform großer Talmudeditionen ist: Eine überlieferte Textversion nimmt nur die Mitte des Blattes ein, während sich um sie herum die wichtigsten und widerstreitenden Kommentare ranken, zueinander ins Verhältnis gesetzt und wiederum kommentiert von dem jeweiligen Herausgeber. Etwas von dieser kreisenden, die Interpretationskette ausstellenden Struktur zeichnet auch Butlers Werke aus. Wer Teile davon im Seminar in kopierter Form liest, sollte darauf achten, einen breiten Rand zur Verfügung zu haben.

2.1 Poetisches Sprachverständnis

„Ich versuche nicht extra, schwierig zu sein, sondern nur Aufmerksamkeit auf eine Schwierigkeit zu lenken, ohne die kein »Ich« entstehen kann."

(GT xxvi)

Während Butler, zur großen Schadenfreude ihrer Kritiker_innen, sogar für ihre originalsprachige Ausdrucksweise 1998 von einem – wenn auch zweitrangigen – Journal der „bad writing prize" verliehen wurde,[6] wird die Schwierigkeit ihrer Texte in deutscher Übersetzung umso mehr zum Rezeptionshindernis. Man kann wahrhaftig nicht behaupten, dass Butlers Texte leicht zu lesen seien, insbesondere nicht in deutscher Übersetzung. Es lassen sich einige der Übertragung geschuldete Transformationen ihrer Texte beklagen. Etwa wenn im englischen sehr geläufig klingende Begriffsprägungen zu technizistisch anmutenden Konstrukten mutieren (z.B. „sexuierte Körper" für „sexed bodies"; vgl. BM xi u. KG 16) oder der Szeneslang verfehlt wird und plötzlich wie im Gesellschaftsroman des ausgehenden 19. Jahrhunderts von „Lesbierinnen" die Rede ist (KG 316). Dennoch wäre es wohlfeil, die Übersetzungsproblematik allein den Übersetzer_innen anzukreiden. Die Frage nach der Schwierigkeit der Butler'schen Texte lässt sich vielmehr intern mit ihrem theoretischen Ansatz in Verbindung setzen und bietet einen guten Einstieg ins Verständnis ihres philosophischen Projekts. Dabei sind mehrere Ebenen zu bedenken. Zunächst muss man prüfen, ob nicht ein Teil der gegen Butlers Verständlichkeit gehegten Zweifel eher davon genährt sind, die Vorbehalte gegen ihre

---

6 Die Pressemitteilung zu der ‚Auszeichnung' findet sich online: http://www.denisdutton.com/bad_writing.htm (zuletzt besucht am 05.09.2010). Eine Replik Butlers in der *New York Times* vom 20.03.1999 ist abrufbar unter: https://pantherfile.uwm.edu/wash/www/butler.htm (zuletzt besucht am 05.09.2010).

2.1 Poetisches Sprachverständnis 37

Thesen in den Stil zu projizieren und somit in die inhaltliche Diskussion gar nicht erst eintreten zu müssen. Zumindest spricht es gegen die vermeintliche Unlesbarkeit ihrer (frühen) Texte, dass z.b. *Das Unbehagen der Geschlechter* für wissenschaftliche Bücher exorbitante Verkaufszahlen aufweist und auch in außeruniversitären Kontexten Begeisterung hervorgerufen und Inspiration geboten hat. Butler selbst beruft sich zur Verteidigung ihres Stils im Vorwort der Neuauflage von *Gender Trouble* (1999) darauf, das man das Lesepublikum nicht unterschätzen solle:

> „Sowohl Kritiker_innen als auch Freund_innen von *Gender Trouble* haben auf dessen schwierigen Stil hingewiesen. Es ist ohne Frage sonderbar, und für manche ärgerlich, ein nicht einfach zu konsumierendes Buch als »populär«, gemessen an akademischen Standards, wiederzufinden. Die Überraschung darüber lässt sich vielleicht der Art und Weise zurechnen, auf die wir das Lesepublikum unterschätzen, seine Fähigkeit und Leidenschaft für komplizierte und herausfordernde Texte, wenn die Kompliziertheit nicht unbegründet ist, wenn die Herausforderung dazu dient für selbstverständlich gehaltene Wahrheiten dort in Frage zu stellen, wo deren Selbstverständlichkeit gewaltsam und repressiv ist." (GT xix*)

Dieses Zitat weist bereits auf den Kern von Butlers besonderem Sprachverständnis. Was ihrer Einschätzung nach auch den Leser_innen ihres Werkes nicht entgangen ist, ist der ‚Sinn' der Kompliziertheit, der darin bestünde, einen Zusammenhang von (Selbst-)Verständlichkeit und Unterdrückung aufzudecken und zu unterbrechen. Während in der gegenwärtig als analytisch bezeichneten philosophischen Schule außer argumentativer Sauberkeit auch der Rekurs auf alltagssprachliche Intuitionen den Maßstab des Denkens abgibt, empfiehlt Butler eine gehörige Portion Misstrauen gerade gegen unsere gängigen Ansichten und Phrasen. *„Viele eigentlich entsetzliche Ideologien gehen als* »common sense« *durch."*, konstatiert sie in ihrer Replik auf den *bad-writing-prize* und fährt fort: *„In der amerikanischen Geschichte war es zum Beispiel in manchen Gegenden jahrzehntelang* »common sense« *für Weiße, Sklaven zu halten und für Frauen, kein Wahlrecht zu haben."* Unter Berufung auf Theodor Adorno führt sie schließlich an, dass „nichts Radikales" aus dem *common sense* entstehen könne (Butler 1999). Verständlichkeit kann demnach nicht problemlos als höchstes Maß allen Sprachgebrauchs angesetzt werden. Butler geht im Gegensatz dazu von einem, wenn man so will, ‚romantischerem', in jedem Fall aber ‚poetischerem' Sprachverständnis aus. Auch wenn sich ihre diesbezügliche Analyse im Zuge ihres Werks entscheidend differenziert, lässt sich Butlers Stil auf einen Anfangsverdacht gegen die Alltagssprache zurückführen – und auf eine besondere Schätzung der ‚weltschaffenden' Kraft von Sprache:

> „Ich bin nicht für Schwierigkeit um der Schwierigkeit willen; ich denke vielmehr, dass es in der Alltagssprache und in der gegebenen Grammatik viel gibt, das unser Denken einschränkt – tatsächlich hinsichtlich dessen, was eine Person ist, was ein Subjekt ist, was Gender ist, was Sexualität ist, was Politik sein kann – und ich bin nicht sicher, dass wir auf ergiebige Wei-

se gegen diese Beschränkungen angehen können oder produktiv in ihnen arbeiten, wenn wir nicht erkennen, inwiefern die Grammatik unser Verständnis dessen, was die Welt ist, sowohl erschafft als auch begrenzt." (Butler 2004b: 327f*)

Die Problematisierung von Sprache kann auf mehreren Ebenen angesiedelt werden. Im obigen Zitat nennt Butler bereits neben der Alltagssprache die Grammatik. Die Vorstellung, dass die Struktur unseres Ausdrucks- und Kommunikationsmediums selbst unsere Weltsicht diktiert, hat ihren prominentesten Vorläufer und Vertreter in Friedrich Nietzsche. Seine berühmte Analyse der „Vorspiegelungen durch die Sprache" findet sich in *Zur Genealogie der Moral*. Die einschlägige, von Butler selbst häufig zitierte Passage lautet dort:

> „Ein Quantum Kraft ist ein eben solches Quantum Trieb, Wille, Wirken – vielmehr, es ist gar nichts anderes als eben dieses Treiben, Wollen, Wirken selbst, und nur unter der Verführung der Sprache (und der in ihr versteinerten Grundirrthümer der Vernunft), welche alles Wirken als bedingt durch ein Wirkendes, durch ein »Subjekt« versteht und missversteht, kann es anders erscheinen. Ebenso nämlich, wie das Volk den Blitz von seinem Leuchten trennt und letzteres als Thun, als Wirkung eines Subjekts nimmt, das Blitz heißt, so trennt die Volks-Moral auch die Stärke von den Äusserungen der Stärke ab, wie als ob es hinter dem Starken ein indifferentes Substrat gäbe, dem es f r e i s t ü n d e, Stärke zu äussern oder auch nicht. Aber es giebt kein solches Substrat; es giebt kein »Sein« hinter dem Thun, Wirken, Werden; »der Thäter« ist zum Thun bloß hinzugedichtet, – das Thun ist Alles (…). [U]nsre ganze Wissenschaft steht noch (…) unter der Verführung der Sprache und ist die untergeschobenen Wechselbälge, die »Subjekte« nicht losgeworden." (Nietzsche 2002: 279f)

Butlers Werk ist diesem Gedanken in ganz besonderem Maße verpflichtet. Auszubuchstabieren, inwiefern die_ der Handelnde hinter der Handlung eine retrospektive Illusion sei, ein Effekt des Akts – beziehungsweise, Butler'scher, wiederholter Akte – stellt eine der zentralen Herausforderungen dar, auf die ihr Werk antwortet. Dass das Subjekt eine „Verführung der Sprache" sein könnte, betrachtet sie gewissermaßen als einen Befund, hinter den man nicht zurückfallen könne.

Daneben ist Butler aber auch von der Annahme geleitet, dass auf der Ebene unserer Formulierungen und des Wortgebrauchs eine Einschränkung unseres Denkens vor sich geht. Ist es nicht so, dass manche Menschen und manche Beziehungen schon allein deshalb schlechter wegkommen, weil die Alltagssprache keine Wörter für ihre Geschlechter und ihre Liebe kennt? Hat man nicht in dem Moment, wo man „meine Frau" oder „mein Mann" sagt, bereits eine Unzahl von Ungeheuerlichkeiten bestätigt? Nicht nur, dass vielen Beziehungen nicht das Recht zukommt, solche Bezeichnungen zu führen, sondern auch dass diese Begriffe selbst ein Besitzdenken absegnen, eine körperliche Verfügungsgewalt, ein Recht auf Exklusivität, eine Geschlechterrollenzuweisung … Und selbst, wenn wir neue Begriffe erfänden – tut nicht jede Benennung dem Benannten schon eine gewisse Gewalt

2.1 Poetisches Sprachverständnis

an, weil sie festlegt, was es sein kann und was nicht? Führt nicht eine Kennzeichnung oft dazu, dass man nichts anderes mehr an einem Gegenüber wahrnimmt? Vorbehalte solcher Art führen zu extremer Sprachsensibilität und mitunter zu der Hoffnung, dass unkonventioneller Sprachgebrauch Gewalteffekten entgegenwirken könnte. Solche utopische Aussicht auf eine ‚Reinigung' und teilweisen ‚Neuerfindung' der Sprache teilt Butler insbesondere mit deutschen Dichter_innen der Nachkriegszeit. Sie selbst bezieht sich auf Paul Célan und nennt auch Ingeborg Bachmann – dass letztere auf deutsch schrieb soll sogar ein Grund gewesen sein, dass Butler ‚nach Auschwitz' ein Auslandssemester in Deutschland vor ihrer Familie und sich selbst hat rechtfertigen können. Die Überzeugung, dass die Grenzen unserer Sprache mit den Grenzen unserer Welt zusammenfallen, auf die auch Bachmann sich beruft, führt in der ‚poetischen' Auffassung (genau im Gegensatz zum jungen Ludwig Wittgenstein, von dem die Formulierung entlehnt ist) zu dem Anliegen, eben jene Grenzen verschieben und ausweiten zu wollen. Butler sympathisiert mit der Sehnsucht nach einer Ausdrucksweise, die nicht nur auf die gebrauchten Worte selbst verwandelnd zurückwirkt, sondern auch zur Veränderung der Welt beiträgt: *„Ich war ausgesprochen verführt von der Vorstellung, die denke ich der hohen Moderne zugehört, dass sich eine gewisse Neuheit der Welt eröffnet, wenn man die überkommene Grammatik zum Narren hält"* (Butler 2004b: 327*).

Das Vertrauen auf derartige Schöpferischkeit hält Butler letztlich aber doch für fehlgeleitet:

> „Das war natürlich immer die Täuschung der literarischen Hochmoderne, nämlich anzunehmen, dass die Welt nur erneuert werden könne, wenn sie in überhöhter und unkonventioneller Sprache, die die festgelegten Wortbedeutungen in ausdrücklich unkonventionelle umarbeitete, neu beschrieben würde." (Butler 2003: 202*)

Sie lässt sich zwar in ihrer Anstrengung zu transformativem Sprachgebrauch philosophisch in eine Traditionslinie, die von Martin Heidegger zu Jacques Derrida reicht, einreihen, beschränkt aber die Erwartungen, die sich mit einem ‚poetischen' Stil verbinden darauf, eine erhöhte Aufmerksamkeit und die Unterbrechung bestimmter Selbstverständlichkeiten zu kreieren. Besonders nahe an Butlers eigene Rhetorik kommt die Beschreibung, die sie in ihrer Dissertationsschrift von Hegels Stil abgibt:

> „Hegels Sätze führen die Bedeutung auf, die sie übermitteln; tatsächlich zeigen sie, dass das, was ‚ist', nur in dem Maße existiert, in dem es aufgeführt wird. Hegel'sche Sätze lesen sich mit Schwierigkeit, denn ihre Bedeutung ist nicht unmittelbar gegeben oder bekannt; sie verlangen danach, wiedergelesen zu werden, mit anderer Betonung und anderer grammatischer Akzentuierung. So wie eine Gedichtzeile uns innehalten und die Art und Weise, *wie* etwas gesagt ist, bedenken lässt, lenken Hegels Sätze die Aufmerksamkeit rhetorisch auf sich selbst." (SD 18*)

Was Butler hier an Hegel analysiert, trifft in gewisser Hinsicht auf ihren eigenen Stil zu. Fraglos zwingen auch ihre Sätze zum Innehalten und Wiederlesen. Die performative Dimension, also dass Hegels Sätze ihre Bedeutung auch vorführen würden, findet sich bei Butler jedoch genau genommen nicht auf der Satzebene, sondern ist eher eine Eigenschaft ihrer Texte insgesamt. Es lohnt sich, diese Dimension bei der Analyse im Auge zu behalten. Butlers Texte vollziehen mitunter tatsächlich zugleich, was sie beschreiben – ein rhetorischer Überschuss, der in der philosophischen Rekonstruktion oft verloren geht.[7]

Das ‚poetische Sprachverständnis' äußert sich somit einerseits in der Überzeugung, dass eine Veränderung der Welt nicht ohne eine Veränderung der Sprache zu haben ist, und andererseits darin, Sprache gezielt einzusetzen, um Effekte zu erzielen, die über den reinen Aussagegehalt hinausgehen. Der Verdacht, dass die gängige Sprache auch die Gewalt birgt, die die bestehenden Verhältnisse auszeichnet, lässt den Umgang mit ihr höchst bedeutsam werden. Solche ‚Schwierigkeit' mag aufhalten und zur Relektüre zwingen, aber zumindest wiederholt sie nicht einfach die gegebenen Verhältnisse, sondern erschließt neue Aussichten – ein ‚Verfremdungseffekt', der zur Reflexion zwingt.

An dieser Stelle ist vielleicht die Anmerkung angebracht, dass der vorliegende Text zumindest in einer Hinsicht dieser ursprünglichen Sprachkritik treu bleibt, und zwar hinsichtlich der geschlechtergerechten Schreibweise. Die hier favorisierte Version (Philosoph_innen), die in der Queer Theorie gängig ist, versucht, keine binäre Zweigeschlechtlichkeit zu reproduzieren (wie etwa Philosophinnen und Philosophen, aber auch PhilosophInnen). Der Unterstrich symbolisiert den unter Umständen fließenden Übergang oder die Gleichzeitigkeit von männlichem und weiblichem Geschlecht, markiert aber zugleich eine Leerstelle, die, so eine weitere kreative Deutung dieser Sprachregelung, darauf hinweist, dass die Sexualität eben gerade nicht vom Geschlecht ‚mitgeliefert' wird, sondern in diesem Kontext offen bleibt. Das eigentliche Skandalon dieser Konvention nutzt zudem ganz dezidiert den ihr eigenen ‚Verfremdungseffekt'. Im Plural geht in ihr nämlich die exklusiv männliche Form unter. Damit verbindet sich kein Urteil über alle zukünftige Repräsentation. Es scheint nur, zumal aus einem Butler'schen Kritikverständnis heraus, zu einem Zeitpunkt, wo es in den meisten wissenschaftlichen Publikationen nach wie vor für unproblematisch erachtet wird, mit der männlichen Form auch die weibliche ‚mitzumeinen', eine geeignete Strategie, diese Norm gegen sich selbst ins Feld zu führen, und die deshalb womöglich entstehende Irritation für produktiv zu halten.

---

[7] Für ein Beispiel hierzu vgl. Kapitel 5.4. in diesem Buch. Auch der Kritik-Aufsatz (Butler 2002) folgt dieser Methode der gleichzeitigen Inszenierung des Besagten.

Zurück zu Butler: Da die spezifischen Durchkreuzungsmanöver meist an die jeweilige Grammatik und Idiomatik gebunden sind, lassen sie sich in Übersetzungen nur schwer reproduzieren. Zudem sind gerade Neuschöpfungen und Metaphern in besonderem Maße an die Herkunftssprache gebunden. Schon das „doing gender", ein für Butler zentraler Referenzbegriff feministischer Theorie, lässt sich schwer wiedergeben – „undoing gender" ist dann schlichtweg unübersetzbar. (Und führt in der Kapitulation zu einem frei schwebenden Buchtitel, der sich in der ZEIT als „opernhaft" verhöhnen lassen muss; vgl. Trapp 2009). Butlers ‚poetisches Sprachverständnis' verkompliziert die Übersetzbarkeit ihrer Texte auf eine Weise, wie sie aus Lyrikübersetzungen vertraut ist – ohne dass die Chance zu freierer Übertragung besteht, weil es ja aus philosophischer Perspektive gilt, die Terminologie konsistent zu erhalten. Es ist mithin ein nicht unproblematischer Kompromiss, dass in diesem Buch die Zitate stets auf deutsch erscheinen.[8] Wo es zum Verständnis unabdingbar ist, wird jedoch die englische Terminologie im Fließtext aufgegriffen und erläutert, oder in Fussnoten doppelt zitiert – vielleicht ein Ansporn, sich der Schwierigkeit Butler'scher Texte im Original auszusetzen, wo sich dann tatsächlich auch Sätze von poetischer Strahlkraft finden, mitunter dicht neben solchen, mit denen Butler sich den *bad writing prize* verdient.

2.2 Genealogie und Dekonstruktion

> „Es ging mir tatsächlich nicht darum, den Poststrukturalismus
> auf den Feminismus »anzuwenden«, sondern diese Theorien
> einer spezifisch feministischen Deutung zu unterziehen."
>
> (GT ix)

Dass unsere Ausdrucksweise, die Sprache, die wir sprechen, bereits einen entscheidenden Anteil daran hat, was möglich und unmöglich, verständlich und unverständlich erscheint, ist eine zunächst allzu vage Formulierung der Art von Forschung, die den Kern oder roten Faden in Butlers Werk ausmacht, nämlich die Analyse derjenigen ‚Gewalt', die eigentlicher, offenkundiger und unzweideutigerer Gewaltausübung vorausgeht. Diese vorgängige Gewalt zeichnet zwar einerseits die Bahnen vor, in denen es zu Verletzungen und Vernichtungen kommt, verschleiert dabei allerdings oft genug zugleich die jeweilige tatsächliche Brutalität bis zur Unkenntlichkeit als ‚das Normale'. Die Wechselwirkungen und Abhängigkeitsbeziehungen von sprachlichen und sonstigen sozialen Normen und wiederum

---

8   Seitenangaben mit „*" verweisen darauf, dass es sich um meine eigene Übersetzung handelt – entweder weil es sich um einen nicht übersetzten Text handelt, oder weil ich an der vorliegenden Übersetzung zum besseren Verständnis eine Veränderung vorgenommen habe.

deren Verhältnis zur Subjektkonstitution arbeitet Butler im Laufe ihres Werkes zu größerer Komplexität aus. Schon an dieser Stelle aber, wenn man nur pauschal davon ausgeht, dass in unserer Sprache, die wir teilen und durch die wir geprägt sind, ein Gewalt- und Unterdrückungspotenzial steckt, wird deutlich, dass dessen Kritik eine besondere Form annehmen muss. Denn wenn wir eine Sprache nicht nur sprechen, sondern ihre gängigen Wendungen und Wertungen auch das Reservoir für unsere Identifikationen darstellen, dann heißt das, dass wir die Normen der Sprache nicht nur einfach befolgen – und dann die Wahl hätten, den Gehorsam zu verweigern – sondern dass wir sie verkörpern. Auf welche Weise man sich diesen Prozess genau vorstellen soll, wird noch ausführlich zu zeigen sein. Schon von dem jetzigen Vorverständnis aus lässt sich jedoch absehen, dass die Befreiung von solchen Prägungen nach einer besonderen Strategie verlangt. Wenn Sprache Identifikationsgrundlage ist, muss Kritik „Desidentifikation" (KG 24*), oder, mit dem von Foucault geprägten Begriff, „Entunterwerfung" sein.

Unter dem Begriff „Genealogie" fasst man eine bestimmte Art von Kritik, die diesen Anforderungen gerecht wird. Paradigmatisch für diese Methode ist Nietzsches Schrift *Von der Genealogie der Moral* in der er die Geschichte eines der vorrangigsten Identifikationsobjekte, der (christlichen) Moral, auf solche Weise erzählt, dass sie gerade in den Augen ihrer Anhänger vollkommen delegitimiert wird. Wenn Nietzsche zeigt, wie Nächstenliebe aus dem Ressentiment gegen den Stärkeren entsteht und das Gewissen sich einem gegen sich selbst gewendeten Sadismus verdankt, zielt das nicht darauf ab, diese Phänomene ‚schlechtzumachen', sondern den Identifikationsprozess ihrer Anhänger umzukehren, eine ‚Desidentifikation' zu bewirken. Foucault folgt Nietzsches Verfahren mit sehr viel größerer historischer Sättigung und Detailkenntnis und arbeitet etwa die Entstehungsgeschichte der Klinik oder des Strafvollzugssystems so heraus, dass deutlich wird, wie sich die Bedeutung bestimmter Praktiken und Institutionen radikal und diskontinuierlich gewandelt hat (vgl. Foucault 1977). Das entscheidende Ergebnis der Genealogie, das Butler später auch mit dem Motiv der Parodie anstrebt, ist die Befreiung eines Gegenstands aus einer für selbstverständlich gehaltenen Verankerung, die verschleiert, welche jeweiligen politischen Machtinteressen, sozialen Normen oder psychologischen Mechanismen in ihm am Werk sind. Eine Genealogie kann also nur effektiv sein, wenn ihr Gegenstand zum Ausgangszeitpunkt einen solchen Status der Unantastbarkeit oder Selbstverständlichkeit besitzt.[9] Nietzsches Genealogie

---

9 Martha Nussbaums Butler-Kritik scheint diese Spezifik sowohl der Genealogie als auch der Parodie gründlich zu verkennen, wenn sie diese des Nihilismus zu überführen versucht, indem sie sagt, man könne schließlich auch eine Parodie der Demokratie unternehmen. Da unserem Selbstverständnis nach aber nichts überraschendes an dem Sachverhalt ist, dass Demokratie eine Ge-

2.2 Genealogie und Dekonstruktion 43

der Moral etwa richtet sich gegen die Annahme, dass moralisches Verhalten einen religiösen Ursprung hat und nur solchen Impusen folgt, die wir unproblematisch als ‚gut' beschreiben würden. Ähnlich entzieht Foucault der Annahme, dass das Strafsystem notwendig mit dem Gerechtigkeitsstreben verknüpft sei, den Boden, wenn er den Festspielcharakter des Marterns herausarbeitet, das diese Praktiken mitgeformt hat. Eine Genealogie der Geschlechterverhältnisse wäre somit genau dann von einschneidender Wirkung, wenn jene zunächst als etwas Außersoziales verstanden werden, etwa von Instinkten und Hormonen bestimmt, oder als die kulturelle Grundlage jeder Zivilisation. Der reine Nachweis einer historisch diskontinuierlichen Entwicklung kann demgegenüber bereits eine völlig neue Sichtweise eröffnen. Wenn man etwa weiß, dass zu Beginn der frühen Neuzeit die Frau als das lüsterne und der Mann als das zur Selbstbeherrschung fähige Geschlecht verstanden wurden und dass erst in der Romantik das Modell einer Kontinuität von männlichem und weiblichem Geschlechtskörper zugunsten einer Vorstellung von Polarität aufgegeben wurde, beginnt man fast automatisch zu fragen, welche Interessen und sonstige Machtgefüge diese Bilder bestimmten. So kommt man dann zu Analysen dessen, wie mit Aufkommen der bürgerlichen Gesellschaft der Mann als außer Haus Erwerbstätiger verstanden und Weiblichkeit zunehmend mit der Intimität des Hauses assoziiert wurde, oder wie Weiblichkeit alle Eigenschaften zu verkörpern hatte, von der die Bewegung der Bürgeremanzipation ihre moralische Überlegenheit gegenüber dem Adel, mit seinem unsentimentalen Ehe- und Mutterschaftsverständnis, ableitete. Inwiefern Macht auch immer mit Wissensproduktion verknüpft ist, zeigt sich unter anderem darin, wie zu Beginn des 19. Jahrhunderts im neuen Forschungsfeld der anatomischen Anthropologie die Gewohnheit entstand, aus morphologischen Unterschieden Charakter- und Dispositionsdifferenzen zwischen den Geschlechtern abzuleiten, von denen abzuweichen folglich nicht nur als ‚untypisch' sondern als ‚widernatürlich' gelten musste.[10] Selbst so scheinbar kleine Details, wie dass im 19. Jahrhundert rosa als männliche und hellblau als Farbe für weibliche Säuglinge verstanden und verwendet wurde, lässt die Geschlechterordnung nicht länger unveränderlich erscheinen, sondern als ein historisches Phänomen, das auf seine soziale und politische Form hin befragt, kritisiert und womöglich verändert werden kann. Butler reklamiert auch für ihre eigenen Analysen den Begriff Genealogie (KG 42), was insofern irreführend ist, als

---

schichte hat, und auch eine, die nicht von Schandflecken frei ist – man bedenke die Rolle der griechischen Sklavenhaltergesellschaft darin – würde dieser Nachweis keine verheerenderen Schlüsse nahe legen, als dass es sich eben auch bei unserer Staatsform um ein veränderliches und letztlich unserer Verantwortung übergebenes Gebilde handelt (vgl. Nussbaum 1999).

10 Für eine historische Genealogie von Geschlecht siehe: Laqueur 1992; die Kenntnisse zum Einfluss anthropologischer Wissenschaft auf die Geschlechterbilder verdanken sich Honegger 1991.

sie gerade nicht diachron, also historisch, arbeitet. Dennoch folgt auch ihre Methode den drei Vorgaben, die für die Genealogie charakteristisch sind: sie weist die Kontingenz eines Phänomens nach, sie analysiert die in seiner Entstehung und Veränderung wirksamen Machtmechanismen, und sie präsentiert diese Geschichte auf eine Weise, die sie in so anderem Licht erscheinen lässt, dass die Identifikation der Adressat_innen nachhaltig erschüttert wird.

Das Paradox einer synchronen Genealogie führt bereits in die Nähe der anderen methodischen Inspirationsquelle für Butlers kritisches Werk, nämlich die Lektürepraxis der Dekonstruktion. Dieser Begriff ist gleichermaßen umkämpft wie verwässert und während manche Apologeten behaupten mögen, er sei undefinierbar und erschließe sich nur der_demjenigen, die_der Derridas *De la grammatologie* im französischen Original gelesen habe (Derrida 1967), sind Butlers eigene Äußerungen (was sie von der ersten Gruppe nicht ausschließen soll) eher lakonisch, wenn sie Dekonstruktion schlicht mit der „Infragestellung einer Vorannahme" identifiziert (KG 56).

Wenn man jedoch eine vorläufige Erklärung von Dekonstruktion wagen will, dann lassen sich zwei Stränge oder auch eine weitere, auch gesellschaftsbezogene und eine enge, eher textuell vorgehenden Version ausmachen. Für die erste Variante ist charakteristisch, dass es ihr um das Durcharbeiten eines Identitäts- oder Einheitspostulats geht. Wo eine solche Forderung im Raum steht, sei es bezogen auf die Eindeutigkeit eines Textes, die Homogenität einer Gruppe, die Einheit eines Selbst, beginnt die dekonstruktive Spurensuche nach den inneren Widersprüchen, nach den Ausschlüssen und Leerstellen, nach dem, was der Text oder der Gegenstand leugnen, verwerfen und vermeiden muss, um seine Einheit überhaupt erst zu konstituieren. Genau jenes konstitutive Außen dann gegen die erzwungene Einheit ins Feld zu führen, wirkt schließlich destabilisierend und dynamisierend auf diese zurück, ähnlich wie die unakzeptable Herkunftsgeschichte in der Genealogie die Legitimität eines Phänomens ins Wanken bringt. Diese Strategie, als eine Unterform immanenter Kritik, ist nicht von Derrida und de Man ‚patentiert', sie klingt zum Beispiel bereits in Marx' Forderung an, dass man die Verhältnisse zum Tanzen bringen müsse, indem man ihnen ihre eigene Melodie vorspielt (Marx 1957: 381).

Insofern löst die Dekonstruktion auch die Ausgangsproblematik – wenn die Sprache eine unentrinnbare Identifikationsvorlage ist und man nicht einfach ‚ganz anders' sprechen kann, dann besteht immer noch die Chance, die gegebenen Formen auf raffinierte Weise gegeneinander auszuspielen. Diese Option verdankt sich dem Paradigmenwechsel vom Strukturalismus zum Poststrukturalismus, der darin besteht, statt von geschlossenen von offenen Systemen auszugehen (und sich dar-

2.2 Genealogie und Dekonstruktion

in vollzieht, dass die vermeintlich geschlossenen Systeme unter dem dekonstruktiven Blick ihrer Widersprüche überführt werden.) Genau diese Grundlage nimmt Butler für ihr Verständnis sozialer Ordnungen in Beschlag: „*Die Kategorien, mit denen das soziale Leben geregelt ist, bringen eine gewisse Inkohärenz oder ganze Bereiche des Unaussprechlichen hervor. Und von dieser Bedingung, vom Riss im Gewebe unseres epistemologischen Netzes her, entsteht die Praxis der Kritik mit dem Bewusstsein, dass hier kein Diskurs angemessen ist oder dass unsere Diskurse in eine Sackgasse geführt haben*" (Butler 2002: 253).

Das eigentliche Verfahren speziell dekonstruktiver Textlektüre lässt sich indessen als Aufspüren und Inversion von hierarchischen Begriffspaaren beschreiben, die als Gegensätze konstruiert sind. Solche oppositionellen Termini, in Derridas Rousseau-Lektüre etwa ‚Natur/Kultur' sowie ‚Sprache/Schrift', sind häufig so konzipiert, dass einer von ihnen als ursprünglich und höherwertig, der andere als abgeleitet und minderwertig, in Derridas Vokabular als „Supplement", verstanden wird. Eine minutiöse Analyse ihrer textuellen Logik und vielschichtigen Implikationen kann aber ergeben, dass diese Ordnung brüchig wird. Wenn gezeigt werden kann, dass jede Definition des Kernbegriffs den Bezug auf das Supplement voraussetzt, kehrt sich die Abhängigkeit um und rückt gerade der herabgewürdigte Begriff ins Zentrum. Derrida weist in diesem Sinne nach, dass die Vorstellung von der Ursprünglichkeit, Unmittelbarkeit und Überlegenheit der mündlichen Mitteilung gegenüber der Schrift, die er als einen der Grundpfeiler westlicher Metaphysik identifiziert, unhaltbar wird angesichts dessen, dass jede gelingende mündliche Kommunikation von eben jenen konventionellen Strukturen getragen wird, die der Schriftsprache als ‚starres' und ‚künstliches' Element angelastet werden. Ganz ähnlich lässt sich Butlers Manöver beschreiben, die Ableitungsverhältnisse zwischen Homo- und Heterosexualität umzukehren, wenn sie versucht, in der Rhetorik von Original und Kopie den Vorrang letzterer nachzuweisen: Den Status des Originals kann etwas erst in dem Moment für sich beanspruchen, indem es sich gegen ein entsprechendes anderes, das zur Kopie deklariert wird, absetzen kann.

Butler kommt zu dieser wie zu vielen Thesen selbst über dekonstruktive Lektüren. Butlers Stil ist nicht nur davon geprägt, die Grammatik gegen den Strich zu bürsten, sondern auch anderer Leute ‚schwierige Texte'. Genau genommen kommt sie oft gar nicht eigentlich bei ihren Thesen an, sondern öffnet andere, kanonische Texte auf eine überraschende Weise, eine Weise, die sozusagen einen Blick frei werden lässt, dessen Fluchtpunkt dann Butlers Thesen bilden könnten. Das heißt allerdings nicht, dass man alle Bezugsautor_innen kennen müsste, um jeweils Butlers Theorie verstehen zu können. Die Bausteine, die sie benutzt, liefert Butler in ihren eigenen Texten. Eher muss man sich von Anfang an auf ein bestimmtes Leseerlebnis einstellen. In ihren Texten begegnet man nicht einfach ‚Butler', sondern einer ganzen Reihe von Autor_innen, und diese Gesellschaft ist alles andere als moderat oder harmonisch. Vielmehr sind viele Stimmen anwesend, um Extrempositionen abzustecken, und stets werden Texte so zusammengeführt, dass sie sich sozusagen gegenseitig die Finger auf die blinden Flecken legen. Butler inszeniert somit in ihren Texten immer auch die Praxis der Dekonstruktion, und zwar als einen Prozess, der ähnliche Merkmale aufweist wie Butlers Demokratieverständnis: *„Die Demokratie spricht nicht einstimmig, sie klingt dissonant, und das ist zwangsläufig so. Sie ist kein vorhersagbarer Prozess, man ist ihr ausgesetzt, wie man einer Leidenschaft ausgesetzt ist"* (MG 358*).

Wenn in der Dekonstruktion also auf diese spezifische Weise eine Vorannahme in Frage gestellt wird, dann ist es entscheidend, dass diese Kritik keine vernichtende ist, sondern eine mobilisierende, eine, die den Status, nicht die Existenz eines Gegenstandes betrifft. Diese Unterscheidung wird sich als sehr wichtig erweisen, wenn es immer wieder darum geht, nachzuvollziehen, dass Butler z.B. keineswegs die Existenz von Geschlechtskörpern in Abrede stellt, sondern ihre Einordnung, etwa in der Abgrenzung zwischen biologischem und sozialem Geschlecht. In *Körper von Gewicht* beschreibt sie das kritische Manöver in diesem Sinne folgendermaßen:

> „Eine Voraussetzung in Frage zu stellen ist nicht das gleiche, wie sie abzuschaffen; vielmehr bedeutet es, sie von ihren metaphysischen Behausungen zu befreien, damit verständlich wird, welche politischen Interessen in und durch diese metaphysische Platzierung abgesichert wurden. Das erlaubt dem Begriff, ganz verschiedene politische Ziele zu besetzen und zu bedienen." (KG 56)

In diesem Zitat wird auch deutlich, wie sich in Butlers Handhabung Genealogie und Dekonstruktion ergänzen und überkreuzen. Sie bilden eine methodologische Perspektive, die Selbstverständlichkeiten und Notwendigkeiten so lange abträgt, bis die in Frage stehenden Phänomene zu politischen geworden sind. Auch die Genealogie ‚vernichtet' oder ‚verurteilt' nicht ihren Gegenstand, sondern beraubt nur diejenigen, die ihre Identifikation mit ihm dem Glauben in einen bestimmten Ursprung oder eine notwendige Entwicklung verdanken, ihrer Grundlage.

2.3 Dissens als Tugend

Nach diesem Ausflug in Butlers methodologischen Hintergrund soll ihr Kritikverständnis noch einmal gezielter unter die Lupe genommen werden. Um zu der spezifisch Butler'schen Version von Kritik zu werden, müssen die Strategien der Genealogie und Dekonstruktion nämlich in verkörperte Praktiken übersetzt wer-

2.3 Dissens als Tugend

den. Die Frage ist nach wie vor, wie man eine gewaltdurchzogene Struktur ändern kann, wenn man nicht nur von dieser geprägt ist, sondern auch die Vorgaben für die eigenen Äußerungsmöglichkeiten von ihr bezieht. Auf gewisse Weise sind alle Texte Butlers von dieser Frage umgetrieben. Besonders konzis und dicht geht sie ihr in einer im Mai 2000 in Cambridge, UK, gehaltenen Vorlesung mit dem Titel „Was ist Kritik?" nach (deutsche Version: Butler 2002). Deren Untertitel „Ein Essay über Foucaults Tugend" verrät schon den vorrangigen Ansatzpunkt für Butlers Überlegungen zum Kritikbegriff. Foucaults Überlegungen zur Subjektwerdung als Unterwerfungsprozess in machtdurchzogenen, diskursiven Strukturen bilden den Rahmen, in dem Butler arbeitet. Wie sich die Subjektwerdung genau abspielt, woraus überhaupt die ‚Vorgaben' oder ‚Strukturen' bestehen und wie sie sich subjektiv vermitteln, wird im Laufe der folgenden Kapitel auszubuchstabieren sein. Aber auch vor dem Hintergrund eines etwas vagen Vorverständnis' lässt sich bereits eine Vorstellung von Kritik skizzieren.

Schon Foucault ist es sehr wichtig, Kritik nicht als theoretisches Unterfangen, sondern als eine Praxis zu verstehen. Wenn er von „l'art de la critique" spricht, heißt das, dass diese als ein Handwerk, als eine Fertigkeit zu verstehen ist. Foucault bestimmt sie näher als *„die Kunst, nicht regiert zu werden, bzw. die Kunst nicht auf diese Weise und um diesen Preis (...), nicht dermaßen regiert zu werden"* (Foucault 1992: 12). Damit wird Kritik nach Foucault zu der „*Kunst der freiwilligen Unknechtschaft, der reflektierten Ungenügsamkeit. In dem Spiel, das man die Politik der Wahrheit nennen könnte, hätte die Kritik die Funktion der Entunterwerfung*" (Foucault 1992: 15).

Es ist diese Konzeption der Kritik als „Entunterwerfung", auf die Butler aufbaut. Kritik kann demnach nicht generell Gewalt oder Unterdrückung anklagen und eine größere Freiheit einfordern, sondern immer nur einen gewissen Spielraum gegenüber dem gerade herrschenden Regime herausschlagen – „nicht *dermaßen* regiert zu werden ...". Butler konzipiert diese Praxis noch dezidierter als Foucault als die eines verkörperten Selbst, das sich sozusagen an der Schaltstelle zwischen vorgegebenen und von ihm wiederholten Regeln befindet. Sie beschreibt diese Situierung folgendermaßen:

> „Die kritische Praxis entspringt nicht aus der angeborenen Freiheit der Seele, sondern wird vielmehr im Schmelztigel eines bestimmten Austauschs zwischen einer Reihe (schon vorhandener) Regeln oder Vorschriften und einer Stilisierung von Akten geformt, die diese schon vorhandenen Regeln und Vorschriften erweitert und reformuliert." (Butler 2002: 257f)

Der Begriff des Stils oder der „Stilisierung" ist hier entscheidend, weil er anzeigt, dass man es nicht mit einem schon fertigen Subjekt zu tun hat, das gegenüber den Regeln entscheidet, ob es Gehorsam leistet oder Kritik übt, sondern mit einem

Selbst, das in all jenen Akten auf die Vorschriften angewiesen bleibt und in dieser Bezugnahme überhaupt erst seine Form annimmt. Diese Selbststilisierung gemäß bestimmter Regeln soll nun aber dennoch auch auf kritische Weise vollzogen werden können. Wie? Ein Hinweis ergibt sich bereits daraus, dass wir uns die „Stilisierung gemäß Vorgaben" so vorzustellen haben, dass sich darin eben keine identische Wiederholung einer ‚Regel' vollzieht, sondern diese sich in ihre jeweiligen Instantiierungen auffächert und je individuell übernommen wird. Am harmlosen Beispiel von Modephänomenen formuliert: Nicht jeder ‚metrosexuelle' Mann sieht aus wie David Beckham. Zwischen Norm und Aneignung, anders als zwischen Gesetz und Gehorsam, findet also immer schon eine gewisse Veränderung statt. Butler leitet dies von der Tatsache ab, dass es sich um einen körperlichen Vorgang handelt:

> „Aufgrund seiner Existenz im Modus des Werdens und weil er ständig mit der konstitutiven Möglichkeit lebt, anders zu werden, ist der Körper das, was die Norm auf zahllose Weisen besetzen kann, über die Norm hinausgehen kann, die Norm umarbeiten kann und was zeigen kann, dass die Realitäten, von denen wir glaubten, wir wären auf sie festgelegt, offen für Veränderung sind." (MG 346)

Die zur Selbststilisierung verwendete Vorgabe gibt also jeweils ein neues Bild ab, sie lässt Spielraum für Veränderung. Butler interessiert sich nun für die Momente, in denen dieser Abstand zum Maximum gebracht wird. Wenn z.B. Madonna angesichts K.D.Langs sagt „*Elvis is back. And she's beautiful.*", dann scheint hier mit einer Imitation etwas Ausschlaggebenderes passiert zu sein, als eine bloße Variation ein und derselben Vorlage. Der Effekt dieser Aussage geht über die bloße Feststellung hinaus, dass Lang erfolgreich als *king of rock 'n' roll* auftritt – die ‚Regel' selbst ist betroffen, ‚Elvis' muss etwas anderes bedeuten, als man hätte meinen sollen, wenn er nun als Frau wiederauferstanden sein soll. Dieses Beispiel geht aber eigentlich bereits einen Schritt zu weit, indem es den ‚geglückten Fall' aufgreift. Der eigentliche Moment kritischer Praxis befindet sich nach Butler hingegen immer vor solcher Bestätigung, in der heiklen Situation der unabgedeckten Forderung. Entwirft man sich entsprechend etablierter Formen, tut man das sozusagen ‚mit Gewähr' – man kann davon ausgehen, dass einem Anerkennung zu Teil wird, oder, wie Foucault es ausdrücken würde: man hat einen Platz im „Wahrheitsregime". Der Ungehorsam gegenüber diesen Vorgaben, beziehungsweise ihre verquere Wiederholung, bedeutet, sich aus dieser Sicherheit hinaus zu bewegen – K.D.Lang hätte auch einfach als unzulässiges Elvis-Double verhöhnt werden können.

Darin, dieses Risiko einzugehen, besteht nach Butler die Tugend der Kritik. Die entscheidende Einsicht in die sozialen Machtstrukturen besteht darin, dass sich

2.3 Dissens als Tugend

in ihnen die verschiedenen Regeln und ‚Identifikationsvorlagen' eben nicht beliebig rekombinieren lassen. Die ‚Grammatik', die hier am Werke ist, um bestimmte Optionen auszuschließen ist hochgradig restriktiv und auch nicht so unschuldig wie die Gebrauchskonventionen, die in einer Sprache vor zu viel Ambiguität schützen. Die Normen, die festlegen, wer als ‚anständige' Person gilt und wer überhaupt als Person gilt, markieren viele Optionen, sich nach bestimmten Vorgaben zu stilisieren, als unzulässig – das *Stone-Butch-Blues*-Zitat in der Einleitung beschreibt zum Beispiel eine Kulmination solcher Aneignungen gegen des Strich: Die als „Mann-Frau" bezeichnete Person verkörpert männliche und weibliche Merkmale, und diese Gleichzeitigkeit verstößt gegen alle Erwartung. Die beiden Personen stilisieren sich erkennbar als Paar, da sie aber gleichen Geschlechts sind, ist die Aneignung dieser Norm unzulässig, und der Blick auf die Verlobungsringe erscheint schließlich als endgültiger Skandal. Alle diese Aspekte folgen also bestimmten Normen, aber auf eine Weise, in einer Kombination oder an einem Ort, die nicht vorgesehen sind und mit gesellschaftlicher Ächtung bis hin zur Auslöschung geschlagen sind. Laut Butler besteht das Verdienst kritischer Praxis darin, solche Strukturen überhaupt erst sichtbar zu machen. Ihrem Machtverständnis gemäß braucht das Regime die ‚verteufelten', unmöglichen Optionen, um an ihnen immer wieder das Exempel unmöglichen Übertritts zu statuieren. Der Aufruf, kritische Entunterwerfung zu riskieren, beläuft sich nicht darauf, todesmutig die Positionen größter gesellschaftlicher Verachtung anzustreben – solches Märtyrertum bliebe folgenlos, man würde sozusagen von den ‚schwarzen Löchern' des Wahrheitsregimes geschluckt ohne auf es zurückzuwirken – so, wie ein gänzlich unverständlicher Satz niemals die Konventionen einer Sprache in Frage stellen würde. Der kritische Einsatz des Selbst muss also vorsichtiger kalibriert werden. Die Positionen, von deren Einnahme Butler eine Erschütterung und Dynamisierung des gegebenen Normgefüges erhofft, sind diejenigen in der Grauzone zwischen Ächtung und Anerkennung, zwischen Unsichtbarkeit und Selbstverständlichkeit.

Die Kunst der Entunterwerfung bestünde demnach in einer Stilisierung des Selbst im Verhältnis zu bestimmten Vorgaben, die dennoch deren Prinzipien unterläuft. Butler beschreibt den Vorgang wie folgt:

> „Vollzieht sich diese Selbst-Bildung jedoch im Ungehorsam gegenüber den Prinzipien, von denen man geformt ist, wird Tugend jene Praxis, durch welche das Selbst sich in der Entunterwerfung bildet, was bedeutet, dass es seine Deformation als Subjekt riskiert und jene ontologisch unsichere Position einnimmt, die von neuem die Frage aufwirft: Wer wird hier Subjekt sein, und was wird als Leben zählen, ein Moment des ethischen Fragens, welcher erfordert, dass wir mit den Gewohnheiten des Urteilens zugunsten einer riskanteren Praxis brechen, die versucht, den gegebenen Zwängen eine Kunstfertigkeit abzuringen." (Butler 2002: 265*)

Indem diese „ontologisch unsicheren Positionen" eingenommen werden, also die, bei denen noch nicht entschieden ist, ob es sie geben kann oder nicht, ob ihre Inhaber_innen lebbare Leben haben können oder nicht, wandelt sich das System. In der Ambivalenz der unsicheren Position wird die Frage aufgeworfen, die die nach Butler entscheidende Diagnose ermöglicht, nämlich wie die Differenzierung zwischen möglichen und unmöglichen Leben operiert. Zudem vollzieht die Behauptung einer solchen Position bereits eine Ausweitung der bestehenden Ordnung, demonstriert die Möglichkeit einer fraglichen Kombination von Selbststilisierung – ab sofort kann die neue Option zur Identifikationsvorlage für folgende Subjekte werden. In gewisser Hinsicht wiederholt Marija Šerifović, die serbische Lesbe, die 2007 den Eurovision-Songcontest gewann, das erfolgreiche Beispiel K.D.Langs, wiederum in einem neuen und heiklen Kontext.

Kritik will Butler also als eine Form der Selbststilisierung verstehen, die die gewaltsamen Verwerfungen im bestehenden System sichtbar werden lässt und dadurch das Regime in seiner Selbstverständlichkeit erschüttert sowie in seinen Möglichkeiten bereichert.[11]

Diese riskantere Praxis lebt von einer reflexiven Vermittlung zwischen den gegebenen Einschränkungen und den eigenen Möglichkeiten:

> „Anders gefragt: ‚Was kann ich angesichts der gegenwärtigen Ordnung des Seins sein?' Wenn in dieser Frage die Freiheit auf dem Spiel steht, könnte dieser Spieleinsatz der Freiheit etwas mit dem zu tun haben, was Foucault Tugend nennt, mit einem gewissen Risiko, das durch das Denken und in der Tat durch die Sprache ins Spiel kommt, durch die die gegenwärtige Ordnung des Seins an ihre Grenzen geführt wird." (Butler 2002: 259)

Dies als Tugend, Praxis oder Kunstfertigkeit zu beschreiben, ist Butler nicht nur deshalb so wichtig, weil sie damit der Verkörperung normativer Diskurse Rechnung trägt, sondern auch, um einem bestimmten Dilemma zu entgehen: Die Problematik bestehender Normen will Butler nicht von einer Warte aus angehen, die sich ihrerseits auf bestimmte Normen beruft. Sie will nicht bestimmte Prinzipien gegen andere ins Feld führen, sondern eine Strategie entwickeln, innerhalb je gegebener Prinzipien oder Regeln größeren Spielraum zu gewinnen. Nicht von anderen Regeln aus und nicht vom Jenseits aller Regeln, sondern mit besonderer Spitzfindigkeit von den Grenzen und internen Instabilitäten der Regeln aus soll diese Kritik ansetzen, die minimale (normative) Voraussetzungen zu haben scheint, aber dem Subjekt einen maximalen Einsatz abverlangt.

---

11 Eine glänzende Rekonstruktion und Verteidigung des Butler'schen Kritikverständnisses, die stärker auf den Wert der Kontingenz als den der Möglichkeitseröffnung abzielt und von da aus einen plausiblen Überblick über das Gesamtwerk gibt, bietet Purtschert 2004.

2.4 Der Wert der Ermöglichung

> „Ich habe keine Lust, Urteile dazu abzugeben, was das Subversive vom Nicht-subversiven unterscheidet (...). Was mich weiterhin umtreibt, sind Fragen folgender Art: Was wird ein lebbares Leben konstituieren und was nicht?"
>
> (GT xxii*)

Der Begriff der Normen ist einer der zentralen Begriffe in Butlers theoretischem Projekt. Normen strukturieren die soziale Realität und unsere Weltsicht. Normen bilden den Gegenstand für Identifikation und Unterwerfung. Ohne Normen kein Subjekt, und wenn die strukturelle Gewalt, die offener Gewalt vorausgeht, sich irgendwo lokalisieren lässt, dann immer in den Normen, die festlegen, wer als ‚echt' gilt und wer nicht. Als kritische Theoretikerin wird Butler aber auch mit der Frage konfrontiert, an welchen Normen sich eigentlich ihre eigene Kritik orientiere. Zumeist geht damit der Verdacht einher, Butler würde in ihrer erhöhten Aufmerksamkeit auf die restriktive Seite der Normen Normativität insgesamt unter einen Generalverdacht stellen und versäumen, die positiven Ziele und Kriterien ihres theoretischen Projekts hinreichend zu klären. Wenn Butler ihr Kritikverständnis explizit macht (s. 2.3.), scheint sich ja tatsächlich als Programmatik nur die Bloßstellung und Überschreitung des gegebenen normativen Rahmens zu ergeben. Bleibt das nicht ein destruktives Programm? Wenn kritische Tugend ontologisch unabgesicherte Subjektpositionen einnehmen und so den Bereich des Möglichen ausweiten soll, bleibt doch die Frage, worin eigentlich der Nutzen ‚größerer Möglichkeiten' besteht. Ist das Eröffnen von Möglichkeiten selbst schon ein Gut? Reicht Butlers Kritikbegriff weit genug, um ihre Position normativ zu fundieren, so wie es etwa von Seiten der Frankfurter Schule eingefordert wird? Diese Vorbehalte hatte schon Habermas Foucault gegenüber formuliert, und in ganz ähnlicher Weise äußert Seyla Benhabib sie gegenüber Butler (vgl.: Habermas 1984; Benhabib 1993: 22ff). Wenn philosophische Kritik wirksam sein soll, so der Einwand, muss sie sich theoretisch legitimieren können. Andernfalls bleibt sie orientierungslos oder zumindest über ihre eigenen Antriebe unaufgeklärt.

Butler hat mehrere Strategien, um diese Debatte in ihren Texten zu reinszenieren, und bei näherem Hinsehen lässt sich aus ihnen einiges an Aufschluss gewinnen.

Eine Antwortlinie Butlers beläuft sich darauf, mit dem Hinweis auf die Situation der Ausgeschlossenen bereits die Frage, ob das Eröffnen von Möglichkeiten als normativ gehaltvolles Projekt gelten könne, zu diskreditieren.

> „Man mag sich fragen, wozu das »Möglichkeiten-Eröffnen« am Ende gut sein soll, aber niemand, der verstanden hat, was es heißt in einer sozialen Welt als das zu leben, was »unmög-

> lich«, unlesbar, unwirklich, illegitim und nicht zu machen ist, käme auf die Idee, diese Frage zu stellen." (GT viii*)

Die Frage, ob mit neuen Möglichkeiten auch wirklich Wünschenswertes eröffnet werde, entlarvt Butler als Gedankenexperiment aus privilegierter Perspektive. Ihr eigenes Projekt setzt sie demgegenüber bei der existentiellen Erfahrung des prekären, womöglich unlebbaren Lebens an: *„Der Gedanke eines möglichen Lebens ist bloßer Luxus für die, die sich bereits möglich wissen. Für diejenigen, die noch darauf warten, möglich zu werden, bedeutet die Möglichkeit eine Notwendigkeit"* (MG 348*).

Dieser eindringliche Appell kann die Bedenken jedoch noch nicht still stellen. Auch Butlers Kritik-Essay wird von einer Stimme unterbrochen, die sie an anderer Stelle einer „guten Denkerin der Aufklärung" zuschreibt (MG 328): *„Nun mag man vernünftigerweise fragen: Wofür soll ein anderes Denken gut sein, wenn wir nicht im Voraus wissen, dass dieses andere Denken eine bessere Welt hervorbringt?"* (Butler 2002: 252). Butler reagiert an dieser Stelle ausweichend, sie bittet um Geduld und stellt in Aussicht, dass sich nach der Erarbeitung eines grundlegenderen Kritikverständnisses die Frage erübrigen könnte.

> „Die einzige Erwiderung scheint mir in der Tat darin zu bestehen, zu einer fundamentaleren Bedeutung von »Kritik« zurückzukehren, um zu sehen, was mit der so gestellten Frage nicht in Ordnung sein könnte, und um die Frage erneut zu stellen, um eine produktivere Annäherung an den Stellenwert der Ethik in der Politik zu umreißen. Man mag in der Tat fragen, ob das, was ich hier mit »produktiv« meine, sich an Normen und Maßstäben messen lässt, die ich aufzudecken bereit bin, oder die ich selbst im Moment, da ich diesen Anspruch stelle, voll erfasse. Hier möchte ich Sie jedoch um Geduld bitten (...)." (Butler 2002: 252)

Butlers Schwierigkeit im Benennen ihrer Ziele und Maßstäbe hängt eng damit zusammen, wie sie selbst Normen problematisiert. Es ist das Dilemma der ‚Doppelnatur' von Normen, das in Butlers Augen den unkomplizierten Umgang mit ihnen verbietet – sie sind unabdingbar und dennoch häufig ‚im Weg'. Butler vertritt nicht die simple These, dass alle Normen gewalttätig seien, aber warnt doch davor, dass Normen zum Medium enormer Gewalt werden können und somit im Umgang mit ihnen Vorsicht geboten ist. Es sollte viel mehr darum gehen, eine alternative Haltung zu Normativität insgesamt zu entwickeln, als die Normen aufzustellen, die man selber für gültig erachtet. Butler weigert sich deshalb weiterhin, eine Liste positiver Kriterien oder Ziele anzugeben, auch wenn das die Sache einfacher machte:

> „Es wäre einfacher (...). Dann wären die Normen erkennbar, die mein Denken leiten, und es ließe sich beurteilen, ob ich die Ziele erreicht habe, die ich mir selbst gesetzt habe, oder nicht. So einfach ist die Angelegenheit für mich aber nicht. Die Schwierigkeit, die ich damit habe, ist nicht aus Sturheit geboren, oder aus einem Willen, dunkel zu sein. Sie ergibt sich einfach

2.4 Der Wert der Ermöglichung

> aus der doppelten Wahrheit, dass wir zwar Normen brauchen, um leben zu können und um gut leben zu können, und um zu wissen, in welche Richtung wir unsere soziale Welt verändern wollen, dass wir aber auch von Normen in Weisen gezwungen werden, die uns manchmal Gewalt antun." (MG 327*)

Das Problem lässt sich jedoch in zwei Schritten entwirren. Die erste entscheidende Einsicht besteht darin, dass Butler in ihrem Anliegen einer ‚Politik der Möglichkeiten' auf einer Ebene arbeitet, die der Frage von ‚guten' und ‚schlechten' Optionen, von ‚richtigen' und ‚falschen' Richtungen vorgeordnet ist. Im Nachweis einer ‚Gewalt vor der Gewalt', im kritischen Aufdecken der jeweiligen ontologischen Ordnung, geht es ihr um die Behebung von ‚Auslöschungen', um den Rückgewinn von unsichtbaren oder für ‚unwirklich' erklärten Leben und Körpern: *„Was mich politisch bewegt und wofür ich Raum schaffen will, ist der Moment, in dem ein Subjekt – das kann eine Person oder ein Kollektiv sein – ein Recht oder einen Anspruch auf ein lebbares Leben geltend macht, obwohl dem keine Autorisierung vorausgeht und dafür keine eindeutig ermächtigende Konvention gegeben ist (MG 354*)*. Die Frage der normativen Bewertung, der Kritik im Sinne von Beurteilung, ist diesem Projekt nachgeordnet, und zwar notwendig: wir können uns noch gar nicht fragen, wie wir eine Möglichkeit finden, so lange diese nicht im Blickfeld erschienen ist.

Die Überführung von unlebbarem in lebbares Leben stellt denn auch den ersten normativen Kern dar, den Butler in ihren Schriften schließlich doch explizit macht:

> „Die Konzeption von Politik, die hier zum Tragen kommt, ist wesentlich an der Frage nach dem Überleben interessiert, daran, wie eine Welt geschaffen werden kann, in der diejenigen, die ihre Geschlechtsidentität und ihr Begehren als nicht normenkonform verstehen, nicht nur ohne Gewaltandrohung von außen leben und gedeihen können, sondern auch ohne das allgegenwärtige Gefühl ihrer eigenen Unwirklichkeit, das zum Suizid oder zu einem suizidalen Leben führen kann. Letztlich würde ich fragen, welchen Ort das Denken des Möglichen in der politischen Theoriebildung hat. Nun kann man Einspruch erheben und sagen, ja, du versuchst doch nur die Genderkomplexität zu ermöglichen. Das sagt uns aber gar nichts darüber, welche Formen gut oder schlecht sind; es verhilft uns nicht zu einem Maßstab, einer Richtschnur, einer Norm. Einen normativen Anspruch gibt es hier jedoch durchaus, und der hat mit der Fähigkeit zu tun, leben, atmen und sich bewegen zu können, und würde zweifellos bei dem einzuordnen sein, was man gemeinhin eine Philosophie der Freiheit nennt." (MG 347f)

Der Ausblick auf die „Philosophie der Freiheit" wird in Kapitel 5.4., nach dem inhaltlichen Durchgang durch Butlers Werk, noch einmal aufgegriffen. Zum Einstieg in die Lektüre sollte vor allem das Beharren auf einer normativen Aspiration jenseits von ‚gut' und ‚schlecht' festgehalten werden. ‚Möglichkeits-Erweiterung' setzt bei den fundamentalsten Lebensbedingungen an, und zu denen gehört nach Butler eben neben dem Atmen auch ein Platz im sozialen Normgefüge.

Die zweite Grundlage, die sozusagen versucht, die in dem oben skizzierten Projekt gewonnene Sensibilität zu operationalisieren, ist der Versuch, das Augenmerk von der Frage nach richtigen und falschen leitenden Normen zu einer anderen Haltung gegenüber welchen Normen auch immer zu verschieben. Dies ist fraglos seinerseits ein normatives Anliegen, das einer Ethik der Gewaltlosigkeit folgt, wie Butler sie in ihren späteren Werken ausarbeitet (dazu ausführlicher 5.3.). Den leitenden Wert für eine solche andere „Grammatik der Normativität" (Butler 2002: 252) versteht Butler als radikal demokratisch, als Herstellung einer spezifischen Offenheit und fortgesetzten Übersetzung:

> „Es kann auch sein, dass das Leben selbst ausgeschlossen ist, wenn der richtige Weg vorab beschlossen wird oder wenn wir verfügen, was für alle richtig ist, ohne uns in die Gemeinschaft hineinzugeben und das »Richtige« inmitten der kulturellen Übersetzung zu entdecken. Es mag sein, dass das, was »richtig« und was »gut« ist, darin besteht, offenzubleiben für die Spannungen, denen die grundlegenden Kategorien, die wir brauchen, ausgesetzt sind – um sich klarzuwerden über die Unwissenheit im Kern dessen, was wir wissen und was wir brauchen, und das Zeichen des Lebens – und dessen Aussichten – zu erkennen." (MG 359)

Auch wenn sich die entscheidenden Kriterien direkt als Testfrage formulieren lassen – *„worin eine weniger gewalttätige Zukunft bestehen wird, wie eine integrativere Bevölkerung aussehen würde"* (MG 355) – glaubt Butler, dass sich der Inklusivität am Besten zuarbeiten lässt, indem man immer wieder die Instrumente der Exklusion unterminiert. Damit wäre nämlich auch für die Fälle vorgebaut, die, noch im Bereich des Unsichtbaren, gar nicht als mögliche Kandidaten für Inklusion in Frage kämen. Wenn eine rigide Handhabung von sozialen Normen und Kategorien Ausschlüsse und Gewalt hervorruft, dann lässt sich dem nach Butler entgegenarbeiten, indem man die betreffenden Kategorien offen und revisionsfähig hält. Es geht darum, niemals durch abschließende Definitionen und Kategorien vorab zu bestimmen, was wir bereit sind gelten zu lassen und was nicht. Das Dilemma der Normativität löst Butler also dahingehend, dass sie zwar zugesteht, dass wir ohne sie nicht auskämen, dass wir aber zugleich nicht gezwungen sind, ihre Form als feststehend und unabänderlich anzunehmen. Wir können nicht ohne Normen auskommen, müssen sie aber auch nicht akzeptieren, wie sie sind (vgl. MG 329). Nicht das Kontern der kritikwürdigen Normen durch andere, sondern deren jeweilige Dynamisierung soll ihrem Umschlag in Gewalt vorbeugen. Eine Kategorie, deren Bedeutung nicht ganz fest steht, ist ein untaugliches Mittel, wenn es darum geht, eine bestimmt Identität zum Unding zu erklären. Die mitunter strapaziösen Kaskaden von Fragen und Zweifeln in Butlers Texten folgen jener Programmatik ebenso, wie ihre substantiellen Analysen von Gewalt und Subjektivität: Möglichkeiten zu eröffnen, die den Bereich des lebbaren Lebens ausweiten.

3. Performativität – das Auftreten von Normen

> „Und bei dieser Gelegenheit wird uns klar, dass das, was wir für »wirklich« halten, was wir als das naturalisierte Wissen über Gender aufrufen, tatsächlich eine wandelbare und revidierbare Realität ist. Nenn' es subversiv oder nenn' es irgendwas anderes. Obwohl diese Einsicht nicht als solche eine politische Revolution darstellt, ist doch keine politische Revolution möglich ohne eine radikale Verschiebung unserer Vorstellung des Möglichen und Wirklichen."
>
> (GT xxiv*)

Performativität ist die Kraft einer Äußerung, das von ihr Benannte auch herzustellen. Butler siedelt dieses Phänomen in Prozessen an, in denen wieder und wieder, in unaufhörlichen Wiederholungen, soziale Normen instantiiert werden. Und der Clou ist, dass in diesen Prozessen beide, die Subjekte und die Normen eigentlich ihr Dasein haben. Das ist sozusagen, woraus sie bestehen: Identitäten aus einer Reihe zitierter Normen, Normen aus all den Fällen ihrer Zitation.

> „... die Konstruktion ist weder ein Subjekt noch dessen Handlung, sondern ein Prozeß ständigen Wiederholens, durch den sowohl »Subjekte« wie »Handlungen« überhaupt erst in Erscheinung treten. Es gibt da keine Macht, die handelt, sondern nur ein dauernd wiederholtes Handeln, das Macht in ihrer Beständigkeit und Instabilität ist." (KG 32)

Obwohl dieses Kapitel mit einer ‚Bühnenshow' beginnt, gilt die Theatermetapher in der Butler-Rezeption zu recht als ein prominentes Missverständnis: Ihre These zu Geschlecht ist nämlich nicht, dass man es nur spiele, wie eine Schauspielerin ihre Rolle.[12] Aber vielleicht bekommt man die treffendere Interpretation in den Blick, wenn man im Bild bleibt, aber es anders einsetzt: Auf der Bühne entstehen nämlich Figuren, und zwar indem sie einen Text rezitieren. Aber auch der Text ist in seiner Existenz auf solche Manifestation angewiesen. Natürlich gehen seine Instantiierungsmöglichkeiten in einer Schriftkultur über die Aufführung hinaus – es gibt Textbücher, aber auch das gilt für soziale Normen insgesamt: Nicht nur im persönlichen Auftreten von Menschen, sondern auch in Büchern, Filmen, Bildern, in Werbeplakaten, religiösen Geboten und im Spielzeugdesign werden (Geschlechter-)Normen zitiert und somit fortgesetzt. Würde aber niemand diese mehr zum Zwecke der eigenen Selbststilisierung konsultieren, hätten sie ihren Charakter als Normen schnell eingebüßt. Die Theatermetapher geht auf, wenn man den Vergleich auch tatsächlich auf die Bühnensituation beschränkt, und nicht darauf

---

12 Eine Ausnahme bildet Isabell Lorey, die Butler ebenfalls Theater-metaphorisch rekonstruiert, ohne der Schauspieler-Analogie zu verfallen; s. Lorey 1993:12.

ausweitet, dass die Schauspielerin sich ja auch eine andere Rolle aussuchen könnte (was Schauspieler_innen im Übrigen meist nicht können) und sowieso eine ‚eigentliche' Identität hätte, die sich auch ohne Rolle durchhält. Betrachtet man nur die Bühnenfigur, dann gilt, dass sie durch den Text, den sie rezitiert, entsteht, und dass sie unkenntlich würde, wenn sie auf die völlig abwegige Idee käme, das Spiel abzubrechen. Genau in diesem Sinne ist Geschlecht, wie Butler sagt, in der sozialen Welt eine „Performance" und zugleich eine „Überlebensstrategie".

Wie Butler genau Geschlecht und Identität auf Zitationspraktiken zurückführt, soll im Folgenden im Durchgang durch die verschiedenen Stadien ihres Performativitätsbegriffs erklärt werden. Die erste entscheidende These lautet, dass Geschlecht performativ hergestellt, das heißt auf eine Unzahl von Akten, Gesten und Äußerungen zurückzuführen ist und nicht auf eine vorgängige, eindeutig entweder männliche oder weibliche Geschlechtsidentität. Diese letztere, so der ergänzende Befund, ist vielmehr eine Fiktion, die von der Gewaltsamkeit einer heteronormativen Ordnung erzwungen und zu deren eigener Verschleierung eingesetzt wird. Dies wird in Abschnitt 3.1. ausgeführt. Die zweite große These, die in 3.2. im Mittelpunkt steht, bestreitet, dass sich die Unterscheidung zwischen *sex* und *gender*, also biologischem und sozialem Geschlecht, aufrecht erhalten lasse. Butler untermauert dies, indem sie eine Konzeption von „Materialisierung" entwirft, in der die Übernahme sozialer Normen und Phantasien jedem Bezug auf Körper erstens vorausgeht und zweitens bereits eine performative Wirksamkeit beisteuert. In diesem Zusammenhang grenzt Butler ihren Performativitätsbegriff stärker von theatralischen Anklängen ab und bezieht ihn auf die sprachphilosophische Diskussion zwischen John L. Austin und Jacques Derrida. Dies baut sie dann weiter aus, wenn sie bei der Analyse von Hasssprache zu klären versucht, woher Worte ihre verletzende Kraft beziehen (s. 3.3.). Während sich der Performativitätsbegriff selbst also anscheinend schrittweise klärt und der Blick immer weiter weg von der schillernden Aufführung zu den Mechanismen der Wiederholung gelenkt wird, entspricht ihm doch stets dieselbe Vorstellung von Widerstandsmöglichkeiten. Im letzten Unterkapitel soll entsprechend gezeigt werden, wie die rezitierenden Prozesse erfolgreich gegen ihr Script ins Feld geführt werden können, und zwar nicht nur, um dessen Kontingenz nachzuweisen, sondern auch, um es zu verändern.

3.1 ... in der Dragbar: Genderperformance

> „Welche Performanz in welchen Kontexten (...) entlarvt den performativen Charakter der Geschlechtsidentität selbst und setzt ihn so in Szene, daß die naturalisierten Kategorien der Identität und des Begehrens ins Wanken geraten?"
>
> (UG 204)

Butlers zweites Buch, *Gender Trouble,* machte sie auf einen Schlag berühmt und bildet nach wie vor das Zentrum ihrer Rezeption. *Das Unbehagen der Geschlechter,* wie der deutsche Titel, weniger renitent aber im Anklang an Freud (Freud 1948), lautet, war theoriegeschichtlich einschneidend. Eine Art, *Gender Trouble* kurz zusammenzufassen und in eine kohärente Entwicklungslogik des Feminismus einzugemeinden, besteht dabei darin, das Buch als Hinweis auf einen Ausschluss zu verstehen. Als habe der Feminismus bis dato nur von der Existenz heterosexueller Frauen gewusst und könne dank Butler zukünftig das Versäumnis nachholen und auch kompliziertere Gender und Sexualitäten mit bedenken. In dieser Paraphrase geht aber nicht nur verloren, dass – nimmt man Butlers Theorien ernst – dieses tolerante Manöver im Rahmen der gängigen Begriffe und Denkmuster undurchführbar bleiben muss, sondern auch, dass *Das Unbehagen der Geschlechter* in erster Linie eine Theorie der Heterosexualität ist und gerade den Anspruch hat, die Herausbildung und Dominanz der herrschenden Geschlechtsidentitäten zu erklären. Butlers Analyse der Macht, die in Geschlechternormen am Werke ist, lässt sich mithin folgendermaßen zusammenfassen: Die gegenwärtige Geschlechterordnung (und in Ansätzen sogar noch die Terminologie feministischer Theorie) zieht eine Unterscheidung in verständliche und unverständliche Geschlechter nach sich, die sich auf den sozialontologischen Status von Geschlecht auswirkt. Die „heterosexuelle Matrix" produziert zu ihrer eigenen Stabilisierung ständig ‚unechte' Varianten von Geschlecht, die abgewertet und mit dem sozialen Tod bedroht werden.

Das Unbehagen der Geschlechter gliedert sich in drei etwa gleichgewichtige Teile. Es ist der erste Abschnitt, in dem sich Butlers von Derrida und Foucault inspirierte Intervention in die bestehende feministische Theoriebildung abspielt, die oft als „Dekonstruktion des Subjekts des Feminismus" zusammengefasst wird. Im mittleren finden sich Überlegungen zur Verkörperlichung von Geschlechternormen über melancholische Identifikation, ein thematischer Strang, der zunächst unterrezipiert blieb und im vierten Kapitel dieser Einführung eigens behandelt werden soll. Erst der letzte Teil – und eigentlich auch erst auf den letzten Seiten – enthält Butlers Theorie der Performativität von Geschlecht. Vor diesem Finale in der Dragshow muss der_die Leser_in also zurück ‚in den Schrank', um von da aus die Funktions- und Zwangsmechanismen der Heterosexualität nachzuvollziehen.[13] Wenn Butler von einer „heterosexuellen Matrix" oder später, weniger allumfassend, von „heterosexueller Hegemonie" spricht,[14] dann ist damit ein Geflecht aus Normen und Kategorien gemeint, das ein unheimlich dominantes kulturelles Deutungsmuster bildet und regulierende Effekte auf die soziale Wirklichkeit ausübt. Ein ähnlicher Ansatz findet sich z.b. schon bei Monique Wittig, die die allgegenwärtige Perspektive der „straight mind" als eine Drohkulisse identifiziert, deren ständige Verwünschung lautet: „*You-will-be-straight-or-you-will-not-be*" (vgl.: UG 172; Wittig 1980: 107). Im Zentrum dieser Regulierung der Geschlechterordnung steht nach Butler ein bestimmtes normatives Ideal von Identität, das eine spezifische Kontinuität oder Einheitlichkeit postuliert. Biologisches Geschlecht, soziale Geschlechterrolle, sexuelle Praktik und Begehren unterliegen dadurch der Forderung, sich auf genau zwei idealtypische, komplementäre Weisen zu gruppieren. So reproduziert sich das System heterosexueller Zweigeschlechtlichkeit, weil diese Begriffe stillschweigend schon in einem spezifischen Verweiszusammenhang konzipiert sind: jemand mit weiblichem Körper hat eine weibliche soziale Rolle (zu haben), wobei zur weiblichen Rolle schon das Begehren nach Männern bzw. deren Aufmerksamkeit gehört, und die sexuelle Praxis als dem Begehren konform angenommen wird. Alle anderen Kombinationen haben von vorn herein einen prekären Status, weil sie in ihrer ‚Uneinheitlichkeit' nicht jene ‚Eindeutigkeit' an den Tag legen, die allein das Identitätsideal zu erfüllen vermag. Sie erscheinen überdies nicht einmal als ‚unordentliche' Körper, Geschlechter, Liebende oder Begehrende, sondern ihre Körper, Gender, Sexualität sind in dem hegemonialen Deutungsmuster zur Unkenntlichkeit verurteilt, eben weil die einzelnen Faktoren so definiert sind, dass sie in anderer Kombination paradox erscheinen. Butler spricht in diesem Zusammenhang von „Intelligibilität", also Verständlichkeit oder Erkennbarkeit.

„»Intelligible« Geschlechtsidentitäten sind solche, die in bestimmtem Sinne Beziehungen der Kohärenz und Kontinuität zwischen dem anatomischen Geschlecht (*sex*), der Geschlechtsiden-

---

13 Als „in the closet" – „im Schrank" – bezeichnet man nicht geoutete Homosexuelle. Der Begriff war in der Schwulenbewegung der 70er und 80er mit ihrer Politisierung des ‚coming out' sehr prominent. Eve Sedgwick analysiert seine Funktion in ihrem epochemachenden Werk *Epistemology of the Closet* (Sedgwick 1991), das fast zeitgleich mit *Gender Trouble* erschien und neben diesem als das Gründungsmanifest der *Queer Theory* angesehen werden kann.

14 Der Hegemoniebegriff stammt aus der marxistischen Diskussion und geht auf Antonio Gramsci zurück. Er bezeichnet eine gesellschaftliche und kulturelle Vorherrschaft, die sich darauf begründet, dass sie erfolgreich ihre Interessen oder Ziele als die allgemeinen ausgeben konnte. Der Hegemoniebegriff wurde 1985 von Laclau und Mouffe reaktualisiert und ist derzeit prominent in der post-marxistischen Debatte. Vgl.: Gramsci 1991; sowie: Laclau/Mouffe 2000. Eine queertheoretische Kritik am Hegemoniekonzept findet sich bei: Engel 2011.

3.1 ... in der Dragbar: Genderperformance

tität (*gender*), der sexuellen Praxis und dem Begehren stiften und aufrechterhalten. Oder anders formuliert: Die Gespenster der Diskontinuität und Inkohärenz, die ihrerseits nur auf dem Hintergrund von existierenden Normen der Kohärenz und Kontinuität denkbar sind, werden ständig von jenen Gesetzen gebannt und zugleich produziert, die versuchen, ursächliche oder expressive Verbindungslinien zwischen dem biologischen Geschlecht, den kulturell konstituierten Geschlechtsidentitäten und dem »Ausdruck« oder »Effekt« beider in der Darstellung des sexuellen Begehrens in der Sexualpraxis zu errichten." (UG 38)

In dieser Verbannung aller ihrer Ausnahmen in die Unsichtbarkeit erhält sich die heterosexuelle Zweigeschlechterordnung selbst. Nur heterosexuelle Männlichkeit und Weiblichkeit bleiben als „intelligible Geschlechter" übrig und wirken deshalb so ‚natürlich', weil die Machtwirkungen, die gerade diese Formationen erzwingen, von ihrer anscheinenden Alternativlosigkeit verschleiert werden. Dieses Identitätspostulat regiert nun nicht nur die Zulassung als legitimes Geschlecht, sondern geht nach Butler noch der Anerkennung als Person voraus. Dieser Status hat ihrer Ansicht nach nämlich entscheidende Vorbedingungen:

„Es wäre falsch zu denken, daß die Diskussion des Begriffs »Identität« der Debatte über die »geschlechtlich bestimmte Identität« vorangehen müßte, und zwar aus dem einfachen Grund, weil die »Personen« erst intelligibel werden, wenn sie in Übereinstimmung mit wiedererkennbaren Mustern der Geschlechter-Intelligibilität (*gender intelligibility*) geschlechtlich bestimmt sind (…). Mit anderen Worten: »Kohärenz« und »Kontinuität« der »Person« sind keine logischen oder analytischen Merkmale der Persönlichkeit, sondern eher gesellschaftlich instituierte und aufrechterhaltene Normen der Intelligibilität." (UG 37f)

So wird klar, was mit ihrer starken These, dass das Menschsein selbst von der Geschlechtsidentität abhinge, gemeint ist. Wenn in einer bestimmten Ordnung Personen überhaupt erst als Personen erkennbar (und anerkennbar) werden, wenn sie entsprechende Kriterien erfüllen (wie etwa die eines kohärenten Geschlechts), dann fallen die anderen tatsächlich aus dem Bereich des Menschlichen heraus oder besser: tauchen nie auf dieselbe Weise in ihm auf, wie diejenigen, die die Standards der Anerkennbarkeit erfüllen. Wenn Butler also davon spricht, dass die heterosexuelle Matrix entscheidet, welche Gender als real gelten und welche nicht, dann ist die Pointe gerade nicht, dass Alternativen in einem materiellen Sinne nicht existieren, sondern dass diesen Alternativen in allen relevanten gesellschaftlichen Bezügen nicht in der Haltung begegnet wird, die ‚echten Personen' wie selbstverständlich zu teil würde. Aber dennoch sind diese Ausnahmen eben gerade erforderlich, um an ihnen das Exempel ihrer Unmöglichkeit zu statuieren und die ‚Spielregeln' deutlich zu machen.

Aus dieser Beschreibung scheint sich zunächst ein Dilemma zu ergeben. Je drakonischer und umfassender sich die Macht der herrschenden Geschlechterordnung darstellt, umso dringlicher wirkt zwar einerseits das Bedürfnis nach deren

Überwindung, desto geringer scheint aber andererseits der Spielraum für Widerstand in einem dermaßen regulierten Regime. Butlers Auseinandersetzung mit sowohl radikalfeministischen Ansätzen als auch kanonischen psychoanalytischen und (neo)strukturalistischen Theorien der Zweigeschlechtlichkeit versucht dieser komplizierten Situation Rechnung zu tragen. Ihre Strategie ließe sich auf die verkürzte Formel bringen, dass Butler ihren ‚Verbündeten' entgegnet, dass die die Geschlechterordnung erzeugende Macht weiter reicht, als diese sich träumen lassen, dass aber der psychoanalytische (strukturalistische) ‚Kanon' sich ebenfalls im Irrtum befindet, weil er die Macht als zu absolut und monolithisch versteht. Diese zweischneidige Kritik speist sich vor allem aus den Erkenntnissen Foucault'scher Machtanalyse. Foucault setzt dem von ihm so genannten „juridischen" Machtverständnis, dem gemäß Macht verbotsförmig auf Individuen trifft, diese disziplinere und bestimmter Freiheiten beraube, einen produktiven Machtbegriff entgegen. In dieser Konzeption kennt Macht nun kein ‚außerhalb' mehr, sondern durchdringt alle Bereiche. Sie ist das Medium gesellschaftlicher Beziehungen und Subjektivitäten und provoziert gerade auch ihre je spezifische Opposition. Feministische Ansätze, die auf ein ‚Jenseits' der Macht – sei es ein vorpatriarchales Matriarchat, ursprüngliche Bisexualität, unentfremdete Weiblichkeit oder polymorphe Perversität – zurückgreifen, bedienen sich damit nach Butler einer Fiktion, die lediglich zeigt, dass sie in ihrer Machtanalyse nicht weit genug gegangen sind und eben diesen vermeintlichen Anhaltspunkt als komplementären Nebeneffekt der herrschenden Ordnung erkannt haben. Es könne nicht um die Rückeroberung irgendeiner ursprünglichen Freiheit gehen, sondern nur um die Ausweitung der Möglichkeiten im gerade gegebenen Machtsystem; nicht von außerhalb, sondern an dessen inneren Brüchen und Gegenläufigkeiten könne etwaiger Widerstand ansetzen. Dass dies überhaupt möglich ist, vertritt Butler gegenüber Ansätzen, die, ebenfalls einem juridischen Machtbild verhaftet, den Status herrschender Gesetze verabsolutieren. Sei es Sigmund Freuds Annahme des Ödipuskomplex', Claude Levi-Strauss' Beschreibung der vom Inzesttabu diktierten Verwandtschaftsregeln oder Jacques Lacans Trennung zwischen variabler imaginärer und unveränderlicher symbolischer Ebene, – Butlers dekonstruktive Lektüre dieser Autoren, die allesamt bestimmte Varianten von Zweigeschlechtlichkeit festschreiben, läuft stets darauf hinaus, den postulierten Regeln ihre Eindeutigkeit abzusprechen und sie als durch soziale Macht bedingt – und damit historisch wandelbar – herauszustellen. Dies ist es, was eine „kritische Genealogie" von Geschlecht ausmacht, die *Gender Trouble* nicht nur zum Titel, sondern auch zur Methode hat:

> „... es geht um den Versuch, zur Geschlechter-Verwirrung anzustiften. Dabei werden wir uns nicht solcher Strategien bedienen, die ein utopisches Jenseits ausmalen, sondern der Mobili-

3.1 ... in der Dragbar: Genderperformance

sierung, subversiven Verwirrung und Vervielfältigung gerade jener konstitutiven Kategorien, die versuchen, die Geschlechtsidentität an ihrem Platz zu halten, indem sie in der Pose der fundierenden Illusionen der Identität auftreten." (UG 62)[15]

Das Ergebnis dieser Strategie ist letztlich ein Tausch zwischen Ursache und Wirkung. Was gemeinhin als Ursache von Geschlechtsidentität genommen wird – dass man eben ein Geschlecht habe, Mann oder Frau sei, versetzt Butler in die Position des Effekts. Geschlecht verdankt seine ‚Realität' den Zwangsmechanismen einer normativen Ordnung. Dieser Gedanke ist in voller Radikalität vor Butler bereits von Monique Wittig formuliert worden – „*Ein materialistischer feministischer Ansatz zeigt, dass das, was wir für den Grund oder den Ursprung der Unterdrückung halten, tatsächlich nur die vom Unterdrücker aufgezwungene* Markierung *ist.*"(GT 35*). Anders als in Wittigs Vision, die davon ausgeht, dass Geschlecht dadurch abzuschaffen wäre, dass man den Rahmen der Unterdrückung verlässt – nach Wittig ist eine Lesbe ebensowenig eine ‚Frau' wie ein befreiter Mann ein Sklave ist – will Butler aber nicht darauf hinaus, jeden Begriff von Geschlecht zu überwinden. Butlers Dekonstruktion läutet nicht ‚den Tod des Geschlechts' ein. Gegen das naturalisierte, binäre Verständnis von Geschlecht führt sie eine Neubeschreibung von Geschlecht ins Feld, die ihrer Meinung nach das Phänomen besser trifft als herkömmlichen Kategorien.

Nach der kritischen Genealogie von Geschlecht arbeitet Butler den Ansatz, Geschlecht als performativ zu verstehen, noch einmal eigenständig aus, und zwar über die Drag-Analogie. Wenn wir die Funktionsweise von Geschlecht verstehen wollen, so lautet Butlers Vorschlag, dann sollten wir uns eine Drag-Show vor Augen führen.[16] Die Drag Queen, die Weiblichkeit inszeniert, oft als glamouröse, divaeske Hyperweiblichkeit, ist nach Butler eben gerade nicht bloß ‚ein Mann in Frauenkleidern', sondern eine Bühnenfigur, die haargenau vorführt, wie Geschlecht in allen Fällen ‚funktioniert': nämlich über die Imitation eines Ideals, in dem eine Unzahl sozialer Normen geronnen sind. In der Dragshow wird dies besonders deutlich, weil die Performance mitunter explizit macht, welches konkrete Ideal gerade die Darstellung prägt. Prinzipiell ist das bei alltäglichen, lebensweltlichen Geschlechterrollen nicht anders, nur dass in ihnen oft eine unentwirrbare Reihe von Beispielen und Vorbildern zusammenfließt. Entscheidend ist dabei, dass das Ideal, das die Darstellung prägt, niemals voll erreicht werden kann – niemand

---

15   „... to make gender trouble, not through the strategies that figure a utopian beyond, but through the mobilization, subversive confusion, and proliferation of precisely those constitutive categories that seek to keep gender in its place by posturing as the foundational illusions of identity." (GT 46)
16   Wer kein Bild von Drag-Performances hat, kann sich zum Einstieg auf youtube von Mary das Genre erklären lassen: http://www.youtube.com/watch?v=XCbI__Br1-0.

kann ganz Marilyn Monroe ‚sein', auch Norma Jean nicht, und erst recht unmöglich wäre es, die vollkommene ‚Männlichkeit' oder ‚Weiblichkeit', die eine Kultur zusammenphantasiert, auch tatsächlich zu verkörpern. Somit variiert ein signifikantes Scheitern in jeder Wiederholung das Auftreten von Normen. Durch permanente Wiederholung und Reinszenierung verfestigen sich dennoch je individuelle ‚Geschlechterstile'. Dass deren Taxonomie nicht weitaus komplexer ist, erklärt sich aus den von Butler analysierten tabuisierenden und normalisierenden Aspekten der herrschenden Geschlechternormen und nicht daraus, ‚dass es nun mal Männer und Frauen gibt.' Die Normen und Ideale, denen gänzlich entkommen zu wollen Butler, wie oben dargestellt, ohnehin für illusorisch hält, befinden sich nämlich nicht in einer völlig jenseitigen, hehren Sphäre, sondern basieren auf der Weise ihrer Instantiierungen. Hier entsteht nun durch eigensinnige und konträre Aneignungen und Verknüpfungen jener Spielraum für subversive Möglichkeiten, auf den die Kritik nach Butler ihre Hoffnungen setzt. Butler fasst unter dem weiteren Begriff der Geschlechter-Parodie auch *cross-dressing* und die erotische Stilisierung von Butch/Femme Identitäten. Diese Praktiken sind von feministischer Seite stark kritisiert worden, Drag Queens z.B. für die vermeintlich misogyne, karikierende Darstellung stereotyper Weiblichkeit und Butch/Femme-Paare als verräterische Kopien heterosexueller Paare und ihrer patriarchalen Beziehung (UG 202).[17] Anstatt im Denunzieren von Ähnlichkeiten mit dem vermeintlichen ‚Feind' zu verharren, lenkt Butlers Kritik den Blick auf die Verschiebungen und Öffnungen, die Aneignungen bestimmter Codes in ungewöhnlichen Kontexten im Feld der Macht selbst erzeugen. Diese völlig anders akzentuierte Lesart erklärt sicherlich auch etwas von der enormen Rezeptionsdynamik von *Gender Trouble* als ‚Befreiungsschrift'. Indem Drag Geschlechter imitiere, offenbare es die imitative Struk-

---

17 Ein atemberaubendes Nachleben hat letzterer Vorwurf in Martha Nussbaums Polemik gegen Butler und ihre Theorie: "*The woman dressed manishly is hardly a new figure. Indeed, even when she was relatively new, in the 19th century, she was in another way quite old, for she she simply replicated in the lesbian world the existing stereotypes and hierarchies of male-female society.*" Abgesehen von der unzutreffenden historischen These zeigt sich hier in ganzer Drastik das Vorurteil gegen eine als ‚verkehrt' empfundene und zum ‚Verrat' stilisierten Identität. Paradoxerweise wird der Butch – und implizit auch der mit ihr alliierte Femme – so alles Übel des heterosexuellen Patriarchats angekreidet, während die Sprecherin keine Bedenken gegen das Eingehen heterosexueller Ehe mit ebenfalls je einem „manishly" gekleideten Partner anmeldet. Das größere Problem besteht dabei in der völlig undifferenzierten Beschreibung einer Butch-Identität, deren ‚Männlichkeit' im Kontext ihrer spezifischen erotischen Kultur gesehen werden müsste und zudem historisch keineswegs mit patriarchalen Privilegien (die nicht an den Hosen, sondern dem Rechts- und Gesellschaftssystem hängen) verknüpft war. Gerade die Literatur des 19. Jahrhunderts, die Nussbaum bei ihrer Einordnung vorzuschweben scheint, beschreibt die Lesbe in Männerkleidern als tragische Opferfigur, die notorisch nicht nur ihr Herz, sondern auch ihr gesamtes Vermögen verliert (vgl.: Nussbaum 1999).

3.1 ... in der Dragbar: Genderperformance

tur von Geschlecht an sich, und damit auch die Kontingenz der vorherrschenden Formen, bringt Butler ihre Sichtweise auf den Punkt:

> Wenn die Travestie [*drag*] ein einheitliches Bild der »Frau« erzeugt (wie ihr die Kritik entgegengehalten hat), offenbart sie mindestens ebenso umgekehrt die Unterschiedenheit der Aspekte geschlechtlich bestimmter Erfahrung, die durch die regulative Fiktion der heterosexuellen Kohärenz fälschlich als eine natürliche Einheit hingestellt wird. *Indem die Travestie die Geschlechtsidentität imitiert, offenbart sie implizit die Imitationsstruktur der Geschlechtsidentität als solcher – wie auch ihre Kontingenz.* Tatsächlich besteht ein Teil des Vergnügens, des Schwindel-Gefühls der Performanz, darin, daß man entgegen den kulturellen Konfigurationen ursächlicher Einheiten, die regelmäßig als natürliche und notwendige Faktoren vorausgesetzt werden, die grundlegende Kontingenz in der Beziehung zwischen biologischem Geschlecht [*sex*] und Geschlechtsidentität [*gender*] erkennt." (UG 202*)[18]

Damit wandelt sich die Beschreibung des parodierenden Vorgangs im Drag selbst. Nachdem sich die Abgeleitetheit auch der ‚echten Weiblichkeit' herausgestellt hat, ist die Konstellation der Parodie nicht mehr die Beziehung von Kopie zu Original. Die Weiblichkeit von Madonna und die von Mary stehen vielmehr jeweils als Kopien bestimmter Ideale gleich ursprünglich auf einer Ebene. Das spöttische Potential der Parodie bezieht sich damit auch nicht mehr auf das etwaige Ideal (wie die feministischen Kritikerinnen der Drag Shows fürchten), sondern liefern diesem unter Umständen sogar eine Hommage, weshalb Butler zur Differenzierung von „Drag als Pastiche" spricht. Als Pastiche bezeichnet man Nachahmungen, die als Reverenz einer Vorlage entstehen, so wie etwa Vergils *Aeneas* der *Illias* nachgebildet ist, oder der Western „Die glorreichen Sieben" dem japanischen Klassiker „Die sieben Samurai" folgt. Folglich richtet sich der Spott nunmehr auf den Begriff der Originalität selbst und wird zu befreiendem Gelächter, wenn deutlich wird, dass dieses Instrument seinen Dienst in der Unterscheidung zwischen echter und falscher Geschlechtsidentität nunmehr versagen wird.

> „Freilich kann der Verlust des Normalitätsgefühls selbst zum Anlaß des Gelächters werden, besonders, wenn sich das »Normale« oder das »Original« als »Kopie« erweist, und zwar als eine unvermeidlich verfehlte, ein Ideal, das niemand verkörpern *kann*. In diesem Sinne bricht das Gelächter aus, sobald man gewahr wird, daß das Original immer schon abgeleitet war." (UG 204)

---

[18] „As much as drag creates a unified picture of »woman« (what its critics often oppose), it also reveals the distinctness of those aspects of gendered experience which are falsely naturalized as a unity through the regulatory fiction of heterosexual coherence. *In imitating gender, drag implicitly reveals the imitative structure of gender itself – as well as its contingency.* Indeed, part of the pleasure, the giddiness of the performance is in the recognition of a radical contingency in the relation between sex and gender in the face of cultural configurations of causal unities that are regularly assumed to be natural and necessary." (GT 187)

Wenn der imitative Aspekt von Geschlecht also letztlich den Originalitätsanspruch normalisierter Geschlechter untergräbt, dann stellt der „performative Aspekt", den die Drag-Show ebenfalls verdeutlicht, die Ableitungsbeziehung von Identität und Ausdruck auf den Kopf. Die Performance der Drag Queen ist anscheinend kein direkter Ausdruck ihres weiblichen *sex* und auch der Zusammenhang mit ihrem sozialen *gender* ist offen. Die Weiblichkeit, die in ihrem Auftreten entsteht, hat offensichtlich eine andere Quelle, als solche ‚inneren' Dispositionen. Sie entsteht vielmehr ‚an der Oberfläche', in den unzähligen Gesten, Akten, Äußerungen, die wir gemäß den herrschenden Geschlechternormen als ‚weiblich' lesen, und die ihrerseits wiederum Momente der Imitation solcher Normen sind. Gesten, Sprech- und Blickweisen, Kleidung, Körperhaltung bilden so den Stoff, aus dem die Geschlechtsidentität gemacht ist, nicht ein innerer Kern des Subjekts, der sich in einem entsprechenden Auftreten ausdrückte. Der Eindruck eines solchen ‚Kerns' wäre vielmehr den Machtmechanismen der heterosexuellen Matrix geschuldet, und ein sekundärer Effekt der ‚Performance'. Geschlecht ist somit genau genommen in zweierlei Hinsicht performativ: Erstens, weil es in einer Reihe stilisierter Akte ‚aufgeführt' und kreiert wird. Geschlecht ‚besteht' sozusagen aus solch einer Performance, ob sie sich nun gerade auf der Kellerbühne eines Travestietheaters, beim Familienfrühstück, im Seminarraum oder auf dem Truppenübungsplatz ereignet. Zweitens ist Geschlecht performativ, weil die Geschlechterperformance selbst wiederum als im engeren Sinne ‚performativ' beschrieben werden kann: in ihrem Vollzug ‚entsteht' das fragliche Phänomen. So wie eine Schiffstaufe auch tatsächlich den Namen auf das Boot überträgt, haben bestimmte, Geschlechternormen rezitierende Gesten und Auftritte den Effekt, Geschlechtsidentität herzustellen.

> „Anders formuliert: die Akte, Gesten und Begehren erzeugen den Effekt eines inneren Kerns oder einer inneren Substanz; doch erzeugen sie ihn auf der Oberfläche des Körpers, und zwar durch das Spiel der bezeichnenden Abwesenheiten, die zwar auf ein organisierendes Identitätsprinzip hinweisen, aber es niemals enthüllen. Diese im allgemeinen konstruierten Akte, Gesten und Inszenierungen erweisen sich insofern als *performativ*, als das Wesen oder die Identität, die sie angeblich zum Ausdruck bringen, vielmehr durch leibliche Zeichen und andere diskursive Mittel hergestellte und aufrechterhaltene Fabrikationen sind. Daß der geschlechtlich bestimmte Körper performativ ist, weist darauf hin, daß er keinen ontologischen Status über die verschiedenen Akte, die seine Realität bilden, hinaus besitzt." (UG 200)[19]

---

19 „In other words, acts, gestures, and desire produce the effect of an internal core or substance, but produce this *on the surface* of the body, through the play of signifying absences that suggest, but never reveal, the organizing principle of identity as a cause. Such acts, gestures, enactments, generally construed, are performative in the sense that the essence or identity that they otherwise purport to express are fabrications manufactured and sustained through corporeal signs and other discursive means. That the gendered body is performative suggests that it has no ontological status apart from the various acts which constitute its reality." (GT 185)

3.1 ... in der Dragbar: Genderperformance

Genau genommen ist die Formulierung, die auch Butler wählt, der gemäß „substanzielles Geschlecht" ein „Effekt" der hochgradig regulierten performativen Praxis ist, leicht irreführend. Damit würde ja gerade ein neues Phänomen eingeführt, dem dann auch ein eigener ontologischer Status zustünde – dass etwas ein „Effekt" von etwas Anderem ist, bedeutet ja nicht, dass es deshalb weniger ‚real' wäre. „Effekt" ist hier also eher als ‚Show-Effekt', als Illusion, zu verstehen. ‚Wahre Geschlechtsidentität' ist somit überhaupt kein Maßstab mehr, an dem die Performance gemessen werden könnte. „Aber Du bist doch ein Junge" wäre zwar die Wiederholung einer Norm, aber kein Einwand mehr gegen den Wunsch nach einem rosa Lillifee-Fahrrad, und das Gender, das da im Entstehen begriffen ist, muss von seiner Aufführung abgelesen werden. Indem Butler darauf hinweist, dass der eigentlich relevante Bezugspunkt für Geschlechtsidentität eben nicht ein bestimmter ‚Punkt' ist, sondern ein immenses Feld von Akten und Äußerungen, die sowohl die jeweiligen Normen und Ideale (wie weibliche Waden auszusehen haben) als auch die ihnen entsprechenden Praktiken (jeden zweiten Morgen rasieren) ständig wiederholen, definiert sie Geschlecht schließlich auch als notwendig prozesshaft. Wenn sie selbst zusammenfasst, wie ihre Konzeption das Verständnis von Geschlecht wandelt, so scheint dabei auch die utopische Aussicht auf, auf die die triste Analyse der zwangsheterosexuellen Machtmechanismen kaum hatte hoffen lassen: Dass Geschlecht sich anders konfigurieren könnte als über die Auslöschung aller bis auf zwei Varianten als „unintelligibel".

> „Wenn die Attribute der Geschlechtsidentität nicht expressiv, sondern performativ sind, wird die Identität, die sie angeblich nur ausdrücken oder offenbaren sollen, in Wirklichkeit durch diese Attribute konstituiert. Die Unterscheidung zwischen Ausdruck und Performanz ist zentral: Wenn die Attribute und Akte der Geschlechtsidentität, die verschiedenen Formen, in denen ein Körper seine kulturelle Bezeichnung zum Vorschein bringt oder produziert, performativ sind, gibt es keine vorgängige existierende Identität, an der ein Akt oder Attribut gemessen werden könnte. Es gibt dann weder wahre, noch falsche, weder wirkliche noch verzerrte Akte der Geschlechtsidentität, und das Postulat einer wahren geschlechtlich bestimmten Identität enthüllt sich als regulierende Fiktion." (UG 207f)[20]

Indem der performative Prozess als solcher betrachtet wird, löst sich die Notwendigkeit auf, die Performance krampfhaft einer von zwei vorgefertigte Schubladen zuzuordnen und an ihrer Passgenauigkeit zu messen. Nach Butlers in den Konjunk-

---

20 „If gender attributes, however, are not expressive but performative, then theses attributes effectively constitute the identity they are said to express or reveal. The distinction between expression and performativeness is crucial. If gender attributes and acts, the various ways in which a body shows or produces its cultural signification, are performative, then there is no preexisting identity by which an act or attribute might be measured; there would be no true or false, real or distorted acts of gender, and the postulation of a true gender identity would be revealed as a regulatory fiction." (GT 192)

tiv (bzw. Optativ) wechselndem Resüme in diesem Zitat steht schließlich gerade das als Fiktion, als einzig mögliche ‚schlechte Travestie', da, dessen Geltungsanspruch sich die immense Gewaltsamkeit der herrschenden Geschlechterordnung verdankt: die ‚wahre Geschlechtsidentität'.

3.2 ... unter der Haut: Materialisierung

> „Zu behaupten, die Materialität des biologischen Geschlechts sei durch eine ritualisierte Wiederholung von Normen konstruiert, ist wohl kaum eine These, die sich von selbst versteht."
> (KG 15)

Von einer bestimmten, politisch durchaus produktiven, überschwänglichen Reaktion auf *Gender Trouble* versuchte Judith Butler sich auf verschiedene Weisen theoretisch zu distanzieren. Die Auffassung war, dass Butlers These von der Performativität von Geschlecht bedeute, dass man sich sein Geschlecht voluntaristisch, also nach eigenem Gutdünken und auf eigene Faust, aus dem Angebot der Geschlechternormen aussuchen und frei zusammensetzten könnte. Als ginge man jeden Morgen seinen Kleiderschrank durch und entschiede, welches Gender man heute tragen wolle, bringt Butler dieses Missverständnis selbst auf den Punkt (KG 14). Ein Weg der Abgrenzung gegen diese Interpretation, die das Starre und Unfreiwillige an Vergeschlechtlichung überspielt, besteht in einer Umformulierung und Schärfung des Performativitätsbegriffs, der in *Gender Trouble* noch sehr theatralisch aufgeladen ist.[21]

Diese präziser bestimmte Performativität soll zugleich der anderen, insbesondere die deutsche Debatte dominierenden Lesart entgegenarbeiten, nämlich, dass *Gender Trouble* die Dimension der Körperlichkeit negiere.[22] In *Bodies That Matter* (auf deutsch *Körper von Gewicht*) versucht Butler zu demonstrieren, dass sich auch der materielle Geschlechtskörper, das ‚anatomische' Geschlecht, als performativer Effekt beschreiben lässt. Damit führt sie eine Argumentation zu Ende, die sie schon in *Gender Trouble* begonnen hatte – den Nachweis, dass sich die Unterscheidung zwischen sozialem und biologischem Geschlecht nicht aufrecht erhalten lässt:

> „Wenn man den unveränderlichen Charakter des Geschlechts bestreitet, erweist sich dieses Konstrukt namens »Geschlecht« vielleicht als ebenso kulturell hervorgebracht wie die Ge-

---

21 Noch stärker vermittelt Butler diesen Eindruck in einem Aufsatz, der häufig als ‚Kurzversion' von *Gender Trouble* gehandelt wird; vgl. Butler 1990b.
22 Vgl. Duden 1993; Landweer 1993; Lindemann 1993; sowie nähere Ausführungen im Rezeptionskapitel.

3.2 ... unter der Haut: Materialisierung

schlechtsidentität. Ja, möglicherweise ist das Geschlecht (*sex*) immer schon Geschlechtsidentität (*gender*) gewesen, so daß sich herausstellt, daß die Unterscheidung zwischen Geschlecht und Geschlechtsidentität letztlich gar keine Unterscheidung ist." (UG 24)

Es ist diese These, die viele Leser_innen von *Das Unbehagen der Geschlechter* beunruhigt und verblüfft hat.[23] Es ist sonderbar, dass die Einwände gegen Butler sich ausgerechnet im Vorwurf der Körperfeindlichkeit zuspitzten (Duden 1993), denn ihre Kritik am existentialistischen Feminismus Beauvoirs ließe sich geradezu als Aufwertung und Einführung des Körpers verstehen – Körper aber nicht als Sitz einer inneren ‚Wahrheit' des Geschlechts, sondern Körper als in Veränderungs- und Austauschprozessen befindliches Phänomen, dessen Auftreten und Erscheinung vereinheitlichenden Identitätskategorien voraus- und immer auch entgeht. Zudem waren ihre Überlegungen gerade davon geleitet, für diversere und mehr Körper einen legitimen Platz im Diskurs zu erkämpfen. Es ist also nicht so sehr ‚der Körper', der in Butlers Darstellung untergeht, sondern das, was man gemeinhin unter der Rede vom biologischen Geschlecht oder *sex* im Gegensatz zu Gender versteht, nämlich die anatomische Differenzierung von Körpern – dass Körper entweder einen Penis oder eine Vagina haben. Die etablierte deutsche Begrifflichkeit ‚biologisches Geschlecht' ist etwas unglücklich, weil sie auf dem derzeitigen Stand der Biologie gerade nicht haltbar ist – auf chromosomaler und genetischer Ebene bestätigt sich eine binäre Unterscheidung in zwei Geschlechter definitiv nicht. Der englische Begriff „sex", und auch „sexe" im französischen, bildet eher ab, was in der *sex/gender*-Unterscheidung auch zumeist gemeint ist, nämlich die Trennung von kultureller Prägung und anatomischer Ausstattung. ‚Sex' bedeutet insofern ‚Geschlecht' in der etwas veralteten deutschen Verwendung als ‚Geschlechtsteil'.

Theoriegeschichtlich bildet die Unterscheidung zwischen biologischem und sozialem Geschlecht einen Grundpfeiler feministischer Wissenschaft. Als Ursprungsmoment wird dabei meist Simone de Beauvoirs Erkenntnis aufgerufen, dass man nicht als Frau zur Welt käme, sondern erst zu einer werde (de Beauvoir 2000: 334). Terminologisch etabliert wurden die Begriffe 1975 in Gayle Rubins einflussreicher Kritik an Levi-Strauss (Rubin 1975). Während ursprünglich der emanzipative Gewinn dieser Unterscheidung in der Entkoppelung von körperlichem Geschlecht und sozialer Rolle lag, so dass letztere in ihrer historischen Kontingenz zutage trat und die besonders im 19. Jahrhundert verbreitete Ableitung ‚weiblicher' psychischer und kognitiver Charakteristika aus dem biologischen Geschlechterunterschied unterbunden wurde, übernahm jedoch gerade die Praxis der neueren Genderforschungen oft bestimmte Verengungen und Verein-

---

23 Ausgehend von der Diskussion der sex/gender Unterscheidung findet sich eine sehr gründliche kritische Auseinandersetzung mit Butlers Subjektbegriff bei Sabina Lovibond (im Erscheinen).

heitlichungen. Überwiegend wurde Weiblichkeit zum Analysegegenstand gemacht, wodurch die männliche ‚Universalität' von Geschlechtlichkeit unmarkiert blieb. Zudem fiel die theoretische Praxis auch zumeist hinter ihr methodologisches Potenzial zurück, die Entkopplung von *sex* und *gender* in eine Überwindung ihres binären und mimetischen Ableitungsverhältnisses münden zu lassen. Butler weist darauf hin, dass die Einheit des Subjekts von der *sex/gender*-Unterscheidung eigentlich bereits bedroht sei, weil diese Gender als eine vielfache Interpretation von *sex* zulasse. Konsequent zu Ende gedacht müsste demnach auch die Kombination von männlichem *sex* und weiblichem Gender (und andersherum), oder auch ein gemeinsames Gender für beide Geschlechter denkbar sein (UG 22f). Wenn aber, wie die eingleisige Perspektive weiter Bereiche feministischer Forschung nahe legt, dem Geschlechtskörper vom kulturellen Gesetz das ihm entsprechende Gender vorgeschrieben wird, dann ist damit lediglich statt der Natur die Kultur zum „Schicksal" geworden (UG 25), dem alle Frauen gleichermaßen unterworfen sind.

Die Pluralisierung von sozialen Geschlechterrollen, ihre flexiblere Kombination mit den zwei biologischen Geschlechtern, reicht aber Butler zufolge noch nicht weit genug, um dieses starre Bild zu kritisieren. Das Problem besteht in der Trennung von *sex* und Gender selbst, die die binäre Struktur von Männlichkeit und Weiblichkeit auf der Ebene der Geschlechterkörper stets unangetastet lässt. Wenn Butler diese Unterscheidung für unhaltbar und den Begriff *sex* letztlich für entbehrlich hält, bestreitet sie damit aber nicht die Existenz körperlicher Geschlechtsteile. Vielmehr stellt sie radikal in Frage, auf welche Weise diese diskursiv in Beschlag genommen werden. Nach Butler ist es nicht der Fall, dass wir ‚erst', zwei phänotypisch verschiedene Körperformen beobachten und daraus dann den Begriff der biologischen Geschlechterdifferenz ableiten, den wir, zumindest wenn wir gute Feminist_innen sind, klar von dem jeweiligen sozialen Geschlechterrollenverständnis trennen können. Sie macht ein umgekehrtes Ableitungsverhältnis plausibel: In unserer modernen Kultur und Sprache ist ein bestimmtes normatives Ideal der Zweigeschlechtlichkeit tief verankert. Es ist dieses Interpretationsmuster, das es uns so naheliegend erscheinen lässt, Körper gemäß dem Besitz von Penissen und Vaginas in zwei Gruppen einzuteilen. Tatsächlich passen auch gar nicht alle Körper in entweder die eine oder die andere Gruppe, und der Einteilungszwang geht so weit, dass er chirurgisch an intersexuellen Körpern vollstreckt wird. Noch fragwürdiger als die Einteilung selbst sind jedoch ihre kulturellen Konsequenzen. Daraus, ob man lose oder angewachsene Ohrläppchen hat, zieht niemand soziale Schlussfolgerungen. Dies wäre sozusagen eine völlig ‚unschuldige' Kategorisierung. Ob jemand Links- oder Rechtshänder_in ist, geht hingegen mitunter bereits mit einigen stereotypen Erwartungen hinsichtlich der Kreativität und Emotiona-

3.2 ... unter der Haut: Materialisierung

lität von Linkshänder_innen einher – dass es sich hier um eine kulturell etwas stärker umkämpfte Kategorisierung handelt, zeigt sich auch nicht zuletzt an ihrer Veränderung: Vor 50 Jahren wurden Linkshänder_innen in der Schule noch zum rechtshändigen Schreiben gedrillt, fielen wenn man so will der Norm der ‚Richtighändigkeit' zum Opfer. Die empirische Kategorisierung in Penis- oder Vagina-tragende Körper ist hingegen immens folgenreich – es ist fast unmöglich, sich einen sozialen Bereich vorzustellen, in dem die einem entgegengebrachte spezifische Erwartungshaltung nicht davon beeinflusst wäre, ob man als zu der einen oder anderen Gruppe gehörig – oder gar als nicht eindeutig einzuordnen – angesehen wird. Und ebenfalls nur dank solcher gängiger kultureller Erwartungen ist es bisher vermutlich höchstens ein paar Leser_innen übel aufgestoßen, dass hier stets ‚Penis und Vagina' als das anatomisch Evidente angeführt wird. Damit wird männliche Anatomie zuerst genannt und mit dem Penis identifiziert – anscheinend denkt man ‚eigentlich' immer genau daran, dass man beim kleinen Jungen auf etwas zeigen kann (und damit womöglich Butler widerlegen). Während für die Weiblichkeit dann bloß das ‚Loch', das Gegenstück zum Penis genannt wird, weder die Klitoris als Zentrum weiblicher Lust, noch die eigentlichen Fortpflanzungsorgane, oder die gesamte Vulva als weibliches Geschlecht, das dann auch äußerlich sichtbar wäre. Auch in diesem scheinbar neutralen Bezug steckte somit schon ein ganzes Bündel nicht nur misogyner sondern auch heterosexistischer Vorannahmen. Es wird nicht einfacher, wenn man nun eine gerechtere und umfassendere Liste einführt (wer sich in queeren Zirkeln bewegt, ist ja daran gewöhnt, Adamsäpfel und Schuhgrößen für stabilere Indikatoren des ‚biologischen Geschlechts' zu halten) denn gerade die ‚vollständigen' Listen von primären und sekundären Geschlechtsorganen führen zu jenen offenkundig idealtypisierten Männer- und Frauenbildern, die man in den ersten Stunden des schulischen Sexualkundeunterrichts zum Kolorieren vorgelegt bekommt.[24]

Mit diesem Gedankengang lässt sich zunächst Butlers These plausibilisieren, dass es keinen Bezug auf die ‚reine' Anatomie gibt, die nicht doch wieder eine Schicht kultureller Vorannahmen miteinschmuggelt. Diese Forderung ergibt sich nicht aus der Diagnose, dass gar keine gegebenen Aspekte menschlicher Geschlechtlichkeit existieren, sondern aus der Einsicht, dass man beim Absondern bestimmter noch so basal erscheinender Aspekte stets auch eine Schicht sozial kontingenter Interpretation mit erfasst, die dann im Bereich des nicht weiter Ana-

---

[24] Hinter denen bleiben ‚reale' Körper mindestens soweit zurück, wie Georg Preusser und Katja Flint in ihren jeweiligen Marlene-Dietrich-Imitaten hinter dem betreffenden „Original". Marlene Dietrich selbst hat übrigens einmal in einem Interview bekundet, dass Männer sie generell besser imitieren würde, und für diese Gegenüberstellung trifft das fraglos zu.

lysierbaren festgeschrieben wird. Die Tatsache, dass Körper soziale und kulturelle Bedeutung annehmen, lässt diese nach Butler somit letztlich in jener aufgehen:

> „Insoweit die Unterscheidung biologisches Geschlecht/soziales Geschlecht auf diese Auslegung des Natürlichen zurückgeht, wird sie auch nach gleichem Muster hinfällig; wenn das soziale Geschlecht die soziale Bedeutung ist, die das biologische Geschlecht in einer gegebenen Kultur annimmt (…), was bleibt dann, falls überhaupt etwas bleibt, vom »biologischen Geschlecht« übrig, sobald es erst einmal seinen Charakter als soziales Geschlecht angenommen hat?" (KG 26)

Da unserem Bezug auf menschliche Körper stets unsere normativen Vorstellungen vorausgehen, haben wir es letztlich immer schon mit Gender zu tun. *Sex* erweist sich mithin als eine Facette des sozialen Geschlechts, seine körperliche Ausprägung.

Butler belässt es aber nicht allein bei der Dekonstruktion der Unterscheidung zwischen *sex* und Gender auf begrifflicher Ebene. Sie will nicht nur den unhintergehbar interpretativen Bezug auf Körper nachweisen, sondern auch zeigen, wie Körper zum Teil überhaupt erst im Bezug auf diesen entstehen. Der Diskurs bewegt sich nicht auf einer abgegrenzten Ebene, sondern reicht ins Materielle hinein: Er stellt Materie her oder, wie Butler es mit Betonung der Prozesshaftigkeit ausdrückt, wirkt materialisierend. Damit wird abermals der Performativitätsbegriff entscheidend, der für diese Vermittlung einsteht. Butler formuliert als ihre weiter reichende These dementsprechend, dass bezüglich körperlicher Phänomene die feststellende Aussage immer auch performativ wirkt (KG 33): *„In philosophical terms, the constative claim is always to some degree performative"* (BM 11).

Um dies zu verstehen, ist es zunächst nützlich, sich Butlers neue Akzentuierung der Performativität in *Körper von Gewicht* zu vergegenwärtigen. Butler betont zunächst die Bedingungen, die einer erfolgreichen „Ideal-Imitation", die sie jetzt als „Norm-Zitation" beschreibt, vorausgehen. Es ist eben gerade nicht der Fall, dass das Subjekt in einem einmaligen, willentlichen Akt sein Geschlecht etabliert. Solche Art von Performativität, die augenblicklich herstellt, was sie sagt, sieht Butler (mit Benjamin und Derrida) dem Gott der Genesis vorbehalten (vgl. Benjamin 1988: 16f). Im menschlichen Vollzug, wie Derrida in seiner Austin-Lektüre ausführt, funktioniert ein solcher autoritativer Akt nur, wenn er sich vorhandener Codes bedient, die wiedererkannt werden und genau daraus ihre Autorität gewinnen (vgl. Derrida 1988). Ich kann also eine Sitzung eröffnen und ein Schiff taufen, weil ich bestimmte zu diesem Zweck etablierte Formeln kenne und wiederhole. ‚Ich' in meiner Funktion als Sitzungsleiterin entstehe überhaupt nur, weil es bereits Normen gibt, die diese Position ermöglichen und wirksam machen. Akte, die sich nicht in so eine Kette von Wiederholungen und Konsolidierungen einfügen, sind demgegenüber machtlos.

3.2 ... unter der Haut: Materialisierung

Auf die Geschlechtsidentität angewendet bedeutet das zweierlei: Einerseits den Hinweis auf die kulturellen Normen, die das Geschlecht regulieren. Sie fungieren nicht etwa nur als ‚Grenzen' in deren Bereich man seine Identität frei entfalten könnte, sondern sie sind die notwendige Voraussetzung jeder Performance, das Skript oder der Katalog an Vorlagen, ohne die die Performance keinen Anhaltspunkt hätte – und auch überhaupt nicht zu entziffern wäre. Andererseits betont Butler den permanenten – oder perpetuellen, also unaufhörlich sich wiederholenden – Charakter der Normzitation. Der Begriff, der das Phänomen von wiedererkennbaren Wiederholungen bezeichnet, die dennoch nie ganz identisch sind (– dann wären sie nämlich ein und das selbe Ereignis –), ist von Derrida entlehnt und lautet „Iterabilität." Nur eine Reihe von Wiederholungen, eine Kette von Akten hat hinsichtlich der Geschlechtsidentität performatives Potential. Eine Norm ist nicht etwas, das man in einer einmaligen Aktion ‚umsetzt', sondern etwas, in Bezug worauf man seine Identität unterhält. Mit diesem Nachdruck auf die Zeitlichkeit der Normzitation kann Butler verdeutlichen, warum man ihrer Theorie nach gerade nicht Herr_in dieser Prozesse ist. Ich kann mich nicht von heute auf morgen entscheiden, welche Identität ich annehme, sondern befinde mich immer schon in bestimmten Normbezügen und ihren Rezitationsschleifen. Es ist schon nicht ganz unkompliziert, im Laufe einer Sitzung als deren Leiter_in plötzlich die Rolle mit dem Protokollanten zu tauschen (oder gar andersherum). Da manche der gesellschaftlichen Normen – allen voran die des Geschlechts – früh, unausweichlich und permanent auf uns wirken, können wir erst recht nicht umhin, sie fortgesetzt zu zitieren – egal, ob wir wollen oder nicht. Sie brechen sozusagen in jede Performance ein und lenken sie in ihre Bahnen.

Die interessante Wendung besteht nun darin, die Sedimentierungsgeschichte dieser unaufhörlichen Aufrufung nachzuvollziehen und somit ihren physischen Niederschlag erklären zu können. Dass Butler Normwiederholungen nicht nur hinsichtlich unseres Selbstverständnisses oder unserer sozialen Rolle, sondern auch hinsichtlich unseres Körpers für performativ hält, ist im ersten Anlauf gar nicht so überraschend, wenn man sich daran erinnert, dass die Zitation sich immer bereits als Akt eines verkörperten Subjekts abspielt.

Die These, dass Geschlechternormen Materialisierungsprozesse bewirken, bedeutet nicht, dass Normen – kulturelle Regeln und Idealbilder – Körper – ‚Fleisch und Blut' – aus dem Nichts entstehen lassen könnten (was wieder eine Phantasie göttlicher Schöpferischkeit, nur jetzt der Normen und nicht des menschlichen Akteurs wäre). Sie beeinflussen aber mehr als nur – wie in der oberen Argumentation dargestellt – die Bedeutung von Körpern, nämlich auch deren Gestalt. Ein bestimmter Fitnessdiskurs und Vorstellungen idealtypischer Bodybuilder erzeugen tatsächlich ‚Materie', und zwar, indem sie zu bestimmten repetitiven Praktiken anstiften, die Muskelmasse hervorrufen. Und genauso schlägt sich die ‚Zeichenkette' weiblicher Schlankheitsideale materiell nieder, die eine_n schon bei einer 20minütigen U-Bahnfahrt, von den Titelseiten der Frauenzeitschriften am Kiosk und den H&M Plakaten am Bahnsteig über die Boulevard-News des Berliner Fensters zur Mode und Selbststilisierung der Mitreisenden mit unzähligen ihrer Instanzen konfrontiert. Butler geht aber von diesen „Sedimentierungsphänomenen" bestimmter Normbezüge aus noch einen entscheidenden Schritt weiter. Sie konzentriert ihre Analyse auf die Spezifik, dass eine Normzitation die Gestalt einer Identifikation annehmen kann.

Es ist nicht möglich „Es ist ein Junge" zu sagen, ohne damit eine Unmenge kulturell gängiger Konnotationen mit aufzurufen – und diese werden in vieler Hinsicht beeinflussen, wie man das Kind weiterhin anspricht und ihm nach und nach zur Identifikationsvorlage gereichen. Nach Butler sind nicht nur Identitäten oder Selbstbilder Phänomene, die sich in Wechselwirkung mit ihren Ansprachen und Vorlagen ausprägen, sondern auch Körper, und das allein schon, weil Identitäten und Selbstbilder immer körperlich sind. Für diesen Punkt kann Butler wieder nützliche Anleihen bei der Psychoanalyse machen. Bereits Freud versteht das Ich als Verkörpertes, als „Projektion einer Oberfläche", und dieser Gedanke erfährt eine einflussreiche Ausarbeitung in Lacans Aufsatz „Das Spiegelstadium als Bildner der Ichfunktion" (Lacan 1973). Lacan vertritt die These, dass die Vorstellung einer einheitlichen Ich-Identität sich über den Umweg einer Betrachtung seiner selbst ‚von außen' einstellt, nämlich indem das Kind sich selbst im Spiegel als abgegrenzten, zusammenhängenden Körper erblickt und seine bis dato diffusen und diskontinuierlichen Erfahrungen zu einem Ichverständnis integriert. Dieser Moment fällt nach Lacan mit dem Eintritt in die Sprache zusammen, die das Subjekt in die symbolische Ordnung zwingt, deren Gesetzen viele imaginäre, also bildlich-phantastische Erfahrungsanteile zum Opfer und damit ins Unterbewusste fallen. Für Butler ist dieses – ausgesprochen hegelianische – Motiv der Vermittlung von Selbstbezüglichkeit über Reflektion von außen ungemein produktiv. Sie kann damit den Vorrang einer „phantasmatischen Identifizierung" vor der Annahme eines Geschlechts und der Ausbildung geschlechtlicher Körperteile ansetzen. Damit ‚Penisse und Vaginas' überhaupt zu ‚Geschlechtsteilen' werden, so dass die Kategorisierung anhand dieser ihren vermeintlichen Sinn ergibt und nicht so folgenlos bleibt wie die nach Ohrläppchenformen, muss in ihren Begriff schon ein Arsenal an kulturellen Vorannahmen bezüglich ihrer Funktion eingegangen sein. Und genau dieser Katalog an Vorstellungen ist es auch, in den man beim Eintritt in die Kultur initiiert wird. Es ist nahezu unmöglich, Träger eines Penisses zu sein,

3.2 ... unter der Haut: Materialisierung

ohne mit etlichen Ansprüchen und Erwartungen hinsichtlich seiner Bedeutung und Funktion konfrontiert zu werden. Man lernt, dieses Körperteil zum Zentrum sexueller Phantasien und Praktiken zu machen. Und dass hier eben nicht nur physiologisch selbstverständliches Wissen kursiert, wird spätestens daran deutlich, wie viel schleierhafter dieser Prozess hinsichtlich der Klitoris mitunter ist, die, ebenso fraglos anatomisch ‚gegeben', doch häufig Gegenstand unglaublich verzögerter und nachträglicher ‚Entdeckungsgeschichten' ist. Wenn Körper nun diese Dinge sind, die sich nach den sie betreffenden, kursierenden Bestimmungen bilden, dann gibt es keinen Bezug auf so etwas wie das ‚biologische Geschlecht' oder ‚die Geschlechterdifferenz', die das betreffende Phänomen nicht auch ein stückweit festigt und formiert, und somit genau das vollzieht, was der Referenzpunkt ausschließen soll: die „kulturelle Konstruktion" von Geschlecht.

> „Die Unbestreitbarkeit des »biologischen Geschlechts« oder seiner »Materialität« »einzuräumen« heißt stets, daß man irgendeine Version des »biologischen Geschlechts«, irgendeine Ausformung von »Materialität« anerkennt (...). Die Behauptung, dieser Diskurs sei formierend, ist nicht gleichbedeutend mit der Behauptung, er erschaffe, verursache oder mache erschöpfend aus, was er einräumt; wohl aber wird damit behauptet, daß es keine Bezugnahme auf einen reinen Körper gibt, die nicht zugleich eine weitere Formierung dieses Körpers wäre. So gesehen wird nicht die linguistische Fähigkeit verneint, auf sexuierte Körper zu referieren, sondern schon die Bedeutung von »Referentialität« ist verändert." (KG 33)

Es ist also nicht nur so, dass wir beim Bezug auf den Geschlechtskörper diesen immer auch interpretieren, wir ‚produzieren' ihn nach Butler sogar, zwar nicht ‚insgesamt' oder ‚auf einmal', aber doch das kleine Stück weit, das eine weitere Wiederholung der Norm im Rahmen des fortgesetzten performativen Materialisierungsprozesses darstellt.

Vor diesem Hintergrund lässt sich nun auch das politische Anliegen von *Bodies That Matter* erfassen, das bereits in einer der beiden möglichen Lesarten des Titels steckt. Es geht in dem Buch nicht nur um „sich materialisierende Körper", sondern auch um „Körper, auf die es ankommt", die „von Belang" oder, wie die deutsche Übersetzung formuliert, „von Gewicht" sind. In dem Normgefüge der heterosexuellen Zweigeschlechterordnung – der sogenannten Heteronormativität – haben nämlich manche Verkörperungsweisen einen ungleich schwereren Stand, weil sie ständig am Maß der zwei idealisierten Geschlechter gemessen und sozusagen für ‚zu leicht' befunden werden. Wenn wir etwa abermals auf die Hauptfigur des *Stone Butch Blues* zurückkommen, so ist die schlichtweg völlig unzureichend und verzerrt beschrieben, wenn man eine stabile *sex/gender*-Unterscheidung zu Grunde legt. Die Stone Butch ist keine Person mit ‚weiblichem' *sex* und ‚männlichem' Gender. Auch wenn sie vielleicht wortkarg ist, Motorrad fährt, Hemden trägt und Frauen liebt, werden ihr nicht die sozialen Privilegien zuteil, die die Kultur für Männlichkeit reserviert hat. Ihre Sozialisationsgeschichte verläuft völlig anders, als die von Jungen, ihr Beziehungsnetzwerk ist anders organisiert – vom Verwandtschaftsnetzwerk ganz zu schweigen. Die Stone Butch hat also kein ‚männliches' soziales Geschlecht. Genauso wenig hat sie aber einen weiblichen Körper. Sie beschreibt zwar Menstruationsblutungen und auch einmal eine Scheideninfektion, aber ihr Körper ist vollkommen anders organisiert, als jede Definition ‚weiblicher' Geschlechtsmerkmale nahe legen würde. Auch bevor sie sich ihre Brüste abnehmen ließ, waren diese fühllos und keine erogenen Zonen. Sie empfindet Lust beim Geschlechtsverkehr nur als aktive, penetrierende Partnerin. Sie verwendet viel Zeit darauf, ihre Muskeln zu stählen und Haare und Fingernägel kurz zu halten. Wenn die gesellschaftlichen Umstände ihr eine ‚Entscheidung' abverlangen, nimmt sie Testosteron, um die geforderte ‚Eindeutigkeit' an den Tag zu legen. Im binären Begriffssystem ist diese Person ein Unding, und nicht von ungefähr wird sie auch die meiste Zeit von ihren Mitmenschen so behandelt – als ein Körper, auf den es nicht ankommt. Im Rahmen der Butler'schen Begrifflichkeit analysiert, lässt sich ihr Gender aber so gut beschreiben wie jedes andere: Als eine spezifische Überschneidung verschiedener Vorgaben und Aneignungen mit ihrem jeweiligen körperlichem Niederschlag. Kritiker_innen Butlers haben beklagt, dass sie ihre phänomenologischen Anfänge aus den Augen verloren habe (Coole 2008). Vielleicht ist es vielmehr so, dass Butler ihre dekonstruktive Arbeit im Bereich der Gender-Theorie nur deshalb leistet, damit bestimmte Phänomenologien wieder möglich werden, wo normative und terminologische Vorannahmen den Blick trüben.

3.3 … in der Hassrede: Wortgewalt

> „Wer sind »wir«, dass wir nicht ohne Sprache sein können? Und was heißt es, innerhalb der Sprache zu »sein«? Wie kommt es, daß die verletzende Sprache gerade diese Möglichkeitsbedingung, diese Bedingung des sprachlichen Fortbestehens und Überlebens, erschüttert?"
>
> (HS 50)

In Butlers Untersuchungen zur Geschlechterordnung standen Normen vor allem in ihrer Vermittlung in Gesten, Idealen, Körperformen und Phantasien, sowie in ihrer internen Systematik, die bestimmte Kombinations- und Aneignungsmöglichkeiten unterbindet, im Mittelpunkt. In *Hass spricht* richtet sich die Analyse hingegen gezielt auf die verletzende Kraft von Sprache in bestimmten Anredeformen, auf die Gewalt, die sich in Worten ausdrückt.[25]

---

25 Butler bringt damit das Thema der Sprachgewalt regelrecht als neues Thema „auf die Agenda der philosophischen Diskussion" (vgl. Herrmann/Kuch 2010: 14).

3.3 ... in der Hassrede: Wortgewalt

Dabei geht es nicht nur darum, herauszufinden, welche Gegenwehr gegen solche Verletzungen wirksam sein könnte, sondern vor allem um den Nachweis, dass mancher vermeintliche Schutz gerade die Asymmetrie des verletzenden Austauschs weiter festigt.

Die Definition von Hassrede ist in den USA von besonderer Brisanz, weil die im ersten Verfassungszusatz festgeschriebene Meinungsfreiheit das amerikanische Rechtssystem darauf festlegt, Äußerungen nur dann unter Strafe stellen zu können, wenn sie sich als ‚Handlung', als verletzender Akt, definieren lassen. Während es ohnehin bereits gebräuchlich war, sogenannte ‚Obszönitäten' mit einem anderen Maß zu messen, ergibt sich daraus zum Beispiel für Feminist_innen, denen an einem Pornografie-Verbot gelegen ist, die Strategie, diesem Genre nachzuweisen, dass es die Realität von Frauen diktiere, und an sich als Gewaltakt zu werten sei.

Eine ähnliche Auffassung von Äußerungen als Akten lässt sich indessen auch in der *don't ask, don't tell*-Devise ausmachen, die mit dem bis vor kurzem geltenden Homosexualitätsverbot im US-amerikanischen Militär einhergingen.[26] Während eigentlich nur homosexuelle Handlungen untersagt waren, wurde faktisch bereits die einfache Äußerung „ich bin schwul" als sexuelles Verhalten sanktioniert und der schwule Soldat somit unter den paranoiden Generalverdacht gestellt, bereits in simplen Aussagen seine Sexualität auszuüben und zu verbreiten. Diese juristische Logik entlarvt sich als voreingenommen, wenn man dagegen Fälle rassistischer Verbrechen hält, in denen es zu der genau gegenläufigen Argumentation kommen kann. Im Fall *R.A.V. vs. St. Paul*, der 1992 vor dem obersten Gerichtshof ausgefochten wurde, entschied die richterliche Mehrheit, dass das Aufstellen eines brennenden Kreuzes im Vorgarten einer afroamerikanischen Familie als Meinungsäußerung zu werten sei, und somit keine strafbare Handlung darstelle. Butler geht es in *Haß spricht* zunächst darum, diese Widersprüchlichkeiten bzw. die Willkür in den jeweiligen Definitionen von Äußerungen und Handlungen aufzuweisen.

Die Frage danach, was mit Worten getan werden kann, bewegt sich aber auch bereits auf der Ebene von Sprachphilosophie, und Butler nimmt sie zum Anlass, ihren eigenen Begriff von Performativität ein weiteres Mal zu schärfen. Dies ist umso dringlicher, wenn man sich vor Augen führt, dass ein sehr großzügiges Bild von Performanz, wie man es u.a. aus *Gender Trouble* gewinnen kann, zunächst die Position zu stärken scheint, die im Sprechen immer schon ein Handeln sieht, dessen Effekte sich in der Welt manifestieren. Hatte Butler nicht in *Gender Trouble* vorgeschlagen, dass aus etlichen kleinen Äußerungen und Gesten die Geschlechtsidentität entsteht und hieß es nicht in *Bodies That Matter*, jede konstative Äußerung sei performativ?

---

26   Im Dezember 2010 wurde das Homosexualitätsverbot im Militär vom Kongress aufgehoben.

Um das Verletzende in einer diskriminierenden Äußerung erfassen zu können, reicht es nach Butler nicht, nur den Sprechakt selbst zu untersuchen. Es muss die ganze Anredeszene bedacht werden, und die Äußerung von dem Effekt her, den sie auf die_den Angesprochene_n hat, analysiert werden. In der linguistischen Terminologie, die John Austin, der Begründer der Sprechakttheorie, etabliert hat, heißt das, das Augenmerk vom illokutionären auf den perlokutionären Aspekt des Sprechakts zu verlagern.[27] Nur dann, und somit nur nach Konsultation des Einzelfalls, lässt sich die spezifische Gewaltausübung bestimmen. Einer Klasse von Ausdrücken oder Darstellungen per se Gewalttätigkeit zuzuschreiben, wäre so gesehen unhaltbar und verschleiert nach Butler auch, woher solche Äußerungen eigentlich ihre verletzende Kraft beziehen. Deren Quelle siedelt Butler nämlich weder in der Intention der Sprecherin, noch eindeutig im Gehalt der verwendeten Worte an. Sie lokalisiert sie statt dessen in der Wechselwirkung der Schlagkraft, die bestimmte Ausdrücke über alle vorangegangenen Einsätze angehäuft haben, mit der spezifischen Verletzlichkeit Sprache gegenüber, die Subjekte auszeichnet.

Gleich auf der ersten Seite ihrer Untersuchung fragt Butler: *„Beruht unsere Verletzbarkeit durch die Sprache vielleicht darauf, daß es ihre Bedingungen sind, die uns konstituieren?"* (HS 21).

Eine Eigentümlichkeit der Beschreibung von Verletzungen durch Sprache beruht darauf, dass sie ihr Vokabular von der körperlichen Ebene zu borgen scheinen. Obwohl es Butler um die Besonderheit der sprachlichen Verletzung gehen wird, hält sie diesen Umstand für ein wichtiges Indiz der Verwobenheit von somatischen und sprachlichen Phänomenen. Nicht nur können sich Beleidigungen und Beschimpfungen körperlich niederschlagen – *„Man braucht nur daran zu denken, wie sich die Geschichte der verletzenden Namen und Betitelungen verkörpert hat, wie Worte in Glieder eingehen, Gesten gestalten und Rückgrat beugen"* (HS 248) –, sondern es handelt sich bei jeder konkreten Anrede immer auch um ein Wenden eines Körpers zum Anderen, um einen an die Materialität des Sprechens zurückgebundenen Austausch, dessen Bedeutung durch Haltung und Tonfall entscheidend mitkonstituiert ist. Wenn hier an die Angewiesenheit von Sprache auf ihre physische Grundlage erinnert wird, ist der für Butlers Argumentation relevantere Aspekt jedoch die Abhängigkeit der Körper von Sprache. Nur was benannt wird, konstituiert sich als ein möglicher Kandidat für Anerkennung, wird zugänglich als Teil der sozialen Realität:

---

27 Austin unterscheidet in seiner Sprechakttheorie drei „Teilakte" eines Sprechakts, auf die hin dieser analysiert werden kann. Der „lokutionäre Akt" besteht einfach in der Aussage, der „illokutionäre Akt" vollzieht ggf. eine Handlung, wie etwa ein Versprechen oder ein Verzeihen und der „perlokutionäre Akt" ist die Wirkung, die über den illokutionären Akt hinausgeht, der Eindruck, den dieser beim Adressaten hervorruft (vgl. Austin 1972).

3.3 ... in der Hassrede: Wortgewalt

„Sprache erhält den Körper nicht, indem sie ihn im wörtlichen Sinn ins Dasein bringt oder ernährt. Vielmehr wird eine bestimmte gesellschaftliche Existenz des Körpers erst dadurch möglich, daß er sprachlich angerufen wird (...). Die Anrede selbst konstituiert das Subjekt innerhalb des möglichen Kreislaufs der Anerkennung oder umgekehrt, außerhalb dieses Kreislaufs, in der Verworfenheit." (HS 15)

Als soziale Wesen sind wir somit ganz grundlegend abhängig von einer Bezeichnung. Um überhaupt anerkennbar zu sein, muss das Subjekt zuvor benannt worden sein, und von dieser Benennung wiederum hängt sehr viel ab bezüglich dessen, wie es im Feld der Anerkennung aufgestellt sein wird. Die „Todesangst" (HS 15), die einen ob mancher verletzenden Anrede überfällt, rührt nach Butler, daher, *„daß die gegenwärtige Anrede jene anderen, prägenden hervorruft und reinszeniert, die die Existenz verliehen und weiter verleihen"* (HS 15). So wie den Eigennamen erhalten wir unsere prägendsten Benennungen von außerhalb, und jede Anrede kann daher von der spezifischen identitären Verwundbarkeit Gebrauch machen, die Subjekte ausmacht. Es ist nach Butler somit nicht nur ‚Ehre', ‚Selbstbild' oder die bloße Meinung anderer, die von einer drastischen Beschimpfung tangiert werden kann. Beleidigende Anrufungen rühren nach Butler an das grundlegende Trauma unserer Daseinsmöglichkeit überhaupt, die Frage, ob dieser Körper ein lebbares soziales Leben haben wird oder nicht. Und obwohl damit der Anrufung – oder, wie es nach Louis Althusser heißt, der Interpellation – eine ungeheure Macht verliehen scheint, konterkariert Butler diese wieder, indem sie Althussers Motiv der subjektkonstituierenden Anrufung mit Austins Überlegungen dazu verknüpft, dass ein performativer Sprachakt keineswegs immer gelingt (vgl. Althusser 1977). Auch wenn Identitäten die Ablagerungen und Einschnitte von Benennungen und den mit ihnen einhergehenden Anerkennungsoptionen sind, gibt es keine quasi-göttliche Instanz, von der her sie geradewegs ins Dasein gesprochen werden. Die ‚Erfolgschancen' eines performativen Sprechakts hängen nicht von der Intention der Sprecherin ab, sondern von den zur Verfügung stehenden Konventionen, die sich in vorausgegangenen Verwendungen etabliert haben. Eine performative Äußerung funktioniert, *„weil in ihr frühere Sprachhandlungen nachhallen und sie sich mit autoritativer Kraft anreichert, indem sie vorgängige autoritative Praktiken wiederholt bzw. zitiert"* (HS 83f). Es ist zugleich weniger und mehr als das Subjekt, was sich in Beleidigungen äußert: *„In gewissem Sinne spricht hier eine überlieferte Reihe von Stimmen, ein Echo von anderen, in Gestalt des »Ich«"* (HS 47).

Butler spricht auch davon, dass z.B. in verletzenden rassistischen Äußerung ein „Chor von Rassisten" aufgerufen wird (HS 128). Die über die Geschichte hinweg gesammelten Abwertungen hallen in der jeweiligen rassistischen Äußerung nach und verleihen ihr erst die destruktive Kraft, die aus der isolierten Situation heraus betrachtet ein Sprecher ‚allein' gar nicht aufzubringen vermöchte – was diesen selbstverständlich nicht der Verantwortung für die Wirkung seiner Worte enthebt. Dieser Bezug auf die aus vorherigen Verwendungen entstandenen Konventionen steht aber in jedem neuen Kontext erneut auf dem Spiel. Genauso wenig wie in der Intention der Sprecherin ist die performative Wirkung in der Bedeutung eines bestimmten Worts garantiert. Die performative Kraft entfaltet sich nur, wenn es gelingt, die Äußerung unzweideutig in die Kette von Erfolgs-Kontexten einzureihen, aus der sich ihre konventionale Autorität speist. Dann wird die Äußerung zum effektiven Zitat bestehender Macht. Von daher hält Butler es für eine Fehldeutung, wenn bestimmte – etwa pornografische – Ausdrücke an sich und unter allen Umständen als gewalttätig beschrieben werden. Sie mögen sehr gewalttätig sein, aber das bemisst sich nicht an ihrer Bedeutung, sondern an ihrer gelingenden Zitation von Macht. Und dieses Gelingen lässt sich, wie bereits erwähnt, letztlich nur an den Wirkungen ablesen. Mit dieser Akzentsetzung, und das ist letztlich Butlers Pointe, wird es dann manchmal auch möglich, einen Keil zwischen die Äußerung und ihre verletzende Vorgeschichte zu treiben, den Kontext so zu verändern, dass bestimmte Konventionen ihre Autorität verlieren und anderen Bedeutungen Raum geben. Gerade das wird Butlers Meinung nach mit dem Verbot bestimmter Ausdrucksweisen verhindert.[28] Obwohl Butler sich keineswegs gegen jedwede Zensur ausspricht, macht sie doch auf die Kosten aufmerksam, auf ein – wie sie es nennt – „Einfrieren" gerade der übelsten Bedeutung eines Wortes, wenn man ihm die illokutionäre Kraft zu notwendiger Verletzung zuschreibt, die ein Verbot rechtfertigt.

> „Wird der Vollzug des verletzenden Sprechens als perlokutionärer Akt verstanden (das Sprechen führt zu bestimmten Wirkungen oder Effekten, ohne selbst dieser Effekt zu sein), dann übt dieses Sprechen nur insofern eine verletzende Wirkung aus, als es eine Reihe von nicht notwendigen Effekten erzeugt. (…) Wenn einige juristische Ansätze umgekehrt von dem illokutionärem Charakter von *hate speech* ausgehen (das Sprechen selbst übt notwendig verletzende Effekte aus), schließen sie zugleich die Möglichkeit aus, die Kraft dieses Sprechens zu entschärfen." (HS 68)

Auch und gerade in der perlokutionären Konzeption verletzenden Sprechens kann Butler jedoch die ‚Gewalt vor der Gewalt' lokalisieren, die unsere Sprachlichkeit mit sich bringt. Einerseits sind Subjekte auf Benennungen angewiesen, und da diese Benennungen die Anerkennbarkeit vorstrukturieren, können sie zur gewaltigen Drohkulisse werden. Andererseits sind bestimmte Namen oder Ausdrücke durch die Geschichte ihres Gebrauchs so mit gesellschaftlichen Traumata aufge-

---

28 Butler wiederum scheint hier eine verkürzende und mystifizierende Sicht auf das Recht zu hegen, die verkennt, "*inwieweit rechtliche Regelungen auch die Ambivalenz von Sprache fassen können*" (Baer 1998: 233), und die Rechtspolitik vielleicht vorschnell als feministisches Mittel diskreditiert (ebd 234).

laden, dass sie als verlässliches Ritual funktionieren und jede ihrer Wiederholungen mit der Kraft ausstatten, aus dem sprachlichen Austausch zweier Körper den einen verletzt hervorgehen zu lassen. Indem Butler aber nachweist, dass diesem Effekt, so schwerwiegend er auch sei, keine strikte Notwendigkeit zukommt, öffnet sich auch auf der Ebene ihrer sprachphilosophischen Überlegungen eine gewisse Möglichkeit für einen gewissen Widerstand.[29]

3.4 ... in der Widerrede: Verheißungen der Wiederholbarkeit

> „Es gibt keine Möglichkeit, nicht zu wiederholen. Eine einzige Frage bleibt: Wie wird diese Wiederholung stattfinden, an welchem Ort (...) mit welchen Schmerzen und mit welchem Versprechen?"
>
> (HS 162f)

Butlers Arbeit am Performativitätsbegriff geht durchgängig mit einem weiteren Fokus einher: der Frage nach den ihm gemäßen Widerstandsmöglichkeiten und -formen. Insbesondere *Gender Trouble* lässt sich aus dieser Perspektive sogar primär in der Tradition eines bestimmten feministischen und ‚proto-queeren' Aktivismus' und Nachdenkens verstehen. Die utopisch drängende Frage nach der systemsprengenden sexuellen Praktik, danach, wie nicht nur im Privaten sondern gezielt im Bett – bzw. Park, Partykeller oder Playroom – die herrschende Geschlechterordnung und Heteronormativität durchbrochen werden könnte, hallt auch in der Anlage von Butlers Untersuchung nach. Und obwohl Butler im Verlauf ihrer Untersuchung allen diesbezüglichen Vorschlägen die utopische Grundlage abspricht, kehrt doch die Figur einer subversiven Strategie der Geschlechtlichkeit im Gewand der Drag Queen bzw. als Butch/Femme-Dynamik auf den letzten „eigentümlich manischen" Seiten des Buches zurück auf die Bildfläche. Der Auftritt allein kreiert aber noch keine Revolution:

> „Die Parodie an sich ist nicht subversiv. Also muss es eine Möglichkeit geben, zu verstehen, wodurch bestimmte Formen parodistischer Wiederholung wirklich störend bzw. wahrhaftig verstörend wirken und welche Wiederholungen dagegen gezähmt sind und erneut als Instrumente der kulturellen Hegemonie in Umlauf gebracht werden." (UG 204)

---

[29] Sehr schön formuliert Villa diesen positiven Ausblick in ihrer ausführlichen Rekonstruktion von Butlers Philosophie der Sprachgewalt: *„Insbesondere die feministischen Bewegungen haben seit Sojourner Truth mit der Enge der Kategorien gehadert, die für die vielfältigsten Erfahrungen, als Frau zu existieren, keinen oder nicht genügend Platz lassen. Aus den heterotopen Zerknirschungen, die diese Enge zeitigt, utopische Praxen wachsen lassen zu können, zeigt, dass Gewalt nicht das letzte Wort der Sprache ist"*; vgl. Villa 2010: 427.

Unter den richtigen Rezeptionsbedingungen kann der parodistische Effekt dennoch über die bereits analysierte Entlarvung des Originalitätsanspruchs bestimmter geschlechtlicher Performances bzw. die Demonstration von Geschlecht allgemein als sozialer Konstruktion, hinausreichen.[30] Die kritische Dimension von Drag besteht darin, dass er eine Aneignung und Darbietung bestimmter Normen quer zu ihrer gängigen Auffassung darstellt. Es werden bestimmte Ideale wiederholt oder kopiert, aber mit einem ‚Unterschied', der, zunächst graduell, die Minimaldifferenz übersteigt, die jede Imitation von ihrem Ideal trennt. Und dieser größere ‚Abstand' ließe sich darin bemessen, dass im (womöglich gar übertriebenen) Folgen einer bestimmten Regel – wie man als Frau auftritt – eine andere – wer als Frau aufzutreten hat – übergangen wird. Und dies hat, zumindest unter bestimmten Rezeptionsbedingungen, zum Effekt, dass die grundlegende Norm – hier etwa, dass wir so eindeutig zwischen zwei einander ausschließenden Geschlechtern unterscheiden können – in Frage gestellt wird. Butler beschreibt die Möglichkeit einer solchen Subversivität, die ihrer Ansicht nach ohne vorausgesetzte Subjekte auskommt, auf folgende programmatische Weise:

> „Die Koexistenz oder Überschneidung dieser diskursiven Anweisungen bringt die Möglichkeit einer vielschichtigen Rekonfiguration und Wieder-Einsetzung hervor. Denn die Handlungsmöglichkeit inmitten dieser Überschneidungen wird nicht durch ein transzendentales Subjekt gestiftet. Es gibt kein Subjekt, das dieser Überschneidung vorausgeht und vor seinem Eintritt in das von Konflikten geprägte kulturelle Feld seine »Identität« bewahrt. Es gibt nur ein Aufgreifen von Werkzeugen dort, wo sie liegen, wobei dieses Aufgreifen gerade durch das Werkzeug, das dort liegt, ermöglicht wird." (UG 214)

Auch wenn Butler auf der maximalen Bedingtheit von Subversion beharrt – „*There is only a taking up of the tools where they lie*" (GT 199) – sind die von ihr sogenannten Werkzeuge, also die sich überschneidenden Normen, doch von der Art, dass sie sich ändern können, wenn sie aufgegriffen werden. Neben der Erschütterung der bestehenden Normen verschieben unkonventionelle Aneignungen das Feld der Macht insofern, als sie das Repertoire möglicher Optionen erweitern. Indem eine Norm in ungewöhnlichem Kontext wiederholt, und dies auch sichtbar wird, multiplizieren sich die vorhandenen Identifikationsvorlagen. Die Ideale, die nach Butler die Identitätsbildung diktieren, sind somit auf zweierlei Weise ‚empfindlich'. Durch subversive Parodie wird einerseits ein Teil ihre Geltungskraft suspendiert, andererseits ihr Gehalt ein Stück weit transformiert, da Butler das Auftreten der Norm-Instantiierungen an den Inhalt des Ideals rückkoppelt. Die einzelnen

---

30 Andere Interpretationen von Butlers Frühwerk schätzen diesen transformativen Spielraum sehr viel geringer ein; vgl. Lorey 1996: 43.

3.4 ... in der Widerrede: Verheißungen der Wiederholbarkeit

(Fehl-)Aneignungen gehen ein in die Gestalt der Norm, die sich immer schon als aus den jeweiligen Vorkommnissen extrapoliert beschreiben lässt. Während Butler somit eindeutig ein strikt juridisches Machtmodell, in dem das Gesetz davon unberührt bliebe, ob und wie es erfüllt wird, ablehnt, wird die tatsächliche Wechselwirkung zwischen Ideal und Instantiierung doch nur in Umrissen deutlich. Einerseits soll es Spielraum für die Revidierbarkeit von Normen durch ihre gewandelte Aneignung geben, andererseits scheint aber gerade im Fall der Geschlechtsidentität doch eine wichtige Funktion von ‚Idealen' darin zu bestehen, immun gegen das von ihnen induzierte Scheitern und keineswegs in distributiver Deckung mit ihren Instantiierungen zu sein. Unklar bleibt weiterhin, welche Motivation jeweils dazu verleitet, ein „Werkzeug" aufzugreifen und subversiv anzuwenden oder nicht. Hier macht sich Butlers Entscheidung bemerkbar, in *Gender Trouble* nicht nur auf ein transzendentales, sondern auch auf ein Subjekt, dass der jeweiligen Überschneidung vorausgeht, zu verzichten.

In *Körper von Gewicht* spielt Butler die Subversion einer verabsolutierten Norm innerhalb der psychoanalytischen Diskussion um den Phallus durch, der nach Lacan als Symbol des väterlichen Gesetzes fungiert. Auch hier ergibt sich wieder ein spezifisches Widerstandspotential in der verqueren Referenz. So wie in Gender Trouble die Drag Queen gegen die Eindeutigkeit und Innerlichkeit von Geschlecht antritt, erarbeitet Butler über eine Analyse des „lesbischen Phallus" ein flexibleres Verständnis davon, wie erotische Positionen verfasst sind. Wenn Lacan die symbolische männliche Position durch das Haben des Phallus auszeichnet, der nicht mit dem Penis als Organ zusammenfallen soll, aber doch stets nur von diesem symbolisiert wird, dann stellt Butler die diesem Anspruch zugrunde liegenden Eigentumsrechte radikal in Frage. Gerade durch die Trennung von symbolischer und anatomisch-imaginärer Ebene, und durch die komplexen Übertragungsmechanismen, die sowohl Freud als auch Lacan voraussetzen, um über die Konzentration der Aufmerksamkeit und Libido in einem Organ dieses überhaupt erst entstehen zu lassen, zeigt sich aber nach Butler, dass der Übertragbarkeit und Verschiebbarkeit des Phallus nicht einfach Einhalt geboten werden kann:

> „In gewisser Hinsicht inszeniert Freuds Aufsatz den paradoxen Prozeß, in dem der Phallus selbst als der privilegierte und generierende Signifikant *von* einer Beispielfolge für erogene Körperzonen hervorgebracht wird. Der Phallus ist dann dasjenige, was diesen Körperzonen Erogenität und Bedeutung verleiht – obschon wir an dem metonymischen Gleiten des Freudschen Textes gesehen haben, wie der Phallus als ein »Ursprung« eingesetzt wird, um genau die Ambivalenz zu unterdrücken, die im Laufe des Gleitens hervorgerufen wird." (KG 95)

Butler betont nun im Gegenzug die alternativen Optionen, die sich durch dieses „Gleiten", der Verschiebung libidinöser Besetzung von einem Ort zum anderen, auftun. Die Aneignung des Phallus und somit das Besetzen der symbolisch ‚männlichen' Position, ist nicht an eine spezifische Anatomie gebunden, die zudem ihre Kontur nach Butler vor derartiger Besetzung überhaupt noch nicht erhalten hat. Es sollte bedacht werden, fährt Butler fort, *„daß den Phallus zu »haben« durch einen Arm, eine Zunge, eine Hand (oder zwei), ein Knie, einen Oberschenkel, einen Beckenknochen, eine ganze Reihe absichtsvoll instrumentalisierter körperähnlicher Dinge symbolisiert werden kann"* (KG 129). Diese Inanspruchnahme des Phallus ist nun genau wieder eine Art der Wiederholung in ‚verkehrtem' Kontext, die subversive Rückwirkungen hat – nämlich die Enteignung eines unzulässigen Monopols. Lacan setzt laut Butler zur Sicherung der symbolisch privilegierten männlichen Position auf ein „idealisiertes Eigentumsverhältnis". Und genau jene Option, die um dieser Idealisierung willen geleugnet werden muss, besitzt das Potential zu deren Erschütterung, sie wird zum *„aussichtsreichen Gespenst seiner Destabilisierung"*: *„Insofern jede Bezugnahme auf einen lesbischen Phallus eine gespenstische Vergegenwärtigung eines männlichen Originals zu sein scheint, können wir durchaus die gespenstische Herstellung der vermeintlichen »Originalität« des Männlichen in Frage stellen"* (KG 98).

Es ist in Butlers Konzeption stets das Manöver einer bestimmten „Enteignung", das das Widerstandsmoment kennzeichnet:

> „So vermag der Körper diese kulturelle Bedeutung auch in dem Moment zu verunsichern, in dem er die diskursiven Mittel enteignet, mit denen er selbst hergestellt wurde. In der Aneignung dieser Normen, die sich gegen deren geschichtlich sedimentierte Wirkungen richtet, liegt das Moment des Widerstands dieser Geschichte, das Zukunft durch den Bruch mit der Vergangenheit begründet." (HS 248)

Während im vorigen Beispiel komplexe psychoanalytische Hintergrundtheorien den Kontext oder die ‚Bühne' für den subversiven Auftritt boten, scheint die Ausgangssituation in *Haß spricht,* mit dem Fokus auf beleidigende Äußerungen, einfacher zu sein – die Sprache ist bereits Gemeingut: *„Diese Begriffe sind kein Eigentum, sie nehmen jeweils ein Leben an und richten sich auf Ziele, für die sie niemals gedacht waren"* (HS 251). Aber auch wenn klar ist, dass Begriffe nicht das Eigentum bestimmter Sprecher sein können, ist gar nicht so eindeutig, was man machen kann, um die Begriffe der Macht ihrer bisherigen, konventionellen Kontexte zu entziehen, d.h. ihre Bedeutung zu verändern.[31] Dazu müsste es eine Wiederholung von Äußerungen geben, die deutlich genug die Formen der Macht imitiert, um Autorität zu gewinnen, und sich dennoch weit genug von ihr entfernt, um eine Bedeutungsverschiebung zu erzeugen:

---

31 Eine Wittgenstein folgende, sprachpragmatisch „entdramatisierte" Konzeption von Resignifikation vertritt Juliane Rebentisch; vgl. Rebentisch 2005.

3.4 ... in der Widerrede: Verheißungen der Wiederholbarkeit

> „Die Frage ist, ob uneigentlicher Gebrauch performativer Äußerungen den Effekt der Autorität erzeugen kann, wo kein Rückgriff auf eine vorgängige Autorität möglich ist; oder ob fehlangeeignete oder enteignete performative Äußerungen nicht sogar die herrschenden Formen von Autorität und deren Ausschlußmechanismen sichtbar machen können." (HS 247)

Dies ist nun nach Butlers Analyse unter manchen Umständen durchaus möglich, und das Paradebeispiel ist hier natürlich der Begriff ‚queer', der im englischen von einer verächtlichen Beschimpfung zur trotzigen Selbstbehauptung gewendet wurde, indem er als schwule Selbstbezeichnung aufgegriffen und affirmativ in Umlauf gesetzt wurde. Butler beschreibt eingehend, mit welchen Mitteln und in welchen Kontexten dieser Effekt erzielt wurde:

> „Die zunehmende Theatralisierung politischer Wut in Reaktion auf die tödliche Mißachtung der AIDS-Problematik durch die Personen, die die staatliche Politik machen, wird allegorisiert in der Rekontextualisierung von »queer«, das von seinem Platz in einer homosexuellenfeindlichen Strategie der Verwerflichmachung und Vernichtung hinüberwechselt in ein hartnäckiges und öffentliches Loslösen jener Anrufung von der Beschämung, die sie bewirkt. In dem Maße, wie Scham als Stigma nicht bloß von AIDS, sondern auch von *queerness* erzeugt wird, wobei letztere infolge homosexuellenfeindlicher Kausalzusammenhänge als die »Ursache« und das »Manifestwerden« der Krankheit verstanden wird, ist die theatralische Wut Teil des öffentlichen Widerstands gegen jene beschämende Anrufung. Mobilisiert von den Verletzungen der Homosexuellenfeindlichkeit, leistet die theatralische Wut eine ständige Wiederholung jener Verletzungen genau vermittels eines »Ausagierens«, das jene Verletzungen nicht bloß wiederholt oder abermals zitiert, sondern das auch ein übertriebenes Zurschaustellen von Tod und Verletzung taktisch einsetzt, um den epistemischen Widerstand gegenüber AIDS und gegenüber den Bildern des Leidens zu überwinden, oder ein übertriebenes, demonstratives Küssen einsetzt, um die epistemische Blindheit gegenüber einer zunehmend bildlich und öffentlich werdenden Homosexualität zu zerschlagen." (KG 320)

Es finden sich aber auch andere Beispiele solcher Umwertung, etwa die ironische Übernahme von ‚Kanak' in der postmigrantischen Jugendkultur – nach dem türkischen Sieg im Viertelfinale der EM 2008 sangen die begeisterten Fans in den überfüllten U-Bahnen nach Kreuzberg z.B. *„Schaut Euch die Kanaken an, schalalalala"* – und als politische Strategie;[32] oder die Wortschöpfung ‚ethical slut' (ethische Schlampe), mit der in der Polyamorie-Bewegung offensiv das Stereotyp der promisken Frau neu verhandelt wird (vgl. Easton/Liszt 1997). Wenn solche Manöver gelingen, handelt es sich wiederum um spezifische Wiederholungen in ungewöhnlichen Kontexten, die eine Enteignung der bislang autoritativen Kontexte vollziehen. „*Ich möchte sogar behaupten, daß gerade darin, daß der herrschende Diskurs* enteignet *werden kann, eine Möglichkeit seiner subversiven Resignifikation liegt*" (HS 246).

---

32 Vgl.: http://www.kanak-attak.de/ka/about.html.

Im Zusammenhang der Hasssprache versucht Butler auch im weiteren Sinne zu zeigen, dass mit der Widerrede, dem *„speaking back'*, oftmals ermächtigende Optionen entstehen. Indem Beleidigungen nicht sprachtheoretisch verabsolutiert werden, bleibt zumindest die Möglichkeit bestehen, dass manchmal die Täter-Opfer-Relation unterlaufen werden kann – auch wenn sich die Frage stellen lässt, ob Butler ausreichend Augenmerk darauf richtet, *„wer die Möglichkeit zur Gegenrede nutzen kann"* (Baer 1998: 244). Wenn Butler Unbehagen gegen vorschnelle Zensurpolitik oder zu starre Klassifizierung von verletzenden Akten hat, scheint ihr dabei eine bestimmte Widerstandsoption auf dem Spiel zu stehen, wie sie sie selbst anhand eines Alltagserlebnisses beschreibt:

> „Ich erinnere mich, wie ich einmal eine Straße in Berkeley langging und irgendein Kind sich aus dem Fester lehnte und fragte,»Bist Du ne Lesbe?« Einfach so. Ich antwortete:»Ja, ich *bin* eine Lesbe.« Ich erwiderte es als Bestätigung. Es war ein vollkommen impulsiver Moment. Es war eine Anrufung von nirgendwoher. Was so ein Fragesteller eigentlich wissen will, ist natürlich,»Bist Du diese Sache die ich fürchte und verabscheue? Traust Du Dich, ja zu sagen zu dieser Sache, die Du anscheinend bist, zumindest so wie Du aussiehst?« Und:»Ich habe Macht über Dich in dem Maße, in dem ich Dich nun mit der Frage, die ich stelle, bloßstellen kann.« Insoweit als ich sehr schnell in der Lage war, mich umzudrehen und »Ja, ich bin eine Lesbe« zu sagen, war die Macht meines Befragers verloren. Mein Frager blieb dann in einer Art von Schockzustand zurück, nachdem er vernommen hatte, wie jemand spielerisch und stolz diese Bezeichnung angenommen hatte – jemand, der den Großteil seines Lebens damit verbringt, diese Bezeichnung in anderen Kontexten zu dekonstruieren." (Butler 2004b: S.352*)

Wenn der Mechanismus auch an den tatsächlich resignifizierten Begriffen besonders gut deutlich zu machen ist – sie fungieren sozusagen als die Schimpfwörter in neuem, schillerndem Gewand – beschränkt er sich also in Butlers Konzeption nicht auf die Umwertung bestimmter Vokabeln. Einerseits räumt auch Butler ein, dass so eine Aneignung keineswegs in allen Fällen möglich oder ratsam ist – und sie kolportiert sogar die Anekdote ihrer eigenen anfänglichen Skepsis hinsichtlich des Begriffs ‚queer': *„... Leute würden mich fragen, ‚Was meinst Du, sollten wir eine Zeitschrift machen, die* Queer Theory *heißt?' Ich dachte, ‚Mein Gott, müssen wir denn dieses Wort benutzen?' Ich stand noch unter seinem Bann"* (Butler 2004b: 351*).

Andererseits ist dieser Mechanismus der bedeutungsverschiebenden Wiederholung aber in einem viel weiteren Sinne die Grundlage ihrer Vision von gesellschaftlichem Wandel. Dadurch, dass auch die Autorität einer Konvention, die Gültigkeit einer Norm, die Bedeutung einer Körperzone von ihrer beständigen Wiederholung abhängig ist, keine stabile, durchgängige, eigene Valenz besitzt, die nicht auf ihre unzähligen Instantiierungen, Inszenierungen, Identifikationen zurückzuführen wäre, ist die Macht anfällig für Veränderung.

3.4 ... in der Widerrede: Verheißungen der Wiederholbarkeit

Geltungsanspruch besitzt, was diesen möglichst lückenlos zu behaupten vermag, und ist darauf angewiesen, jeden Moment aufs neue zu verschleiern und zu verleugnen, wie geschichtlich, kontextabhängig und kontingent sein Ursprung ist. Und weil in den Wiederholungspiralen eben doch Lücken bleiben, weil genealogisch die verdrängten, gegenläufigen Momente der Geschichte betont, dekonstruktiv Kontexte gegeneinander ausgespielt werden können, lässt sich Butlers Sozialphilosophie nicht als deterministisch abtun. Sie kalkuliert mit der Offenheit der Zukunft. Der hauchdünne Unterschied zwischen einer ‚bloß zufälligen' Veränderung durch nie ganz identische Wiederholung des Bestehenden und widerständigen Akten bemisst sich dann daran, dass letztere gezielt als enteignende Aneignung auftreten, sei es in Drag, mit Dildo, als umgewendete Beleidigung oder in unzähligen anderen subversiven Gestalten, die die normative Ordnung durchkreuzen und im Namen einer Zukunft reicherer Möglichkeiten destabilisieren.

4. Melancholie. Das Innenleben der Macht

> „Jaqueline Rose war so hilfreich, mich auf den Bruch zwischen dem vorderen und dem hinteren Teil dieses Texts aufmerksam zu machen. Der erste Teil befragt die melancholische Konstruktion von Geschlecht, aber der hintere Teil vergisst die psychoanalytischen Anfänge. Vielleicht erklärt das etwas von der »Manie« des Schlussteils, ein Zustand, den Freud als Teil der Verdrängung von Verlust definiert, der die Melancholie ausmacht. *Gender Trouble* scheint auf seinen letzten Seiten den Verlust zu vergessen und zu verleugnen, den es gerade artikuliert hat."
>
> (GT 206*)

Neben der performativen Entstehung von Geschlechtsidentitäten taucht bereits in *Gender Trouble* noch eine weitere Geschichte der Vergeschlechtlichung auf, nämlich die der melancholischen Identifikation. Das Melancholie-Motiv wird jedoch in dem Buch im Übergang vom mittleren zum letzten Teil eigentümlich ‚auf der Strecke gelassen' – womöglich gar, wie Butler im obigen Zitat rückblickend einräumt „manisch überspielt". In der Rezeption von *Gender Trouble* ist diese Thematik ebenfalls weitestgehend übersehen worden. Umso beharrlicher taucht das Thema der Melancholie und Trauer aber im weiteren Werk wieder auf und wird zum zentralen Deutungsmuster politischer und kultureller Machgefüge, sowie zum Vermittlungsmoment von gesellschaftlichen Normen und Subjektivität. Umso erstaunlicher ist, dass auch Interpretationen von *Psyche der Macht* zumeist die psychoanalytischen Motive umgehen und mit dem Fokus auf Butlers Machttheorie dabei stets nur die Hälfte ihrer Theorie des Subjekts in den Blick bekommen.

Die Frage der (Un-)Betrauerbarkeit, deren existentielle Aktualität Butler immer wieder hervorhebt, leistet indessen innerhalb ihrer Theoriebildung mindestens vier entscheidende Aufgaben, die im Folgenden jeweils im Mittelpunkt eines Unterkapitels stehen sollen. Erstens bietet die Theorie der Vergeschlechtlichung über melancholische Identifikation eine Erklärung dafür, wie radikal sozial konstituiertes Geschlecht und Begehren entstehen kann. Zweitens ermöglicht die Figur der melancholischen Identifikation, die Theorie der Performativität auf einer basaleren Ebene im Individuum zu verankern. Während der Prozess der ritualisierten Normzitation zwar die Formierung des Subjekts beschreiben kann, bleibt dennoch offen, wie der Einsatzpunkt dieses Prozesses zu denken ist. Was macht das Subjekt zuallererst gefügig für diese Einschreibprozedur und wie ergibt sich bei Normkontakt das Subjekt, ohne gänzlich determiniert zu wirken? Butler nimmt die für die Melancholie charakteristische Rückwendung des Subjekts auf sich selbst zum Schlüssel, um Foucault'sche Machtanalyse und psychoanalytische Subjektwerdungstheorie zur Beantwortung dieser Frage kritisch zu verknüpfen. Drittens ist es die ‚Starrheit', die von einer melancholischen Verhaftung an bestimmte Verluste erzeugt wird, von der aus das Widerstandspotential eines diskursiv verfassten Subjekts zu denken ist. ‚Etwas' im Subjekt muss quer zu den gängigen Normen liegen, muss sich der rest- und reibungslosen Unterwerfung sperren, damit die kritischen Prozesse der Fehlaneignung und Rekontextualisierung stattfinden können. Anhand von Butlers Antigone-Deutung lässt sich zeigen, wie dieser Übergang von disziplinierender zu dissidenter Macht zu verstehen sein könnte. Da Butlers Augenmerk von Anfang an der strukturellen Dimension von Melancholie gilt, sie diese als Korrelat spezifischer, die Gesellschaft durchziehenden und begrenzenden Normen und Idealvorstellungen liest, lässt sich über deren gezielte Aufdeckung aber auch eine bestimmte Art der Ideologiekritik vornehmen. Indem das in der Melancholie Verworfene gegen die gesellschaftlichen Tabus wieder ins Feld geführt wird, ergibt sich eine neue Chance zur Trauerarbeit, die über die rigide Verhaftung an einen uneingestandenen Verlust hinaus führen könnte. Mit dieser Strategie formuliert Butler, wie im vierten und abschließenden Unterkapitel skizziert, eine pointierte Kritik an den Diskursen, die den sogenannten ‚war on terror' begleiten und ermöglichen. Die Ungleichverteilung von Betrauerbarkeit gibt dabei Aufschluss darüber, mit welch unterschiedlichem Gewicht verschiedene Leben versehen werden, bis hin dazu, dass einige in ihrer Entmenschlichung den Status der Schutzwürdigkeit gänzlich verlieren.

Wie vielleicht bereits in diesem Kapitelüberblick deutlich wird, handelt es sich bei dieser Materie um komplizierten Stoff, um den Kern der Butler'schen Theorie. Dass er nicht leicht zu knacken ist, sollte einen nicht am eigenen Werkzeug verzweifeln lassen. Ein Teil der Motive wird hoffentlich in der Anwendung auf den Antigone-Mythos deutlicher, ansonsten empfiehlt es sich, an die allgemeinere Charakterisierung des Butler'schen Projekts in Kapitel 2 zurückzudenken, um den Überblick zu behalten.

4.1 Ödipus' Vorzeichen: Melancholie von Geschlecht

> „Es mag zunächst merkwürdig scheinen, die Geschlechtszugehörigkeit als eine Art von Melancholie oder als eine der Wirkungen der Melancholie zu denken."
>
> (PM 125)

Butlers Herleitung einer „Melancholie der Geschlechter", die unsere sozialen Identitäten gleichermaßen stützt und heimsucht, verdankt sich der Kombination zweier Freud'scher Theoreme. Das eine ist die Analyse der Melancholie, das andere

4.1 Ödipus' Vorzeichen: Melancholie von Geschlecht

sind Freuds Überlegungen zur Geschlechtsentwicklung über den Ödipus-Komplex (Freud 1986; Freud 1969; Freud 1976). Indem Butler sich dieser Motive einerseits ‚nach dem Baukastenprinzip' bedient, um ihre Entwicklungsgeschichte von Geschlechtsidentitäten psychoanalytisch zu fundieren, unternimmt sie zugleich ein entscheidendes Manöver zur Dekonstruktion eines kanonischen Motivs der psychoanalytischen Theorie. Die homosexuelle Option, die bei der Objektwahl im Ödipuskomplex unzureichend bedacht wird, wieder einzuführen, resultiert darin, dass jener sich nicht mehr in zwei idealtypische Abläufe fixieren lässt.[33]

Bevor sich nachvollziehen lässt, was es heißen kann „*Geschlechtszugehörigkeit als eine Art von Melancholie (...) zu denken*" (PM 125), muss geklärt werden, wie hier Melancholie zu verstehen ist. Butler behauptet nicht, dass einen angesichts seiner Geschlechtszugehörigkeit eine bestimmte Schwermut befallen sollte, sondern bezieht sich auf einen spezifischen psychoanalytischen Begriff der Melancholie. Die Melancholie ist, wie die Trauer, eine bestimmte Reaktion auf einen Verlust. In ihr würde aber, so Freuds Beschreibung, der Verlust nicht durchgearbeitet, sondern verleugnet. Diese Art der Verweigerung hat nun einen außergewöhnlichen Effekt. Damit das Ich sich den Verlust des geliebten Objekts nicht eingestehen muss, rückt es selbst an seine Stelle – es vollzieht eine Identifikation mit dem verlorenen Objekt.[34] Das verlorene Gegenüber wird erhalten – aber nicht als Gegenüber in der Welt sondern im Selbst. Um die Andere nicht aufgeben zu müssen, wird das Ich selbst zu jener Anderen. So kann Butler in *Psyche der Macht* mit Freud davon sprechen, dass wir einen individuellen Charakter als die „*Ablagerung geliebter und verlorener Objekte*", gleichsam als „*den archäologische Rest der unaufgelösten Trauer*" (PM 126) beschreiben können.

Diese ‚Einverleibung' geht aber nicht ganz reibungslos vonstatten. Enttäuschungen und ungelöste Konflikte, die das Ich gegenüber seinem Objekt hegte, schlagen sich nun auf sein Selbstverhältnis nieder – „*der Schatten des Objekts fiel so auf das Ich*", wie Freud unübertrefflich formuliert (Freud 1969: 435). Das Subjekt wendet sich in eigentlich an die abwesende Person adressierten Vorwürfen gegen sich selbst und übernimmt so die Ambivalenz der – sei es durch Tod oder durch sonstige Trennung – unterbundenen Beziehung. Indem der idealisierte Andere zum Maß über das unzulängliche Selbst (bzw. den hinter diesem Ideal ebenfalls zurückbleibenden konkreten verlorenen Anderen) gesetzt wird, kann das Selbst da-

---

33 So erzielt Butler einen Effekt, den mit anderen Mitteln auch Gilles Deleuze' Psychoanalyse-Kritik einklagt, nämlich die Öffnung der analytischen Szene über die bürgerliche Kleinfamilie hinaus hin zu sonstigen politischen Machtverhältnissen. Dies ließe sich auch als konstruktivistische Wendung in der Psychoanalyse beschreiben.

34 Freud stellt aber auch von vorn herein klar, dass es sich sowohl um Personen, als um „Abstraktionen" wie „Vaterland, Freiheit, ein Ideal" handeln könne (vgl. Freud 1969: 429).

bei wenigstens die Idealisierung bewahren und zudem eine Beziehung fortsetzen, die eigentlich ihr Gegenüber verloren hat. Freud selbst beobachtet dieses Phänomen, das er auch mit der Entstehung des Gewissens in Verbindung bringt (Freud 1969: 433), folgendermaßen:

> „Hört man die mannigfachen Selbstanklagen des Melancholikers geduldig an, so kann man sich endlich des Eindruckes nicht erwehren, daß die stärksten unter ihnen zur eigenen Person oft sehr wenig passen, aber mit geringfügigen Modifikationen einer anderen Person anzupassen sind, die der Kranke liebt, geliebt hat oder lieben sollte. Sooft man den Sachverhalt untersucht, bestätigt er diese Vermutung. So hat man denn den Schlüssel des Krankheitsbildes in der Hand, indem man die Selbstvorwürfe als Vorwürfe gegen ein Liebesobjekt erkennt, die von diesem weg auf das eigene Ich gewälzt sind." (Freud 1969: 434)

In der Melancholie vollzieht sich also eine Identifikation mit dem verlorenen Objekt, die zudem im Subjekt einen negativen Selbstbezug installiert.

Führt man sich jetzt die ödipale Konstellation vor Augen, wird deutlich, an welcher Stelle Butler die verdeckte Melancholie systematisch eintragen kann. Nach Freud vollzieht sich die Entwicklung von Sexualität (‚im Normalfall') über das Begehren des Kindes nach dem gegengeschlechtlichen Elternteil (und dem daraus resultierenden Wunsch, den gleichgeschlechtlichen Rivalen zu ermorden). Dieses Begehren wird aber durch das Inzesttabu untersagt, unter Kastrationsdrohung gestellt und schließlich auf andere Objektbesetzungen übertragen (Freud 1976: 260ff). Selbst wenn Freud eine primäre Bisexualität postuliert, der geschuldet auch ein „negativer" Verlauf denkbar ist – dass das gleichgeschlechtliche Elternteil begehrt würde – hält Butler die so vorausgesetzten Begehrens-Dispositionen für unplausible Setzungen. Im Foucault'schen Paradigma produktiver Macht geht sie davon aus, dass überhaupt keine ‚ursprüngliche' Sexualität angenommen werden könne, sondern vielmehr erst mit spezifischen, inhaltlich präzisierten Normen auch eine bestimmte Ausrichtung und Engführung von Begehren etabliert wird. Um Sexualität auf die zeitgenössisch charakteristische Weise gemäß der Dichotomie von Homo- und Heterosexualität zu strukturieren, bedarf es einer entsprechenden Prägung durch soziale Vorbilder und Tabus. Butler geht daher von einem zweiten, dem Inzestverbot vorgeschalteten Tabu aus – der Ächtung von Homosexualität.[35] Unter dem Verbot gleichgeschlechtlicher Liebe ist eine Liebesoption von vornherein verloren, und zwar auf dramatischere Weise, als die später vom Inzestverbot untersagte: Nicht nur das Liebesobjekt, sondern schon der Begehrensmodus muss aufgegeben werden. Dieser Verlust ist (in der Kultur der Zwangsheterosexualität) schlechthin unbetrauerbar, weil sein Eingeständnis die gesellschaftlich sanktionier-

---

35 Diese These wurde zuerst von Gayle Rubin formuliert: *„The incest taboo presupposes a prior, less articulate taboo on homosexuality."*; s. Rubin 1975: 180.

4.1 Ödipus' Vorzeichen: Melancholie von Geschlecht

te Homosexualität zugäbe, und resultiert folglich in Melancholie – also der Reaktion auf einen uneingestandenen Verlust. Erst angesichts der ‚Drohkulisse' des Homosexualitätstabus strukturiert sich das Begehren auf die konträrgeschlechtliche Weise, die dann die ödipale Szene prägt. Zugleich veranlasst diese Ausgangssituation die Herausbildung einer Zweigeschlechtlichkeit, die die heterosexuelle Reproduktionsordnung kopiert. Die unmögliche Liebe zum gleichgeschlechtlichen Elternteil übersetzt sich nämlich in melancholische Identifikation, in der das Subjekt zu jenem Objekt wird, das zu lieben ihm versagt war. Die Tochter eignet sich die Weiblichkeit der Mutter, der Sohn die Männlichkeit des Vaters an und beide übernehmen in dieser Identifikation auch noch einmal das ausdrücklich heterosexuell definierte Begehren. Der Identifikationsvorgang verläuft dabei sozusagen ‚über die Oberfläche' und trifft sich somit mit dem Prozess der Performativität. Die Identifikation vollzieht sich in der Imitation. Diese bezieht sich nicht direkt auf ‚die Männlichkeit' z.b. des Vaters, sondern handelt sich diese quasi nebenbei ein. Es sind die vielen kleinen Aspekte, die Gesten, Haltungen, ein immer auch körperlicher Stil, der übernommen wird, sowie die Erotisierung und Tabuisierung bestimmter Körperzonen. Die Inkorporation eines verlorenen Anderen ins eigene Ego ist also keine mysteriöse Seelenverschmelzung, sondern das wehmütige Agieren an Stelle eines Anderen, dessen unerträgliche Abwesenheit oder Unbegehrbarkeit nicht zugegeben werden kann. Paradoxerweise, so resümiert Butler ihre Analyse, ist somit die perfekt weibliche und 100% heterosexuelle Frau die vollkommenste lesbische Melancholikerin – weil sie offenbar am intensivsten ihre eigene Mutter imitiert, und darin eine versagte Liebe äußert. In dieser ironischen Pointe zeigt sich natürlich auch die schematisierende Überspitzung, die Butlers Neubeschreibung des Ödipuskomplex' anhaftet. Wären die Normen so fatal reglementiert, wären Vater und Mutter die einzigen vorhandenen Identifikationsvorlagen und jeweils eine perfekte Verkörperung ihres Geschlechts, dann wäre dieser Logik gemäß jede Varianz und Ambivalenz in Geschlecht und Begehren ausgeschaltet. Der ‚melancholische Ödipuskomplex' soll also nur ein Modell bieten, um das Wirken der derzeit vorherrschenden Normen zu verdeutlichen. In jeder individuellen Entwicklungsgeschichte kommen zusätzliche und andere Verluste und Verbote zum Tragen, die in der tatsächlichen Vielfalt von Geschlechtern und Begehrensformen resultieren.[36]

---

36 Trotzdem ergeben sich daraus unterschiedliche Positionen im normativen Regime. Eine maskulin identifizierte Lesbe durchläuft nicht einfach den spiegelbildlichen Prozess wie ihre heterosexuelle Schwester, sondern verdankt ihre Identität konkreten Lücken, Zufällen und Widersprüchen im hegemonialen, aber keineswegs totalen Diskurs. Sich diesem Machtsystem entgegen zu sehen führt Butler zufolge mitunter auch in eine spezifische Melancholie homosexueller Subkultur, die der herrschenden Norm paradox verhaftet ist, indem sie beständig alle Gemeinsamkeit

In ihren weiteren Analysen betont Butler – ihrem prozessualen Verständnis performativer Normübernahme gemäß – die Permanenz dieser Wechselwirkung zwischen gesellschaftlicher Normierung und individueller Identifikation. Der Prozess der Vergeschlechtlichung via melancholischer Identifikation lässt sich nicht als Ereignis zwischen dem dritten und fünften Lebensjahr lokalisieren, sondern durchzieht die gesamte gesellschaftliche Existenz. Er muss fortlaufend aufs Neue behauptet werden. Die Etablierung einer kohärenten heterosexuellen Identität ist darum auf einer fortlaufenden Doppelverleugnung gegründet, auf einem spezifischen „*never-never*": „*Ich habe nie diese (überhaupt eine) Person meines eigenen Geschlechts geliebt.*" und „*Ich habe sie folglich auch niemals verloren*" (PM 129).

In der Heteronormativität besteht somit eine Angewiesenheit von Geschlecht auf Sexualität. Die ursprünglich ausgeschlossene – oder, in psychoanalytischer Fachsprache „verworfene" – Option gleichgeschlechtlicher Bindung muss fortlaufend negiert werden, um die Geschlechtsidentität nicht mit ihrer Auflösung zu bedrohen – „*homosexual desire thus panics gender*" (PP 136), bringt Butler diese Analyse auf den Punkt. Diese Panik oder Phobie betrifft nicht nur die innerpsychische Organisation, sondern strukturiert die gesellschaftlichen Reaktionen auf Homosexualität vor. Die ‚queeren' Identitäten, die das Tabu im ersten Schritt der Ich-Entwicklung unterlaufen haben, begegnen ihm als ‚öffentlichem' Vorurteil wieder. Die für die Heteronormativität notwendige Leugnung führt zum Beispiel dazu, dass gleichgeschlechtliche Lieben und Verluste unwirklich bleiben. Besonders drastisch wird das an den Erfahrungen der AIDS-Krise deutlich, in deren starker Stigmatisierung weder die Todesursache des noch die Liebe zum Verstorbenen öffentlich werden konnte. Solche Unbetrauerbarkeit führt nach Butler noch nachträglich zur Entwirklichung der entsprechenden Beziehungen. Durch den Schleier struktureller Melancholie werden sie nur als das sichtbar, was es für die heterosexuellen Identitäten nie und nimmer geben könnte. Durch den Mangel öffentlicher Anerkennung und Trauerbekundung für diese Tode trägt sich auch in die schwulen und lesbischen Identitäten eine Melancholie ein: Ihre verlorenen Liebesbeziehungen werden zu unbetrauerbaren Verlusten.

Mit dem Vorgang der melancholischen Identifikation, indem ein Subjekt selbst zu dem Objekt wird, dessen Verlust es nicht eingestehen konnte, beschreibt Butler, inwiefern Geschlechtszugehörigkeit als „eine Art von Melancholie" verstanden werden könne. Zugleich hat sie damit für die dekonstruktivistische Logik, der gemäß Einheit und Identität nur um den Preis eines konstitutiven Ausschlusses zu haben sei, eine psychische Basis gefunden. So fundiert sich die Position, die sie

---

abzustreiten versucht – etwa wenn lesbische Separatistinnen alle Anzeichen der patriarchal-heterosexuellen Kultur aus ihren Sexpraktiken und Umgangsformen verbannen.

etwa 1993 in einem Interview äußert, dass Subjektpositionen im Verhältnis zu ihrer Rigidität einer bestimmten Heimsuchung ausgesetzt sind:

> „Eine sexuelle Position herzustellen oder zu rezitieren bringt, glaube ich, immer mit sich, dass man von dem heimgesucht wird, was ausgeschlossen ist. Und je rigider die Position ist, desto größer ist der Geist, und auf eine Weise umso bedrohlicher. Ich weiss nicht, ob das ein Foucault'scher Punkt ist. Es ist wahrscheinlich ein psychoanalytischer Punkt, aber das ist mir letztlich egal." (Butler 1994)

Obwohl Butler hier hinsichtlich der theoretischen Einordung ihrer These noch Indifferenz vorgibt – es sei ihr letztlich egal, ob dies ein Punkt Foucaults oder der Psychoanalyse sei –, wird genau jene Verhältnisbestimmung im Zentrum der subjekttheoretischen Überlegungen in *Psyche der Macht* stehen.

4.2 Verlust und Subjektwerdung: Der Moment der Unterwerfung

> „… das angerufene Individuum wendet sich um. Es wird durch diese einfache Wendung um 180 Grad zum Subjekt."
>
> (Althusser 1977: 142)

Die Frage danach, wie bestimmte Ausschlüsse mit dem Verlust, den sie bewirken, auch etwas herstellen, führt Butler in *Psyche der Macht* im Rahmen allgemeiner subjekttheoretischer Untersuchungen weiter aus. Ihre Verhältnisbestimmung von Psychoanalyse und Foucault'scher Machttheorie hat sich dabei bemerkenswert differenziert:

> „Mir geht es u.a. um eine psychoanalytische Kritik an Foucault, denn meines Erachtens lässt sich die Subjektivation und insbesondere der Vorgang, bei dem man zum Prinzip seiner eigenen Unterwerfung wird, ohne die psychoanalytische Erklärung der formativen oder generativen Wirkungen von Restriktion oder Verbot gar nicht verstehen (…). In meiner Darlegung dieser Kritik werden jedoch auch einige romantisierte Vorstellungen vom Unbewußten als notwendigem Widerstand kritisch unter die Lupe genommen, und von dieser Kritik aus werde ich wiederum zu einer Foucaultschen Perspektive *innerhalb* der Psychoanalyse gelangen." (PS 84)

Die Programmatik von *Psyche der Macht*, die sich hier abzeichnet, will einerseits den Nachweis bringen, dass das psychische Leben, selbst wenn es einer Eigenlogik folgte, weder isoliert von seiner sozialen Regulierung verstanden werden könne, noch im Unbewussten über ein Reservoir von vorsozialen, unbändigen Motiven und Trieben verfüge. Andererseits soll aber auch ein großes Manko der Macht- und Diskurstheorie ausgeglichen werden, nämlich deren „notorische Schweigsamkeit" (PM 18) hinsichtlich der psychischen Mechanismen, über die Normativität und

Subjektivität vermittelt wird. Es ist dieses ‚Theoriedesign', mit dem Butler dem Problem der Subjektwerdung am angemessendsten beizukommen hofft.

Die eigentliche Fragestellung von *Psyche der Macht* lässt sich dabei am besten präzisieren, wenn man sie als Desiderat aus Butlers eigener vorangegangener Theoriebildung begreift. Mit dem Begriff der Performativität konzipiert Butler, wie Subjekte Geschlechternormen aneignen, wie sich Identitätsaspekte über die performative Wiederholung bestimmter Codes oder Ideale über die Zeit hinweg einstellen. Wenn Butler mit der ritualisierten Zitation und deren materialisierenden Effekten auch beschreiben kann, *wie* sich die Normübernahme abspielt, so bleibt doch im Dunkeln, *warum überhaupt* Subjekte unter dem Zwang stehen, sich sozialen Normen zu unterwerfen. Warum tritt man in den Aneignungsprozess ein? Sind Normen mit einer Art von Unwiderstehlichkeit ausgestattet, so dass Subjekte keine andere Wahl haben, als ihnen zu folgen? Im Rahmen eines einfachen Determinationsschemas, in dem sich soziale Macht ungebrochen in die Formierung von Subjekten fortsetzte, wäre es völlig unverständlich, warum es zu zähen und widerspenstigen ‚Fehlaneignungen' kommt – warum gerade solche prekären Subjekte entstehen können, deren Sichtbarmachung ein Großteil von Butlers Werk gewidmet ist. Oder sucht sich das Subjekt aus, welche Normen es performativ wiederholt? Dann wäre wiederum das souveräne Subjekt eingeführt, das in Butlers Werk gerade der Kritik unterzogen werden soll. Darüber hinaus wäre es in so einem Ansatz unmöglich, die tiefe, den individuellen Willen übersteigende Verankerung oft auch als schmerzhaft empfundener Identitätsaspekte zu erklären. Solange das Verhältnis von Subjektivität und Normierung nicht grundsätzlich geklärt ist, lädt das Bild der Performativität zu jenen typischen Fehllektüren ein, die allein mit den Ressourcen dieser Konzeption nur schwer abzuweisen sind. Butlers Theorie von Geschlecht liefert kein vollständiges Bild davon, wie Subjekt und Macht erstmals in Kontakt treten. Wenn Geschlechtsidentität über die Unterwerfung unter Gender-Normen entsteht, welche Unterwerfung stiftet dann das Subjekt, das uns in dieser Performance begegnet? Die Melancholie von Geschlecht, die bereits im letzten Kapitel rekonstruiert wurde, scheint einen Schlüssel dafür abzugeben, warum wir in der heteronormativen Kultur in die Imitation bestimmter Geschlechterrollen geraten. Aber lässt sich dieses Bild auf die Subjektwerdung überhaupt ausweiten?

Auf diese Frage versucht *Psyche der Macht* eine Antwort zu finden. Die Denkfigur, die Butler dabei zu erhellen versucht, scheint zunächst paradox. Indem sie die Entstehung des Subjekts in seiner Unterwerfung ansetzt, stellt sich sofort abermals die Frage, was sich denn da unterwirft, wenn doch das Subjekt noch nicht entstanden sein soll. Butler beschwört wiederholt die Grenzen der Grammatik, und deren Mitschuld an der Sperrigkeit der von ihr anvisierten theoretischen Lö-

4.2 Verlust und Subjektwerdung: Der Moment der Unterwerfung

sung. „*Grammatisch betrachtet scheint es zunächst ein Subjekt geben zu müssen, das sich auf sich selbst zurückwendet; ich werde jedoch die Auffassung vertreten, dass es ein solches Subjekt nur als Folge ebendieser Reflexivität gibt*" (PM 68).

Als ersten Anhaltspunkt dafür, wie der gesuchte Prozess einer Unterwerfung, in der das Sich-Unterwerfende erst entsteht, vorzustellen wäre, führt Butler eine rhetorische Figur an – die Trope. Tropoi ist der Überbegriff für alle rethorischen Stilmittel, bei denen ein Ausdruck durch einen anderen, nicht synonymen, ersetzt wird, wie etwa in dem Satz, in dem die Rede davon war, dass etwas durch den ‚Schleier' der Melancholie wahrgenommen würde, wo natürlich eigentlich die selektive Interpretationsvorgabe gemeint ist. Die Charakteristika dieses Stilmittels sind in zweierlei Hinsicht bezeichnend. In der wörtlichen, altgriechischen Bedeutung als ‚Wendung' beschreibt es den reflexiven Moment, auf den Butler hinaus will. Außerdem bildet die semantische Operation der Trope – dass ein Begriff durch einen anderen ersetzt wird, der in der Satzumgebung sowohl eine neue, übertragene Bedeutung übermittelt als auch, stellvertretend, den Sinn des ursprünglichen Begriffs erhält – eine Analogie zu dem Substitutionsvorgang gemäß der Logik von Triebverzicht und Melancholie, die Butler zur Grundlage der Subjektbildung erklären wird. Wenn Butler also von der „*tropologischen Einsetzung des Subjekts*" spricht (PM 10*), steckt darin bereits die Annahme, dass die Subjektwerdung zirkulär angelegt ist. Um die paradoxe Ausgangsfrage zu beantworten, muss die Untersuchung sich auf „*den leidenschaftlichen Kreislauf [richten], in dem sich das Subjekt in die ihm eigene Lage verstrickt*" (PM 121*).

In der ersten Hälfte von *Psyche der Macht* untersucht Butler in mehreren Kapiteln klassische Positionen zur Subjektwerdung bei Hegel, Nietzsche, Freud und dem strukturalistischen Marxisten Louis Althusser. Sie setzen allesamt eine Variante von Zirkularität als Ursprungsmoment des Subjekts an, die der gesuchten ‚Trope' zu entsprechen scheint. Bei genauerem Hinsehen zeigt sich, dass es jeweils das Gewissen, und zwar als ursprünglich schlechtes Gewissen, ist, in dem sich diese Struktur einer ‚Umwendung' äußert. In Hegels *Phänomenologie des Geistes* sind die skeptische und die asketische Reflexivität des Geistes als unglückliches Bewusstsein ausgewiesen, das auftritt, nachdem der befreite Knecht die Stimme des Herrn verinnerlicht hat. Bei Nietzsche ist es der gegen sich selbst gewendete Wille, dessen Sadismus sich selbst zum Objekt nimmt und den Kreislauf der Selbstvorwürfe etabliert. Freud seinerseits liefert eine Beschreibung der Triebregulierung, die darauf basiert, dass sich die libidinöse Besetzung vom Objekt weg auf das Verbot selbst richtet, auf dessen Aufrechterhaltung nun die Aufmerksamkeit des Subjekts liegt und dabei die Triebenergie erhält: „*Das Verbot des Begehrens ist dieses Begehren, wo es sich gegen sich selbst zurückwendet, und diese*

Rückwendung wird zum Gründungsmoment, zum Tun dessen, was durch den Ausdruck »Gewissen« zu einer Entität gemacht wird" (PM 78), fasst Butler zusammen. In Althussers Aufsatz „Ideologie und ideologischer Staatsapparat" schließlich soll das Bild eines exemplarischen Spaziergängers, der sich auf Zuruf der Polizei hin umdreht, illustrieren, wie ein Untertan erst im Verhältnis zur ihn anrufenden Macht entsteht. Diese Macht ist allerdings, wie Butler demonstriert, auf ein vorgängiges, vages Schuldgefühl ihrer Subjekte angewiesen – warum würde man sich sonst überhaupt umdrehen (Althusser 1977: 142f). Keine der Beschreibungen kann nach Butler wirklich begründen, wie es zu allererst zu der charakteristischen Wendung gegen sich selbst kommt. Das Gewissen, das als aussichtsreicher Kandidat erschien, um die Empfänglichkeit des Subjekts für die Macht zu erklären, stellt sich als die irreführende Bezeichnung einer abschätzigen Selbstbezüglichkeit und Spaltung des Subjekts heraus. Die beschriebene Struktur fällt also mit der Subjektivität zusammen. Somit kann das entscheidende Phänomen, die leidenschaftliche Bindung, mit der das Subjekt der Macht entgegenkommt, auch gerade nicht im Rückgriff auf das sogenannte Gewissen erklärt werden, sondern geht vielmehr auch diesem voraus.

Um hinter den Einsatz dieser abschätzigen Wendung gegen sich selbst zu kommen, die nach Butler das Subjekt ausmacht, müssen deren Voraussetzungen geklärt werden, ohne das Ergebnis dabei schon vorwegzunehmen, so dass Butlers Leitfrage nun lautet: *„Was erklärt bereits vor dem Subjekt dessen Formierung?"* (PM 111*). Die Frage nach der Entstehung von Subjekten reicht somit über einen einfachen Unterwerfungsakt hinaus. Die Bereitschaft, sich auf bestimmte Weise zu ergeben, muss mitbedacht werden, wenn die Vermittlung von sozialer in psychische Macht geklärt werden soll: *„Wie haben wir insbesondere nicht nur die disziplinäre Hervorbringung des Subjekts, sondern die disziplinäre Heranzüchtung eines* Verhaftetseins mit der Unterwerfung *zu verstehen?"* (PM 98). Und weiter: *„Wenn Unterwerfung also eine Bedingung der Subjektwerdung ist, stellt sich die Frage: Welche psychische Form nimmt die Macht an?"* (PM 8).

Es sind in Butlers Darstellung letztlich zwei entscheidende Voraussetzungen „bereits vor dem Subjekt" (PM 111), denen sich die Formierung von Subjekten in ihrer spezifischen Bindung an die Macht verdankt. Darunter ist eine doch wiederum eher (proto-)psychischer Natur und die andere mit der Struktur des Sozialen verbunden. Erstere besteht in einem grundlegenden Existenzstreben. Mitunter in Bezugnahme auf Spinozas „conatus essendi" spricht Butler von einem „Begehren, zu existieren", einem Begehren, das die in Frage stehende Machtbindung motiviert (Spinoza 1977: 272ff). Da wir soziale Existenz nie anders als in sozialen, den Individuen vorausgehenden, Kategorien, Normen und Bezügen erwerben können,

4.2 Verlust und Subjektwerdung: Der Moment der Unterwerfung

führt das Existenzstreben unweigerlich dazu, sich diesen zu ergeben – „dumm und bedürftig", wie Butler es beschreibt:

> „In dem Maße, indem das Überleben zum Thema wird, ergibt es Sinn, dass wir mit einem gewissen Grad an Bedürftigkeit und Dummheit gezwungen sind, uns den sozialen Normen zu verhaften, die fortgesetzte Existenz versprechen. Dies fällt mir auf als die Art und Weise, in der wir alle in Beziehung zu vorherrschenden Normen ausbeutbar sind." (Butler/Rosenberg 2007: 383)

Butler spricht an dieser Stelle bewusst nicht von Anerkennungsstreben, das als normativ aufgeladene Kategorie schon auf eine qualifiziertere Reaktion abzielt. Die Priorität – und in gewisser Hinsicht der Skandal – des Existenzstrebens besteht dagegen gerade in seiner Wahllosigkeit. Noch die verletzendste und abweisendste Norm oder Geste kann dem Butler'schen Subjekt zum ersehnten Garanten von Existenz und zum Anlass für Unterwerfung werden, auch in einer erniedrigenden Benennung mag man sich eher wiederfinden als jenseits aller Ansprache. Ähnlich dem nietzscheanischen Willen, der lieber das Nichts will, als nicht zu wollen (Nietzsche 2002: 412), erhält sich dieses Begehren selbst, indem es sich auf seine Hindernisse richtet.[37] Butler vergleicht diese Ohnmacht am Ausgangspunkt der Subjektwerdung mit der Ausgeliefertheit des Säuglings: Auch für eine grausame oder vernachlässigende Bezugsperson entwickelt das Kind Zuneigung und Anhänglichkeit, hier sogar um den Preis des faktischen Überlebens. „*Es gibt für das Kind gar keine andere Möglichkeit als zu lieben, wo Liebe und die Erfordernisse des Lebens selbst unlösbar miteinander verknüpft sind. Das Kind weiß nicht, woran es sich bindet, aber es muss sich binden, um überhaupt und um als es selbst weiterzuleben*" (PM 13). Diese Szenerie erhält sich nun auf ambivalente Weise. Einerseits betont Butler, dass wir ‚Kindheit' nicht für einen auf die ersten Lebensjahre beschränkten Zustand, sondern einen anhaltenden Aspekt unserer Selbst halten sollten – nicht zuletzt, um nicht zu verblüfft über einen Rest von Wahllosigkeit und Überwältigtsein in allem weiteren Lieben und Begehren zu sein (Butler/Rosenberg 2007: 384). Andererseits versteht sie den Vorgang der Subjektwerdung gerade als eine Abgrenzung und Ausblendung von unserer fundamentalen Abhängigkeit. Hier wäre somit schon der erste Verlust zu verzeichnen, der eine Wendung des Subjekts gegen sich selbst provoziert.

---

37 „Die Begierde zu begehren ist eine Bereitschaft, genau das zu begehren, was die Begierde ausschließt, wenn auch nur um der Möglichkeit willen, weiter zu begehren. Diese Begierde zu begehren wird im Prozeß der sozialen Reglementierung ausgebeutet, denn wenn die Bedingungen, unter denen wir für uns soziale Anerkennung gewinnen, die Bedingungen sind, die uns reglementieren und durch die wir erst eine soziale Existenz gewinnen, dann bedeutet unsere eigene Daseinsbehauptung die Kapitulation vor unserer eigenen Unterwerfung – eine traurige Bindung." (PM 77)

„Ohne diese in Abhängigkeit ausgebildete Bindung kann kein Subjekt entstehen, aber ebenso wenig kann irgendein Subjekt sich leisten, dies im Verlauf seiner Formierung vollständig zu »sehen«. Das Verhaftetsein in seinen ursprünglichen Formen muss sowohl *entstehen* wie *verleugnet werden*, seine Entstehung muss seine teilweise Verleugnung sein, soll es überhaupt zur Subjektwerdung kommen" (PM 13).

Diese Verwerfung soll nun aber nicht nur eine nachträgliche Verdrängung des erwachsenen Subjekts darstellen, sondern gerade den Prozess initiieren, in dem dieses sich formiert: verfolgt von dem ‚Gespenst' einer in ihrer Bedingungslosigkeit unzumutbaren Abhängigkeit, versucht sich das Subjekt in deren Leugnung zu erhalten, und orchestriert so in seinem Selbstbezug eine Form melancholisch für unmöglich gehaltener Liebe. „*»Ich« könnte gar nicht sein, wer ich bin, sollte ich so lieben, wie ich es offenbar getan habe ..."* (PM 14). Butler lässt offen, ob dieser spezifische Verlust für jede individuelle Entwicklungsgeschichte unausweichlich ist oder ob die frühkindliche Abhängigkeit und Ausgeliefertheit nur dort traumatisch übergangen werden muss, wo Werte wie Autonomie und Souveränität das erwachsene Selbstbild prägen. Auf jeden Fall ist es aber ein solcher Einschlag sozialer Normen, der im Weiteren die Subjektwerdung motiviert. Wie das Kleinkind um seines physischen Überlebens willen Zuneigung zu seinen Bezugspersonen entwickeln muss, ist das Subjekt gezwungen, sich an die sozialen Normen und Kategorien seiner Umgebung zu binden.

Hier kommt nun der zweite Aspekt zum Tragen, der Butlers spekulatives Narrativ vom Identitätserwerb bestimmt. Das Feld der sozialen Normen und Identifikationsvorlagen ist kein beliebig rekombinierbares Mosaik. Es hat vielmehr bestimmte Abgründe und identitäre ‚No-go-Areas', die das Subjekt von Anfang an bedrohen. Dies kann einerseits ein die ganze Gesellschaft durchziehendes soziales Tabu sein, wie Butler es für die Homosexualität reklamiert, andererseits aber auch lokale und je nach Perspektive unterschiedliche ‚Unmöglichkeiten', die sich als Kehrseite einer akzeptierten Norm einstellen. Auch das Ideal einer kohärenten Identität selbst würde sich dabei als eine solche Quelle notwendiger Ausschlüsse herausstellen. Genauso, wie soziale Normen und Tabus im Vorhinein festlegen, was überhaupt als begehrenswertes Objekt erscheinen kann, etablieren diese Verwerfungen im Feld der Macht eine für die jeweils in ihr entstehenden Subjekte konstitutive Melancholie. Reflexivität, das Wahrzeichen des Subjektstatus, entsteht zusammen mit ihren Grenzen:

„Die Melancholie spaltet das Subjekt, indem sie die Grenze dessen markiert, auf was es sich noch einstellen kann. Weil das Subjekt über diesen Verlust nicht *reflektiert*, nicht reflektieren kann, markiert dieser Verlust die Grenze der Reflexivität, markiert er, was deren Zirkularität übersteigt (und bedingt). Als Verwerfung verstanden, inauguriert dieser Verlust das Subjekt und bedroht es mit Auflösung." (PM 28)

4.2 Verlust und Subjektwerdung: Der Moment der Unterwerfung

Weil also das Feld sozialer Normen, denen sich das Subjekt um seiner Existenz willen ausliefern muss, strukturell von Ausschlüssen durchzogen ist, überträgt es dem entstehenden Subjekt immer auch Verluste. Weil es sich bei diesen Ausschlüssen um bedrohliche Optionen handelt, die das Subjekt mit der Möglichkeit seiner Auflösung konfrontieren würden, werden die versperrten Positionen geleugnet.[38] Somit ist das für die Melancholie charakteristische Moment eines unbetrauerbaren Verlusts in die Struktur der Subjektivität eingetragen, und schlägt sich dort als spezifische Reflexivität nieder. Was Butler in ihrer Entlehnung des Melancholie-Motivs für die Subjektwerdung allerdings nicht einholen kann, ist der Aspekt der Identifikation mit dem Verlorenen. Gegenüber verworfenen Optionen setzt sie demgegenüber nahezu den gegenteiligen Mechanismus voraus, nämlich dass man die Figur des Verworfenen zur abgrenzenden und gegenteiligen Identifikation benötigt. Bewahrt bleibt dabei das Moment der prüfenden, abschätzigen Selbstbeziehung, die aus der Furcht entspringt, doch dem Verworfenen zu nahe zu kommen. Indem das Selbst sich, wie Freuds Melancholiker, mit Vorwürfen und Zweifeln konfrontiert, die kein ursprüngliches Selbst treffen, werden die vormals sozialen Normen psychisch perpetuiert. Die Frage nach den Entstehungsbedingungen von Subjekten führt mithin auch zu einem präziseren Verständnis des Übergangs von sozialer zu psychischer Macht. Er ließe sich auf den Punkt bringen als Fortsetzung der selben Macht in einem anderen Modus. Eine Fortsetzung, die die Macht allerdings nicht ungebrochen lässt, und einen entscheidenden Effekt hat: „*Zu erwarten wäre von einem solchen Übergang in der Tat eben jene Aufsplitterung und Umkehrung, die für das Subjekt selbst konstitutiv ist.*" (19). Der ‚neue' Modus der Macht ermöglicht nun mit ihrer Fortsetzung auch gewisse Veränderungen, denn in ihrer innerpsychischen Zirkulation durchlaufen die Normen etliche Wiederholungsschleifen, die, ebenso wie performative Äußerungen, jeweils Raum für Differenz lassen: „*Die Bedingungen der Macht müssen ständig wiederholt werden, um fortzubestehen, und das Subjekt ist der Ort dieser Wiederholung, einer Wiederholung, die niemals bloß mechanischer Art ist*" (PM 20). Dank dieser „Iterabilität", die weder mechanisch noch identisch wiederholt, bleibt das Subjekt unvorhersagbar. Es ließe sich nicht einfach aus der Macht im Umfeld seiner Entstehung errechnen.

Dennoch erhält sich ‚am Ort der Wiederholung', also im Subjekt, dessen Machtgebundenheit – wiederholt werden ja gerade die Normen, denen das Subjekt seine Existenz verdankt.

---

38 Sie schlagen sich im Unbewussten nieder, das Butler folgendermaßen definiert: „... the unconscious is not presocial, but *a certain mode in which the unspeakably social endures*" (Butler et al. 2000b: 153).

Dadurch kann Butler einen Sinn für die potentielle Gewalt bewahren, die in der schöpferischen Wechselwirkung von Subjektivität und Normativität im Spiel ist. Sie feiert keine unproblematische Sozialität des Individuums, die aus unseren Benennungspraktiken und Anerkennungsverhältnissen hervorginge, auch wenn sie keinen Zweifel lässt, dass es vor oder außerhalb dieser Sphäre überhaupt keine Subjekte geben kann. Die Macht, an der unser Dasein hängt, kann dieses von Anfang an zu unlebbarem Leben stempeln, wenn sie nur solche Subjektpositionen bereit hält, denen nach den herrschenden Normen soziale Anerkennung vorenthalten bleibt. Dass die Identität des Subjekts auf seiner leidenschaftlichen Hingabe an vorgängige Normen beruht, macht es damit aber nicht zum Komplizen oder gar Verantwortlichen seiner etwaigen Unterdrückung. Die Bindung an womöglich deformierende und verletzende Bedingungen offenbart keinen fundamentalen Masochismus (wie z.B Nussbaum unterstellt), sondern den prekären Status des Identitätserwerbs in der primären Wehrlosigkeit von Subjekten der Macht gegenüber. Mithin zeichnet sich nach Butler gerade hier eine Aufgabe für größere kritische und politische Aufmerksamkeit ab: *„Will man sich dem Machtmissbrauch entgegenstellen (was nicht das gleiche ist, wie sich der Macht selbst entgegenzustellen), dann scheint es zumindest klug, darüber nachzudenken, worin unsere Anfälligkeit für diesen Missbrauch begründet liegt"* (PM 24). Die Frage nach Widerstandspotential und Befreiungsmöglichkeiten, die Butlers Werk zumeist sehr ungeduldig angetragen wird, wäre verfehlt, wenn sie nicht zunächst herausfinden wollte, auf welche Weise Subjekte gebunden sind. Im Anschluss an diese Analyse lässt sich die Frage dann, in zugegebenermaßen komplizierterer Form, reformulieren: *„Wenn wir uns auf der Ebene des Unbewussten als der Unterwerfung verhaftet wiederfinden, welche Art von Widerstand lässt sich dem dann abringen?"* (PM 85*).

4.3 Antigones Anspruch

> „Gibt es eine Möglichkeit, anderswo oder anders zu sein, ohne unsere Komplizenschaft mit dem Gesetz zu leugnen, gegen das wir uns wenden? Eine solche Möglichkeit würde eine andere Art von Wendung erfordern, eine Wendung, die, durch das Gesetz ermöglicht, eine Abwendung vom Gesetz ist und den Identitätsverlockungen widersteht (...). Eine solche Wendung erfordert die Bereitschaft, nicht zu sein – eine kritische Desubjektivation –, um das Gesetz als weniger mächtig zu exponieren, als es zu sein scheint."
>
> (PM 122)

Antigone's Claim, auf deutsch erschienen als *Antigones Verlangen*, ist die Buchform einer Reihe von Vorlesungen, die Judith Butler 1998 an der University of California, in Cornell und Princeton gehalten hat. Die anfängliche programmatische

4.3 Antigones Anspruch

Intention des Buches zielte darauf, einen Modellfall für feministische Politik auszuloten, die ihre Forderungen nicht an den Staat richtet, sondern sich außerhalb seines Rahmens entfaltet – wenn nicht gar gegen ihn wendet.
Antigones Widerstandsakt scheint geradezu emblematisch dem zu entsprechen, was auch Butler selbst zum Herzstück ihrer kritischen Praxis erklärt (Butler 2010c). Sie besteht darauf, einem Toten, den zu betrauern die Gesetze der Gemeinschaft untersagen, öffentlich sein Tribut zu zollen.[39] Sie insistiert, ausgerechnet jenem Ausgestoßenen, dessen Niederlage den Gründungsmoment der Gemeinschaft ausmacht, zu seinem Recht zu verhelfen, und sei es dem Recht eines Toten, in der Erinnerung nicht ein weiteres Mal ausgelöscht zu werden.[40] Butler rekonstruiert Antigones Tat, die Bestattung ihres geächteten Bruders, dabei von Anfang an als politische, da sie auf Öffentlichkeit angelegt ist (AV 51). Antigone wird in dieser Lesart nicht zur Repräsentantin eines vor- oder außer-politischen Gesetzes von Blut oder Familie, allein schon weil Butler nachweist, dass das vermeintliche ‚Gesetz' für das sie eintritt, überhaupt nur eine Instantiierung zu haben scheint: *"Antigone steht damit schwerlich für die Heiligkeit der Verwandtschaftsbindung, denn für ihren Bruder oder zumindest in seinem Namen, nicht aber für jeden Verwandten ist sie bereit, gegen das Gesetz zu verstoßen"* (AV 25). Zudem verweist Butler wiederholt auf die wechselseitige Voraussetzung von Staat und Verwandtschaft, und ihre Verschränkung in Akten, die, stets beide betreffend, im Namen der einen und in der Sprache des Anderen ausgeführt werden (AV 27f). Der entscheidende Punkt ist mithin, dass Antigone direkt ins Feld der politischen Machtbeziehungen hinein agiert und ihre Tat nicht nur ausführt, sondern auch proklamiert (vgl. AV 26f). Darin, mehr als im eigentlichen Begräbnis, lokalisiert Butler den eigentlich effektiven Widerstandsakt. Dies verdeutlicht sich insbesondere in der Szene, in der Kreon Antigone zur Rede stellt und sie ihm gegenüber die Tat bekennt und durch ihre Aussage bekräftigt. Butler analysiert minutiös, wie Antigone in Wortwahl und Auftreten die souveräne Macht Kreons imitiert und gerade dadurch unterläuft und macht sie damit geradezu zu einem Paradebeispiel performativer Widerständigkeit.

---

39 Eine sehr gute Deutung von Antigone als Figuration der Butler'schen (Un-)Betrauerbarkeitsthematik findet sich auch in Purtschert 2004: 196ff.

40 Bei dem Toten handelt es sich um Antigones Bruder Polyneikes, der so wie sie selbst und die weiteren Geschwister Ismene und Eteokles der inzestuösen Ehe von Ödipus mit seiner Mutter entstammt. Kreon herrscht über Theben, nachdem Ödipus aus Reue und Entsetzen über seine Tat nach Kolonnos ins Exil gegangen war. Ein Abkommen, nach dem Ödipus Söhne abwechselnd herrschen sollten, wurde gebrochen, als Eteokles, der sich mit Kreon verbündet hatte, sich nach Ablauf seiner Regentschaft weigerte, die Macht an Polyeikes abzugeben, der daraufhin die Stadt angriff. Beide Brüder starben im Kampf, woraufhin Kreon wieder Herrscher wurde und anordnete, dass Polyneikes nicht bestattet werden dürfe (vgl. Sophocles 1992).

> „Die Inanspruchnahme der Tat wird zu einem Akt, der den Akt wiederholt, den er bekräftigt;
> der Akt des Ungehorsams wird erweitert, indem er im sprachlichen Bekenntnis wiederholt
> wird. Nun setzt dieses Bekenntnis paradoxerweise ein Opfer an Autonomie in genau dem Moment voraus, in dem es performativ vollzogen wird: Antigone behauptet sich durch die Aneignung der autoritativen Stimme dessen, dem sie widersteht – eine Aneignung, die in sich Spuren einer gleichzeitigen Ablehnung und Einverleibung eben dieser Autorität trägt." (AV 27f)

Dem Staat wird das Wort aus dem Munde genommen und nicht sein Gegenteil vorgeführt. Es ist nun aber gerade diese Mimikry der Macht, die scheinbare Assimilation, die Antigones Verhalten so besonders bedrohlich macht. Sie kopiert eine Norm genau auf die Weise, die die Macht ihres Ursprungskontexts enteignet. Der Rollentausch geht so weit, dass er die Grundfesten von Kreons Souveränität erschüttert:

> „Kreon, empört über Antigones Ungehorsam, kommt denn auch zu dem Schluß: »Mich lenkt
> mein Leben lang kein Weib!« Damit scheint er zu sagen: Wenn Antigone herrscht, wird er
> selber sterben. (...) Früher schon kommt seine Angst vor der Entmannung durch Antigone
> zur Sprache: Werden die Kräfte, die diese Tat verübt haben, nicht bestraft, dann würde gelten: »Da wäre wahrlich ich kein Mann, sie wäre Mann.« Antigone scheint somit die Form
> einer gewissen männlichen Souveränität anzunehmen, einer Männlichkeit, die nicht teilbar
> ist, sondern verlangt, dass ihr anderes gleichermaßen weiblich wie unterlegen ist." (AV 24)

Wenn sich der ‚Fall Antigone' dergestalt auch ausgesprochen gut ins Paradigma der Performativität fügt, bleibt aber doch die Frage offen, wie Butler im Rahmen ihrer Theorie eigentlich die darin vorausgesetzte Handlungsfähigkeit begründet. Woher nimmt Antigone diesen Widerstandsgeist? Besteht nicht ein unüberbrückbarer Widerspruch zwischen Butlers Subjekttheorie, die die Entstehung des Subjekts aus den es umgebenden herrschenden Normen erklärt, und diesem Beispiel einer Handlungsfähigkeit, die virtuos ausgerechnet die ‚verbotenste' aller Handlungen ausführt? Selbst wenn man zugestünde, dass in dem trotzigen Geständnis der eigentliche Widerstandsakt bestünde, weil erst hier Kreons Machtmonopol wirklich empfindlich getroffen wird, und selbst wenn sich ihr Geständnis als kontextsprengende Normwiederholung, nämlich als Aneignung von als männlich kodierter Souveränität, rekonstruieren lässt – wie sollte dann ausgerechnet Antigone zu dieser Norm kommen? Wenn die melancholische Identifikation sozusagen die Urszene der Normunterwerfung und Subjektwerdung ist, stellt sich die Frage nach dem Übergang von Subjektivierung zu Handlungsfähigkeit noch einmal neu. Mit dem Schema der Iterabilität ist zwar schon ein Teil der Antwort vorgezeichnet. Wir wissen, dass es nach Butler keinen Bruch mit den uns konstituierenden Kräften gibt, dass sich aus ihnen aber auch nicht, quasi vektoriell, jede Äußerung unserer vermeintlichen Individualität errechnen ließe. Die Wiederholungen, die die Norm zeitigt, sind eben nicht identisch. Sie finden sozusagen nicht im gleichen Koordinatensystem statt, da die Subjekte in Zeit und Raum und wechselnden in-

4.3 Antigones Anspruch

tersubjektiven Konstellationen ständig neu positioniert sind. Dieser Spielraum für Verzerrung, Umlenkung, Überkreuzung von den uns konstituierenden Mächten beschreibt aber nach wie vor nur das Muster, nur die Umrisse des Vorgangs. Warum manche Subjekte widerspenstig werden, sich an die Limits begeben, Fehlaneignungen der Normen erproben, könnte dermaßen kontingent erscheinen, dass die von Butler beschworene Handlungsfähigkeit der von Mensch-ärgere-dich-nicht-Figuren gliche. Sie können zwar verschieden lange Züge machen, rauswerfen oder rausgeworfen werden, aber gewürfelt wird für sie woanders. Innerhalb ihres Theoriegebäudes würde Butler selbst daran vermutlich – anders als viele ihrer Kritiker_innen – weniger die Ohnmacht der Figuren stören, als die neu entstandene, verschobene Machtinstanz der würfelnden und die Figuren setzenden Spieler_innen (s. auch KG 28). Um dieser Wiedereinführung der souveränen Subjektposition durch die Hintertür bzw. auf höherer Ebene zu entgehen, muss Butler sich auf die Gratwanderung einlassen, im Subjekt selbst eine relative und begrenzte Verfügung über dessen Einsatz zu verorten, ohne dazu auf ein Modell intentionaler Willensfreiheit zurückgreifen zu müssen. Erst im Rückgriff auch auf das „Innenleben der Macht" kann die Frage nach Handlungsfähigkeit und Widerstandspotential angemessen geklärt werden. Den eigentlichen Akt der Weigerung, ein Betrauerbarkeitstabu einzuhalten und den Gesetzen des Staats zu gehorchen, versieht Butler nämlich im Folgenden (nachträglich) mit einer entscheidenden Vorgeschichte. Antigone hat nicht einfach, aus ethischen Überlegungen heraus, ‚beschlossen' das Unrecht zu bekämpfen, das nach bestimmten Begriffen an ihrem Bruder begangen wurde, sondern ist selbst in diese spezifische Position von Widerständigkeit und Loyalität erst durch eine lange Kette melancholischer Verhaftung und performativer Verschiebung geraten. Wenn es also ‚nach Butler' überhaupt Widerstand gibt, dann findet sich in ihrer eigenwilligen Neuerzählung des Antigone-Mythos die konkreteste Vorstellung davon.

Weit davon entfernt, die idealisierten Gesetze der Verwandtschaft zu repräsentieren, ist Antigone in ihrer inzestuösen Abstammung bereits als deren Überschreitung und Unding geboren – als „kinship's fatal aberration" (AC 15). Ihr prekärer Status ergibt sich nach Butler jedoch nicht sozusagen ‚von selbst' aus der Tatsache, mit dem Vater die selbe Mutter zu teilen, sondern aus der sozialen Institutionalisierung und Inszenierung dieser Herkunft, die in ihrem Fall mit dem Fluch einhergeht, der auf Ödipus liegt und von ihm auf spezifische Weise weitergeleitet wird. „*Ödipus reinszeniert gleichsam auch sein Trauma, da seine Worte die Söhne ergreifen und töten, sie ergreifen und zu Mördern machen, und da seine Worte zudem auch den Körper seiner Tochter Antigone ergreifen und ihn vermännlichen*" (AV 102). Die Verwünschung wirkt, indem sie von den Adressaten übernommen und zum psychisch strukturierenden Muster wird, das sich als neue Endlosschleife performativer Wiederholung einnistet – *„Und die Worte des Ödipus vollbringen all dies, indem sie als Worte in der Zeit handeln, indem sie zu Worten werden, deren Zeitlichkeit über den Schauplatz ihrer Äußerung hinausreicht, Worte, die zum Begehren derer werden, die sie nennen, wiederholend und beschwörend nennen"* (AV 102). Gegen Lacan behauptet Butler, dass Antigone nicht direkt aus der Unmöglichkeit ihrer Verwandtschaftsposition einen masochistischen Todestrieb beziehe, sondern eine bestimmte Unlebbarkeit reinszeniere, weil sie einen spezifischen Anspruch erhebt, der in dem gegebenen politischen Rahmen unhaltbar ist – den Staatsfeind zu begraben. Antigones Begehren nach genau jener fatalen Handlung kann Butler indessen noch weitaus detaillierter motivieren. Ödipus, der seine Söhne verflucht hat, erklärt gleichzeitig seine Töchter zu den eigentlichen männlichen Erben, weil sie treu an seiner Seite verharren. Die Übertragung von Männlichkeit ist im Fall Antigones sogar schon ein weiteres Mal vorweggenommen, als sie quasi im Rollentausch mit dem gebrochenen, erblindeten Vater/Bruder Ödipus auf Kolonos die Führung übernimmt: *„Antigone sorgt nach seiner Verbannung für Ödipus, und in ihrer Loyalität wird sie als »Mann« bezeichnet. Tatsächlich folgt sie Ödipus treu in die Wildnis, aber irgendwann folgt er ihr"* (AV 99).

Was schließlich der entscheidende Zug in der Konfrontation mit Kreon sein wird, die Aneignung von als männlich codierter Souveränität, die auch bereits die selbstermächtigende Hybris in der Beerdigung des Bruders abstützt, ist also eine allzu vertraute Position für Antigone, die, wie Butler zuspitzt, vor ihrem Eintritt ins eigentlich dramatische Geschehen bereits „beinahe jeder Mann ihrer Familie" gewesen ist:

> „Antigone hat bereits den Platz ihres Bruders eingenommen; ihr Bruch mit Ismene spiegelt den Bruch zwischen Polyneikes und Eteokles, so dass wir sagen könnten, die Schwestern handeln genau wie Brüder. Zum Zeitpunkt dieses Dramas hat Antigone somit den Platz beinahe jeden Mannes ihrer Familie eingenommen. Ist das nun eine Wirkung der Worte, die auf ihr lasten?" (AV 100)

Antigones konkretes Anliegen, Polyneikes nicht unbetrauert zu lassen, ist in dem paradoxen Beharren darauf, in ihm ihren „einzigen" Bruder begraben zu müssen, in Butlers Lesart zudem syptomatisch für einen anderen, vorgängigen Ausschluss:

> „Antigone sagt »Bruder«, aber meint sie damit »Vater«? Sie bekräftigt ihr öffentliches Recht auf Trauer um ihren Verwandten, aber wie viele ihrer Verwandten betrauert sie nicht? Denken wir daran, wie viele aus ihrer Familie tot sind, könnte es da nicht sein, dass Mutter und Vater, die abgewiesene Schwester und der andere Bruder sich im unwiederbringlichen Bruder verdichten?" (AV 108)

4.3 Antigones Anspruch

Es ist also eine ganze Reihe von unbetrauerbaren Verwandten, deren Ausblendung erst die absolute Dringlichkeit kreiert, Polyneikes angemessen zu bestatten. In dem Akt der Bestattung selbst ist nach Butlers Deutung aber wiederum eine weitere Linie performativen Ausagierens am Werk. Der entsprechende unnennbare Verlust führt hier direkt ins Zentrum von Antigones unlebbar inzestuöser Identität. Ihre leidenschaftliche Liebe zu eben jenem Bruder Polyneikes, ausgeschlossen von den Normen der Verwandtschaft und Generativität, die auch sie beschwört, wenn sie sagt, dass sie ‚eigentlich' Ehefrau und Mutter hätte sein sollen, schlägt sich in der Passion nieder, zu der Antigones Identifikation mit Polyneikes gerät.[41] Butler treibt diese Ambivalenz auf die Spitze, indem sie die Beerdigung entgegen der Gesetze des Staats als alles andere als eindeutige Trauerarbeit ausstellt:

> „Indem sie dem Staat trotzt, wiederholt sie auch den rebellischen Akt ihres Bruders; sie bietet sich in der Bekräftigung ihrer Loyalität zum Bruder als diejenige dar, die an seine Stelle treten kann, und damit ersetzt und territorialisiert sie ihn. Sie gewinnt Mannhaftigkeit durch den Sieg über das Männliche, aber sie überwindet das Männliche bloß, indem sie es idealisiert. An einer Stelle scheint sie mit ihrer Tat mit Polyneikes zu rivalisieren und ihre Überlegenheit über ihn beweisen zu wollen, wenn sie die Frage stellt: »Und doch, was brächte mir wohl rühmlicheren Ruhm, als dass ich meinen Bruder in ein Grab gelegt?«" (AV 28)

Vielmehr kann Antigone in ihrem Widerstandsakt zugleich die heroische Opposition des Bruders abermals an seiner Stelle ausagieren und, indem sie sich wissentlich die Todesstrafe zuzieht, ihm in den Tod folgen, den Antigone bemerkenswerterweise zu ihrem „Brautgemach" erklärt (AV 60). Ihr Begehren, den Bruder zu retten, ist somit von dem Verlangen überwältigt, sein Schicksal zu teilen und in dem Zuge auch den gegen den Sohn gerichteten väterlichen Fluch auf sich zu nehmen. Das treibende Motiv in Antigones Geschichte ist somit ein klassischer Fall melancholischer Identifikation, hier aber nicht vom Tabu gegen die Homosexualität, sondern direkt vom Inzesttabu provoziert. Antigone steht nicht nur von Geburt an unter dem Fluch des Inzests, der ihr einen eindeutigen Platz in der Genealogie versagt und ihr damit eine paradoxe, „unintelligible" Identität auferlegt, sondern manövriert sich in ihrem verbotenen Verlangen nach dem eigenen Bruder in die Position, diesen imitieren zu müssen, zumal er ihr als Liebesobjekt sogar auf doppelte Weise entzogen ist: durch Tabu und Tod.

Butler bemüht sich zunächst, Antigone nicht zu reibungslos zur „queeren Heldin" (AV 116*; AC 72) zu deklarieren, wenn sie zusammenfasst, in welchen

---

41 Hierin besteht dann auch der spezifische Mehrwert von Butlers Analyse des Antigone'schen Inzestbegehrens gegenüber George Steiners Lesart: Dass Antigone ihre unennbare Liebe in einer melancholischen Identifikation aufhebt und ausagiert; vgl. Steiner 1988. Zu dem Vorwurf, dass Butler eigentlich eine Einsicht Steiners als ihre eigene deklariere und zudem noch hinter seiner Radikalität zurückbliebe s. Seery 2008.

Verhaftungen und Formen sich deren Opposition abspielt. „*Schließlich eignet sich Antigone Stellung und Idiom dessen an, gegen den sie opponiert, Kreons Souveränität, nimmt sie gar den Ruhm für sich in Anspruch, der ihrem Bruder zusteht, und lebt in merkwürdiger Treue zu ihrem Vater, an ihn durch Fluch gebunden*" (AV 46f). Die Pointe von Butlers Handlungstheorie liegt aber eben darin, dass aus solchen kontingenten und konkreten Bindungen Positionen entstehen können, die die Ressourcen – oder auch den Fluch – zum Widerstand mit sich bringen. Und das nicht trotz sondern gerade wegen eines hochgradig normierten, machtdurchzogenen Umfelds. Dieser psychische Mechanismus ist keineswegs eine immer schon niedergeworfene Rebellion oder eine Rückzug in erstickende Innerlichkeit,[42] sondern die Voraussetzung für eine bestimmte Starrheit und Starrsinnigkeit von Subjekten, die sie, einmal in die verquere Situation geraten, der gängigen Weise der Normaneignung nachhaltig zuwiderlaufen lassen. Wenn Antigones heroische Tat also letztlich von ihrer Aneignung von Maskulinität und Identifikation mit dem gefallenen Bruder disponiert ist, so will Butler den Spielraum für individuelle Handlungen doch größer halten als eine Programmierung durch die von den jeweiligen Verlusten initiierten Identifikationsabläufen. Die Kontingenz oder Offenheit kommt dadurch ins Spiel, dass die verschiedenen Einflüsse, Verhaftungen und „Flüche" vom Subjekt auf unvorhersehbare Weise kombiniert, verflochten und vertauscht werden. Der Gehorsam gegenüber dem väterlichen Fluch kann so zum Ausagieren der leidenschaftlichen Bruderliebe werden, und eine von melancholischer Männlichkeit diktierte Machtimitation zur Urszene feministischen Widerstands. Solche Verquickung von Motiven, die das Gewebe der Macht aufbrechen und umlenken, beschreibt Butler als „promisken Gehorsam" (AV 93). Uneindeutige und uneinmalige Unterwerfung ringt der unterbewussten Machtgebundenheit jenen Widerstand ab, nach dem am Ausgang des letzten Kapitels gefragt war (PM 85). In Butlers Terminologie ist somit durchaus Platz dafür „*anderswo oder anders*" zu sein, „*ohne unsere Komplizenschaft mit dem Gesetz zu leugnen, gegen das wir uns wenden*". Diese „andere Art von Umwendung" (PM 122*), die in „promisken Gehorsam" mündet, entbindet das Subjekt schließlich von dem Verdacht, stets lediglich auf eindimensionale Weise seine eigene Unterdrückung zu bewirken:

> „Auf gewisse Weise ist dies das uralte Problem der Identifikation mit dem Unterdrücker, aber es nimmt eine andere Wendung an, wenn wir bedenken, dass Identifikationen multipel sein können, dass man sich innerhalb einer einzigen Szene mit diversen Positionen identifizieren kann, und dass sich keine Identifikation auf Identität reduzieren lässt." (Butler 2000d: 149*)

---

42 Entgegen der Deutung Christine Hauskellers; vgl. Hauskeller 2000: 84.

4.3 Antigones Anspruch

Wenn Antigone auch beispielhaft für diese virtuose Verquickung von Identifikationen ist, so warnt Butler doch wie gesagt dagegen, sie zu romantisieren oder gar zum Vorbild zu nehmen. Ihr Fall endet tödlich. Dass Antigone dieses Ende gewählt haben mag – auf jeden Fall sehenden Auges in Kauf nahm – macht die es bedingenden Strukturen nicht weniger mörderisch. Die *Verwandtschaft von Leben und Tod*, mit der Butler ihr Buch untertitelt, besteht in deren konstitutiven Gleichzeitigkeit in den Normen, die Lebbarkeit deligieren. Antigones Todestrieb hat seinen eigentlichen Ursprung nicht in ihrer Psyche, sondern in der Formation einer sozialen Ordnung, die bestimmte Formen des Lebens und Begehrens kategorisch ausschließt.

> „Ihr Schicksal liegt darin, dass sie kein Leben zu führen hat, dass sie vor jeder Möglichkeit des Lebens schon zum Tode verurteilt ist. Damit stellt sich die Frage, wie die Verwandtschaft die Bedingungen der Verständlichkeit sichern soll, durch die das Leben erst lebbar wird, durch die es aber zugleich verdammt und verunmöglicht wird. (…) Vielleicht ist es das unlebbare Begehren, mit dem sie lebt, der Inzest selbst, der aus ihrem Leben einen Tod im Leben macht, das Begehren, das keinen Platz in jenen Begriffen hat, die dem Leben seine Verständlichkeit geben?" (AV 47)

Angesichts dessen richtet sich der kritische Blick Butlers von den individuellen Akten und Verwerfungen einer Psyche auf den Rahmen, der deren fundamentalen Verlust erzwingt. Der Verlust besteht hier weniger darin, dass eine bestimmte Begehrensrichtung oder Subjektposition verboten und deshalb verloren wäre, sondern dass sie der Logik der herrschenden Begriffe so zuwiderläuft, dass sie überhaupt nicht formuliert werden kann – weder als Verlust, noch als Anspruch. Das Problem ist also in Butlers Worten „*eine Konfiguration primärer Bedingungen, deren Ursprungsverlust darin besteht, keine Sprache zu besitzen, um diesen Verlust zu artikulieren*" (AV 111). Genau solche Rahmen, die Verständlichkeit und somit Lebbarkeit delegieren, bilden den eigentlichen Gegenstand von Butlers philosophischer und Gesellschaftskritik.

Antigone's Claim lässt sich in diesem Sinne als Versuch verstehen, für die Komplexität von Verwandtschaftsformen, die nicht der Logik einer heterosexuellen Kleinfamilie entsprechen, einen neuen psychoanalytischen Rahmen auszuloten. In Butlers Lesart zeigt Antigone die Grenzen und die Kontingenz einer bestimmten Verwandtschaftsordnung auf.[43] „*Natürlich besteht eine der Funktionen des Inzesttabus im Verbot sexuellen Austauschs zwischen Verwandten oder genauer darin, Verwandtschaftsbeziehungen auf der Grundlage dieses Tabus zu gestalten,*" diagnostiziert Butler und fragt weiter, ob nicht „*mit Hilfe des Inzesttabus auch bestimmte Verwandtschaftsformen als intelligibel und lebbar allererst* geschaffen

---

43 Für eine ausführlichere Diskussion der politischen Strategie des "*kinship trouble*" s. Carver/ Chambers 2008a: 121-136.

wurden" (AV 112). Im Rückgang zum Inzesttabu selbst, und zu der Figur, die aus dessen Überschreitung hervorgeht, wird deutlich, dass der Raum möglicher Verwandtschaft, selbst bei Wahrung dieses Tabus, sehr viel weiter ist, als die konventionalisierte ödipale Szene vermuten lässt. An Antigones ‚unreiner' Abstammung wird deutlich, was in übertragener Form auch viele gegenwärtige Verwandtschafts-, Gemeinschafts- und Familienkonstellationen ausmacht, nämlich die Doppeldeutigkeit und Instabilität der Verwandtschaftspositionen. Butler diagnostiziert diese für Antigone wie folgt: *„Die Vieldeutigkeit am Platz des Verwandtschaftsbegriffs deutet auf ein entschieden post-ödipales Dilemma, in dem Verwandtschaftspositionen tendenziell ineinanderfließen, in dem Antigone der Bruder ist, der Bruder der Vater, und in dem das alles psychisch, sprachlich wahr ist, ganz gleich, ob sie tot sind oder noch am Leben"* (AV 108). Angesichts dieses „post-ödipalen Dilemmas" erscheint die Festschreibung eines bestimmten Verwandtschaftsmusters im Symbolischen, wie sie die lacanianische Psychoanalyse, aber auch normalisierende Alltagsdiskurse vornehmen, als falsche Verabsolutierung. In der lacanianischen Psychoanalyse beruht die Priorisierung einer spezifischen Familienstruktur auf der theoretischen Trennung zwischen symbolischer und imaginärer Ebene, wobei erstere rein formal eine Struktur vorgibt, die dann von den je leitenden Idealen und Phantasien, dem Imaginären, gefüllt wird. Wenn dieses Modell flexibel verstanden wird, würde es zwar erlauben, die symbolischen Positionen von Vater und Mutter mehrfach oder mit vertauschten Geschlechtern zu besetzten. Butler hält diesen Formalismus aber für verräterisch. Gerade die Abstraktion erlaubt einem bestimmten Ideal, sich unangetastet zu erhalten, weil seine möglichen Variationen immer schon als gescheiterte oder ‚perverse' Fälle der Norm untergeordnet bleiben. Die dieser Deutung zugrunde liegende Trennung von sozialem und symbolischem Gesetz, von denen nur ersteres variabel wäre, weist Butler zurück:

> „Meiner Ansicht nach ist die Unterscheidung zwischen symbolischem und sozialem Gesetz letzten Endes nicht haltbar; ich glaube, das Symbolische selbst ist nicht nur die Ablagerung gesellschaftlicher Praktiken, sondern radikale Veränderungen in den Verwandtschaftsverhältnissen verlangen eine Neuformulierung der strukturalistischen Voraussetzungen der Psychoanalyse und damit der zeitgenössischen Sexual- und Geschlechtertheorie." (AV 40)

Im Sinne ihres performativen Normverständnisses hält sie die Ordnung der Verwandtschaft demgegenüber für untrennbar von ihrer sozialen Instantiierung. Die Anwendungen wirken zurück auf das Gesetz, dessen Autorität in nichts weiter besteht als den sedimentierten vorangegangenen Zitationen. Antigones „kinship chaos" (Carver/Chambers 2008a: 71) lässt sich somit theoretisch in Anspruch nehmen, um die festgeschriebene Ordnung mit ihrer Kontingenz zu konfrontieren und eine spezifische Revision oder Öffnung einzuklagen. Dieses Vorgehen gegen gewalt-

4.3 Antigones Anspruch

same Verwerfungen skizziert Butler auch in ihrer Auseinandersetzung mit Slavoj Žižeks Lacanianisimus: *„Im Falle einer Verwerfung, wo bestimmte Möglichkeiten ausgeschlossen sind, damit kulturelle Intelligibilität errichtet werden kann, kann es der Ausgangspunkt ihrer Destabilisierung sein, wenn man der Verwerfung eine diskursive Form verleiht"* (Butler 2000d: 158*). Wenn dieses Verfahren einen wichtigen Aspekt von Butlers Kritikverständnis ausmacht, dann geht damit, sozusagen als die andere Seite der Medaille, auch die Forderung einher, besonders wachsam gegenüber der unkritischen Stabilisierung bestimmter fataler Rahmen zu sein. Genau so, wie bestimmte Referenzen nach Butler destabilisierend auf ihren normativen Bezugsrahmen zurückwirken können, kann nämlich auch das umgekehrte Phänomen eintreten. Indem man in bestimmten Debatten Position bezieht, affirmiert man – wider besten Willen – mitunter indirekt bereits ihren Rahmen und damit dessen spezifische Exklusionsmechanismen. Butler spielt ein solches Dilemma zunächst am Beispiel der Diskussion um gleichgeschlechtliche Verpartnerung bzw. *gay marriage* durch. Auch auf der emanzipatorischen Seite dieser Debatte, so Butlers Hinweis, leiste man unweigerlich einer Normalisierung Vorschub, die hinter den *kinship trouble* zurückfiele.[44] Indem man für die Ausweitung der Eherechte votiere – und dass man nicht einfach ‚dagegen' sein sollte, setzt Butler ohnehin voraus –, akzeptiere man dennoch bereits die Annahme, dass ‚legitime' Sexualität, Verwandtschaft und Verantwortungsübernahme im Rahmen einer vertraglich fixierten monogamen Paarbeziehung stattfinde. Der *„shiny new gay citizen"* (Butler 2000d: 168), der in die Institutionen der Ehe und des Militärs aufgenommen werden will und sein Begehren auf die Anerkennung von Seiten des Staates richtet, stelle sich auf die Seite derer, die diese Privilegien bereits genießen. Butlers Augenmerk richtet sich angesichts dessen umgehend auf den Preis solcher Parteinahme, auf diejenigen Ausschlüsse, die dadurch untermauert würden:

> „Und mit wem brechen sie die Allianz? Sie brechen die Allianz mit Leuten, die ohne sexuelle Beziehungen und allein sind, Single-Müttern oder -Vätern, Menschen, die geschieden leben, Leuten, deren Beziehungen nicht eheförmig sind, anderen lesbischen, schwulen und transgender Menschen, deren sexuelle Beziehungen zahlreich sind (was nicht heißt, dass sie unsicher wären), deren Leben nicht monogam sind, deren Sexualität und Begehren den ehelichen Haushalt nicht als ihren (hauptsächlichen) Schauplatz haben, deren Leben für weniger wirklich oder legitim gehalten werden und die die schattigeren Regionen sozialer Realität bewohnen." (Butler 2000d: 176*)

Butlers Text über Antigone soll angesichts dieser Problematik somit eine doppelte Funktion erfüllen. Zum Einen veranschaulicht Butlers Analyse eine Version radikalen Widerstands, der seine Ansprüche gegen und nicht mit dem Staat geltend

---

44 Vgl.: „Ist Verwandtschaft immer schon heterosexuell?", S. 167-214 in: MG.

macht, und psychisch von genau jenen Ausschlüssen und ‚Flüchen' provoziert ist, gegen die er sich wendet. Zum anderen führt Butler Antigone theoretisch ins Feld, um eine Extremposition abzustecken, von der aus sich der normative Rahmen von Verwandtschaft anders darstellt und für bestimmte Neuordnungen offen scheint. In seiner Auseinandersetzung mit kanonischen Antigone-Deutungen operiert der Text als Intervention in aktuelle Debatten um Verwandtschaftsstrukturen. Butler plädiert insbesondere für eine Version von Psychoanalyse, die der Komplexität gegenwärtig gegebener Lebensformen gerecht werden kann. Wenn Butler auf der Frage beharrt, *„was aus den Erben Ödipus geworden ist"* (AV 49), dann besteht Antigones Anspruch in nicht weniger, als einen Begriffsrahmen zu verlangen, der ihrer Liebe, ihren Verlusten und ihrer Verwandtschaft nicht von vorn herein einen unmöglichen Status verleiht (und ihre Forderungen nicht in einen außer-politischen, womöglich irrationalen, Bereich verbannt, nur weil sie der vorherrschenden Ordnung zuwiderlaufen). Dass in so einem radikal erweiterten Rahmen der Ausgangsverlust ausbliebe, auf den sich Antigones widerständige Todesmutigkeit zurückführen ließ, wäre dabei gerade der Gewinn.

4.4 Unbetrauerbarkeit und Dehumanisierung

> Man muss sich nämlich fragen, unter welchen Bedingungen die Trauer um verlorenes Leben zum öffentlichen Ärgernis wird. In Sophokles' Antigone verbietet es Kreon, seinen Neffen Polyneikes, der die Stadt angegriffen hatte, öffentlich zu beklagen oder zu begraben, und das führt letztlich zum Zusammenbruch seines gesamten Königreichs.
>
> (KA 90f)

Antigone steht dafür, sich um keinen Preis die Trauer verbieten zu lassen. Auch wenn Butlers Positionen stark von diesem Gestus inspiriert scheinen, geht sie als Theoretikerin dem Phänomen unbetrauerbarer Toter noch auf andere Weise nach. Wie sich in der Diskussion der Geschlechtermelancholie bereits abzeichnete, interessieren Butler die Ausprägungen und Effekte uneingestandener Verluste nicht nur auf der Ebene individueller Subjekte. Sensibilisiert durch die Erfahrungen und den Aktivismus im Zusammenhang mit der öffentlichen Tabuisierung von AIDS und AIDS-Toten analysiert sie Trauerpolitik vielmehr als Symptom der gesamtgesellschaftlichen Machtverhältnisse. Unter dem Titel *Precarious Life* (übersetzt als *Gefährdetes Leben*) erschienen 2004 die Essays, in denen Butler sich mit amerikanischer Politik nach 9/11 und während des ‚Kriegs gegen den Terror' ausein-

4.4 Unbetrauerbarkeit und Dehumanisierung

andersetzt. Diese Texte unterscheiden sich stilistisch deutlich vom früheren Werk und wenden sich an eine weitere demokratische Öffentlichkeit.

Butler verfolgt hier, so könnte man es zusammenfassen, eine spezifische Form von Ideologiekritik, deren Ansatzpunkt wiederum eine bestimmte Melancholiediagnose darstellt.

Sie versucht die Gewalt aufzudecken, die unsere Wahrnehmung auf so fatale Weise vorstrukturiert, dass wir die Opfer des Krieges ohne Anzeichen von Trauer übergehen. Wenn man diese auch nicht tatsächlich, wie Antigone, begraben kann, kann Butler doch aus der Beobachtung jener Verleugnung entscheidende Schlüsse über die fatalen Bedingungen solcher Politik ziehen. Im Hinweis auf die verdrängten Toten, deren Unbetrauerbarkeit als Gradmesser einer strukturellen Melancholie dient, hält Butler der Gesellschaft sozusagen den Spiegel vor. Sie fragt nach der Repräsentation der Opfer westlicher Kriege und Konflikte und beklagt, dass

> „wir selten, wenn überhaupt, die Namen Tausender von Palästinensern hören, die durch das israelische Militär mit amerikanischer Unterstützung gestorben sind, oder die Namen von unzähligen Afghanen, Kindern wie Erwachsenen (...) Welche Abwehr gegen ein Begreifen des Verlusts äußert sich in der ungenierten Art, wie wir Tode, die mit militärischen Mitteln herbeigeführt wurden, mit einem Schulterzucken, mit Selbstgerechtigkeit oder mit unverkennbarer Rachsucht hinnehmen?" (GL 49)

Und während schon die Namen und Zahlen ein heiß umkämpftes Politikum darstellen, geht Butler noch weiter und beharrt auf dem Anspruch nach kultureller Übersetzung, nach Repräsentation eines fremden Lebens „als Leben": *„Haben sie Namen und Gesichter, persönliche Lebensgeschichten, Familie, Freizeitbeschäftigung, Leitsprüche, nach denen sie leben?"* (GL 49). In der Nachlässigkeit im Vergegenwärtigen und Betrauern der durch die eigene Regierung oder deren Verbündeten ausgelöschten Leben sieht Butler nicht einfach eine gewöhnliche Bequemlichkeit, oder ein verständliches Ausblenden von ‚zu vielen schlechten Nachrichten', sondern eine Bedingung der Kriegsführung. Diese Nicht-Achtung ist höchst folgenreich, denn sie etabliert und verfestigt nach Butler die Kriterien, nach denen wir Leben als im vollen Sinne menschliche Leben anerkennen, und diese Normen des Menschlichen sind es wiederum – in der Spirale der kriegsbedingenden Wahrnehmungsmuster –, die uns bestimmte Leben so unbedeutend erscheinen lassen, dass auch ihre Tode nicht zählen. Butlers Ausgangshypothese lautet, dass die Betrauerbarkeit von Leben Aufschluss darüber gibt, wie Leben überhaupt wahrgenommen werden. Es wäre demnach nicht so, dass wir bestimmte Leben im vollen Sinne als Leben anerkennen und dann ‚umständehalber' zu betrauern vergessen, sondern dass wir, wo wir ein Ableben in dieser Weise übergehen, auch nicht in der Lage wären, einem entsprechenden Leben Wert zuzusprechen. Wie es dazu kommt, dass solche Wahrnehmungs- und Reaktionsweisen herrschen, ist die brennende Frage, die Butler in ihrer Gesellschaftskritik keine Ruhe lässt. Sie beschreibt dieses Anliegen in einem Interview folgendermaßen:

> „Im Grunde ist alles, was ich über das Leben zu sagen habe, dass es zuerst für betrauerbar gehalten werden muss, um als wertvoll angesehen zu werden. Ein Leben, das in gewissem Sinne sozial tot oder bereits »verloren« ist, kann nicht betrauert werden, wenn es tatsächlich zerstört wird. Und ich meine, dass wie sehen können, wie ganze Bevölkerungen von den kriegführenden Mächten als zu vernachlässigendes Leben angesehen werden, und daher gibt es, wenn sie zerstört werden, kein Gefühl dafür, dass eine abscheuliche Tat und ein unerhörter Verlust stattgefunden haben. Meine Frage lautet: Wie sollen wir diese schändliche Unterscheidung verstehen, die zwischen betrauerbaren und unbetrauerbaren Leben errichtet wird?" (Butler 2010b*)

Wie ist nun diese „schändliche Unterscheidung" zu verstehen? Warum gibt es betrauerbare und unbetrauerbare Leben? Zunächst einmal versucht Butler, auf das Fehlen eines bestimmten Diskurses aufmerksam zu machen: „*Im Schweigen der Zeitung gab es kein Ereignis, keinen Verlust (...)*" (GL 54). Butler evoziert ausdrücklich Kreons Trauerverbot und resümiert: „*Falls es hier einen »Diskurs« gibt, ist es ein schweigsamer und melancholischer Diskurs, in dem es kein Menschenleben und keinen Verlust gegeben hat (...)*" (GL 54). Es ist also nicht eine aktive Dämonisierung, die Erschaffung eines Feindbildes, die zur Gleichgültigkeit gegenüber den Opfern führt,[45] sondern gerade diese Gleichgültigekeit, dieses „*Dieses »Nicht-Sehen« inmitten des Sehens*" (RK 97), hat zur Folge, dass manche Leben sozusagen aus dem Menschlichen herausfallen. Hier wird ausschlaggebend, was Butler unter der Prekarität von Leben versteht: dass es auf Wahrnehmbarkeit angewiesen ist, um überhaupt als Leben zu gelten und auf Anerkennbarkeit, um ein lebbares Leben zu sein. „Dehumanisierung" versteht Butler auch als Korrelat bestimmter Behandlungsweisen von Leben. Sie bezieht sich auf Darstellungen, auf denen Guantánamo-Häftlinge gefesselt und geknebelt präsentiert werden, auf deren Internierung in unzulänglichen Zellen in einem weitgehend rechtsfreien Raum, und darauf, wie die Gefangenen in der Darstellung von Regierungssprechern zu ‚Tieren' oder ‚Tötungsmaschinen' stilisiert werden. So fallen sie aus dem Schutz der Menschenrechte und werden auf unbestimmte Zeit in einer Haft gehalten (*infinite detention*), die sich nicht nach den Konventionen für Kriegsgefangene richtet, sondern eher an den schlimmsten Auswüchsen von psychiatrischer Zwangsverwahrung zu orientieren scheint. Dass solche Entmenschlichung möglich ist, verrät nach Butler die Voreingenommenheit unseres Menschenbildes:

---

[45] Butler macht sich über dieses Phänomen allerdings im Zusammenhang mit der medialen Repräsentation von Osama bin Laden und Saddam Hussein Gedanken; vgl. GL 169.

4.4 Unbetrauerbarkeit und Dehumanisierung

> „Wenn der menschliche Status derer, die im Gefängnis einsitzen, in Frage gestellt wird, ist das ein Zeichen dafür, daß wir für unser Verständnis des Menschlichen einen bestimmten beschränkten Rahmen verwenden und es nicht geschafft haben, unsere Konzeption der Menschenrechte so zu erweitern, daß sie diejenigen einschließt, deren Werte die Grenzen unserer eigenen Werte durchaus auf die Probe stellen können." (GL 109)

Weit davon entfernt, alle Instanzen zu umfassen, und sich gegebenenfalls je nach den mit ihnen auftretenden Kategorien zu transformieren, ist der Begriff des Menschen mit einer normativen Verwerfung verschwistert, die ihn allzu leicht in ein Gewaltinstrument umschlagen lässt. Dann entstehen plötzlich Zusatzkriterien, nach denen von vornherein ungleiche Zugangsbedingungen zum ‚Menschlichen' geschaffen werden. Ein ‚Schattenreich' des Unmenschlichen muss herhalten, um die herrschende Norm der Menschlichkeit zu stabilisieren. Butler beschreibt, wie zum Beispiel in einem diffusen Zustand nationaler Sicherheitsbedrohung rassistische und islamophobe Vorurteile gängig werden, so dass jeder für arabisch aussehend gehaltene Passant der Verdächtigung ausgesetzt ist. Die Assoziationskette nimmt ihren Ausgang bei dem Phantasma des Unmenschlichen. Der Terrorist wäre eine Tötungsmaschine, jeder Kriegsteilnehmer auf afghanischer, irakischer oder palästinensischer Seite ein Terrorist, jeder arabische Moslem ein potentieller Kriegsteilnehmer, jeder dunkelhäutige Passant – also oft auch Sikhs, sephardische Juden, Exiliraner – vermutlich ein Moslem ...

Dennoch setzt laut Butler der Prozess der Dehumanisierung tatsächlich schon vor solchen Auswüchsen damit ein, dass bestimmten Leben ihr Status als Leben vorenthalten wird: *„Hier ist weniger ein dehumanisierender Diskurs am Werk als eine Verweigerung des Diskurses, welche die Dehumanisierung zur Folge hat"* (GL 54). Wo Tode nicht betrauert werden, ist bereits eine ganze Bevölkerungsgruppe entmenschlicht. Diese Situation lässt sich nun nach Butler gerade nicht ‚direkt' lösen, indem die ausstehende Trauer erbracht und die Melancholie durchbrochen würde. Die „schändliche Unterscheidung" zwischen betrauerbaren und unbetrauerbaren Leben ist tiefer verankert als nur in unseren aktuellen Äußerungen. Die Normen, an denen wir uns in Trauerbekundungen, Nachrufen und Todesanzeigen orientieren, und die wir in diesen Praktiken zugleich fortsetzen, sind nämlich fundamental in unserem Selbstverständnis verankert. Es ist dieser Zusammenhang, der mit dem Melancholiekonzept erfasst werden kann. *„Es ist nicht bloß so, daß einige Menschen als Menschen behandelt werden und anderen die Menschlichkeit abgesprochen wird; es ist vielmehr so, daß die Entmenschlichung (...) zur Bedingung für die Erzeugung des Menschlichen wird"* (GL 111). Wir verstehen uns selbst nach den jeweils herrschenden Normen des Menschlichen. Da unsere Identität gerade auf einer Kategorie fußt, in die, wie Butlers Analyse nahelegt, bereits die Abgrenzung gegen bestimmte andersartige Leben und Identitäten eingelassen ist, ist unsere Perspektive von einer spezifischen Verwerfung getrübt. Wir müssen verleugnen, was uns doch unweigerlich prägt, was als unnennbarer Ausschluss unsere Identität genau so konstituiert, dass wir die Realität bestimmter menschlicher Verluste in der politischen Welt systematisch ignorieren. Diese verleugneten Tode bilden dann nach Butler „*den melancholischen Hintergrund meiner sozialen Welt, wenn nicht sogar meines Erste-Welt-Selbstverständnisses*" (GL 64).[46]

Die *Raster des Krieges*, selbst aktiv dehumanisierend, manifestieren sich somit auf zweierlei Ebenen. In den öffentlichen Diskursen und Diskursverweigerungen, vermittelt durch die Medien, sei es als Photostrecke aus der Vogelperspektive der Angreifer, in der die menschlichen ‚Ziele' der Bomben gar nicht sichtbar werden (KA 78f), oder als Ablehnung von Todesanzeigen, die womöglich verstörend wirken könnten (vgl.: GL 52). Zugleich sind sie aber, eingegangen in die Normen des Menschlichen, im subjektiven Selbstverständnis verankert.

Wie, wenn überhaupt, ist dem nun beizukommen? Auf der Suche nach einem aussichtsreichen Moment führt Butler die Veröffentlichung der Abu-Ghraib-Bilder an. „*In diesem Fall hat die Zirkulation der Bilder außerhalb des Schauplatzes ihrer Entstehung den Mechanismus der Leugnung durchbrochen und zu Trauer und Empörung geführt*" (RK 97). Die Wirksamkeit dieser Bilder verdankt sich nach Butler unter anderem der Tatsache, dass sie auf andere als die ‚vorgesehene' Weise rezipiert zur schockierenden Offenbarung werden konnten. In einem Exzess der Entmenschlichung stellen die Folterszenen in übertriebener Weise genau jenen Rahmen bloß, der normalerweise die Darstellung strukturiert, deuten auf den Zusammenhang zwischen Dehumanisierung des Gegners und Verlust der eigenen Menschlichkeit. Daraus ergibt sich einer der raren Momente, wo der „*Rahmen, der uns blind macht, gegenüber dem, was wir Sehen*" (RK 95) selbst sichtbar wird. Ob das ausreicht, um den Verlauf eines Krieges zu ändern, bzw. diesen einzustellen, bleibt dennoch dahingestellt. Auch die den Rezeptionskontext sprengenden Darstellungen geben lediglich einen Anknüpfungspunkt, einen möglichen Anlass zu Neuinterpretation. Ebenso unsicher ist, ob die erschütternden Bilder tatsächlich ihre Wirkung entfalten können, wo sie auf eine rigide Identität treffen, die auf den Ausschluss bestimmter Leben gebaut ist. Butler berichtet selbst (RK 86), wie George Bushs Reaktion – „widerlich" – im Unklaren ließ, ob sich seine moralische Empörung auf den Akt der Folter richtete oder auf den homosexuellen Gehalt der dargestellten Szene. Dennoch will Butler sich nicht Susan Sontags Pessimismus hinsichtlich der Wirksamkeit von Bildern anschließen. Ihre Essays

---

46 Hier zeigt sich wieder, dass bei Butlers produktiver Übertragung des Melancholie-Begriffes der Aspekt der melancholischen Identifikation mit dem verlorenen Objekt auf der Strecke bleibt.

4.4 Unbetrauerbarkeit und Dehumanisierung

selbst sind letztlich Zeugnisse einer Erschütterung, die gezielt gegen die benannten Rahmen ins Feld geführt wird.[47]

Angesichts der Voreingenommenheit schon unserer Normen des Menschlichen ist Butler aber dennoch nicht der Meinung, dass der Begriff selbst aufgegeben werden müsste: *„Dies ist kein Grund, den Begriff »menschlich« zu verwerfen, sondern nur ein Grund dafür, zu fragen, wie er funktioniert, was er ausschließt, und was er manchmal ermöglicht"* (GL 109). Neben diesen Untersuchungen der Kontexte und exklusiven Operationsweisen des Begriffs führt Butler ihn aber selbst einem anderen, radikal inklusiven Verständnis gemäß ins Feld. Die ‚Öffnung' des Begriffs des Menschen geschieht gerade im Namen eines weiteren, vorbehaltlosen und unbedingten Verständnis' von Menschlichkeit. Dabei komme es stets darauf an, nicht abschließend zu wissen, was das Menschliche sei, um nicht mit der Definition bereits wieder einen Ausschluss herzustellen.[48] Und vor allem gilt, dass solange sich unser Menschenbild als melancholischer Niederschlag einer Ideologie westlicher Überlegenheit und Voreingenommenheit entlarven lässt, solange unser Begriff des Menschen in seiner Verwendung auf bestimmte Manifestationen des Unmenschlichen angewiesen ist, wir weit davon entfernt sind, uns selbst als menschlich bezeichnen zu dürfen. Das pessimistische Fazit eines der Aufsätze aus *Gefährdetes Leben* lautet in diesem Sinne: *„Es scheint, daß wir erst noch menschlich werden müssen, und nun ist die Aussicht darauf offenbar noch grundsätzlicher gefährdet, wenn nicht gar vorerst auf unbestimmte Zeit zunichte gemacht"* (GL 120).

---

47 Für die adornitische Metapher der Erschütterung und sehr schöne Gespräche über Butlers Spätwerk danke ich Sebastian Seidler.
48 Vgl. auch: "Have we ever yet known the 'human'? What might it take to approach that knowing? Should we be wary of knowing it too soon? Should we be wary of any final or definitive knowing? If we take the field of the human for granted, then we fail to think critically – and ethically – about the consequential ways that the human is being produced, reproduced, deproduced." (UG 222)

5. Ansprechbarkeit. Das Ethische in der Enteignung

> „Denn wenn ich von dir verwirrt bin, dann bist du bereits bei mir, und ich bin nirgendwo ohne dich. Ich kann das »Wir« nicht zusammenbringen, es sei denn, ich finde die Art und Weise, wie ich an das »Du« gebunden bin, indem ich zu übersetzen versuche, aber feststelle, dass meine eigene Sprache versagen und aufgeben muss, wenn ich dich kennen will. Du bist das, was ich durch diese Orientierungslosigkeit und diesen Verlust gewinne."
>
> (GL 68)

Nachdem Butler die fixierende Funktion melancholischer Ausschlüsse zum Grundstein der Subjektwerdung erklärt hat, nimmt ihr Werk eine bemerkenswerte Wendung. Die vorherige Analyse zeigte sich zwar weitgehend kritisch gegenüber der Rigidität, die Verwerfungen in Identitäten eintragen, aber sie wies nicht darüber hinaus. Sie schien, um es zuzuspitzen, melancholisch auf der Unumgänglichkeit unbetrauerbarer Verluste zu beharren. Und wenn Antigone auch dafür einsteht, dass aus eben solcher Verhaftung auch der Rückhalt für Widerstand bestehen kann, stimmt doch ihr Beispiel eines tödlich endenden Protests nicht gerade optimistisch. Diese Geschichte, die Butler so faszinierend rekonstruiert, scheint eher dem Format eines Nachrufes zu entsprechen, der Trauer auslöst. Und eben jener Gefühlslage, die vorher ausschließlich als Gegenbegriff von Melancholie herhielt, widmet sich Butler nun eingehender. In der Trauer wird die Melancholie allerdings nicht gänzlich fallen gelassen. Butler stimmt mit Freuds späterer Ansicht überein, gemäß derer ein Verlust ganz ohne melancholische Inkorporierung nicht auszuhalten wäre. Aber so weit, wie ihn das Subjekt als Verlust anerkennen und wahrhaben kann, zeitigt er auch andere Wirkungen, die für die Trauer spezifisch sind. Das entscheidende Moment an der Trauer sieht Butler in der Akzeptanz der Verunsicherung und Desorientierung, die mit einem Verlust einhergeht. Man weiß noch nicht, wer man ohne den Anderen sein wird, ob man überhaupt wird sein können, und man beherrscht weder die Dauer noch die Intensität dieses unfreiwilligen Transformationsprozesses. Die Trauer besteht daher eben nicht darin, einen ‚Plan zu haben', wie man am Besten ‚über sie hinweg' käme, sondern darin, ihren Effekten nachzugeben:

> „Vielmehr trauert man vielleicht dann, wenn man akzeptiert, daß man durch den Verlust, dem man sich stellt, verändert werden wird, und zwar möglicherweise für immer. Vielleicht hat Trauer damit zu tun, daß man sich bereit erklärt, eine Veränderung durchzumachen (vielleicht

sollte man besser sagen, bereit erklärt, sich einer Veränderung zu *ergeben*), deren ganzes Ergebnis man nicht im Voraus wissen kann." (GL 38*)

Diese Aussicht auf Transformation, trotz ihres schmerzhaften Kontextes, dient im Folgenden als Vorlage für eine Erfahrung, aus deren Phänomenologie Butler starke ethische und politische Konsequenzen zieht. Im Englischen von ihr ausgesprochen treffend als „being undone" bezeichnet, ist es die Erschütterung oder Überwältigung, die man zum Beispiel in der Trauer durchlebt, von der aus Butler die in der ‚melancholischen Subjekttheorie' eingefrorene Formierung des Selbst wieder in Bewegung setzt. Zunächst fokussiert auf Sexualität, dann in Hinblick auf die Verfassung von Subjekten im Allgemeinen, arbeitet sie heraus, wie wir dank einer fundamentalen Erschütterbarkeit eben nicht alle „*fixed and frozen in our various locations and subject-positions*" (PL 47), sondern aneinander gebunden seien. In den ersten beiden der folgenden Unterkapitel wird sich zeigen, wie sich davon die Verletzlichkeit, aber auch die Ansprechbarkeit des ‚ekstatischen Geschlechts' und des „prekären Lebens" ableiten. Butlers Überlegungen zur Ethik, auf die im dritten Abschnitt eingegangen wird, bauen nicht nur auf dieser Einsicht in die eigene Verletzlichkeit auf, sondern machen die Haltung, die das Subjekt zu ihr einnimmt, geradezu zur moralischen Wasserscheide. Die Option, für die Butler plädiert, entpuppt sich schließlich als das aktive Betreiben unserer Selbsttransformation und Enteignung. Gerade indem wir uns ‚außer Gefecht setzen' lassen, eröffnen sich, so Butler, multiple Optionen von Identität und Relationalität. Postsouveräne Subjektivität, die nicht vor der Drohkulisse ihrer melancholischen Ausschlüsse erstarrt, hat mithin nicht nur an Daseinsmöglichkeiten gewonnen, sondern auch einen Platz in, wie Butler vorsichtig konstatiert, „*dem, was man gemeinhin eine Philosophie der Freiheit nennt*" (MG 148). In der Deutung dieser Bemerkung wird im letzten Abschnitt noch einmal der Bogen von Butlers frühem Kritikverständnis bis zu ihren aktuellen öffentlichen Forderungen nach „queeren Bündnissen" geschlagen.

5.1 Ekstatisches Geschlecht

„»Am« I a gender after all? And do I »have« a sexuality?"

(UG 16)

Im Folgenden soll zunächst dargestellt werden, welche Gender-theoretische Akzentverschiebung Butler in *Undoing Gender* vornimmt. Hatte die melancholische Identifikation die Performativität von Geschlecht in gewissem Sinne fixiert oder, in ihrer jeweiligen Ausprägung, als eine psychische Dimension rigider Identität verankert, dynamisiert sich das Bild im Folgenden wieder, und zwar durch den

5.1 Ekstatisches Geschlecht

geschärften Fokus auf die Rolle leidenschaftlicher Begegnungen und konkreter Gegenüber. Dass Normativität über ihre Instantiierungen, also je konkrete Subjekte, vermittelt ist, war zwar auch in die vorherigen Konzeptionen einbezogen, wird aber in *Undoing Gender* so ausgeführt, dass sich dadurch eine Neubestimmung des ‚Orts' ergibt, an dem Butler Geschlechtsidentität ansiedelt.

Dieses Überdenken der Lokalisierung verdeutlicht sich sehr gut an der Auftaktfrage: „»Bin« ich überhaupt ein Gender? Und »habe« ich eine Sexualität?" (MG 32). Selbst wenn die Geschlechtsidentität kein innerer Kern ist, sondern normvermittelter performativer Effekt, selbst wenn sich die Sexualität aus Identifikationen, Verwerfungen und deren Brüchen ergibt, warum sollte ich nicht auf diese komplexe Weise ein Geschlecht ‚sein' und eine sexuelle Orientierung ‚haben'? Was wäre ich denn sonst und wer außer mir sollte über meine Sexualität verfügen? Und ist dieser Anspruch nicht gerade die Grundlage für alle Emanzipations- und Antidiskriminierungsforderungen, auf die es uns ankommt?

Butler will mit ihrer provokanten Frage nicht darauf hinaus, dass wir aufhören sollten, Anspruch auf unseren Körper, unser Gender und unsere Sexualität zu erheben.[49] Auf gewisse Weise unterstreicht sie sogar die politische und existentielle Dringlichkeit solcher Forderungen, eben weil unser Verhältnis zu Geschlecht und sexueller Orientierung auf spezifische Weise prekär ist. Was sie allerdings herausarbeiten möchte, ist eine primäre Unverfügbarkeit und Sozialität gerade der erotischen Identitätsaspekte. Programmatisch in *Undoing Gender* ist weniger das Bemühen, Gender abermals zu dekonstruieren – zumal genau das ja bereits ein Effekt des richtig verstandenen *doing gender* hat sein sollen. Es geht auch nicht darum, die das Frühwerk bestimmende Thematik zugunsten ‚allgemeinerer' Fragen ‚jenseits von Geschlecht' zu überwinden. Die Grammatik des Titels „*Undoing Gender*" lässt sich vielmehr auch umgekehrt lesen, nicht als dekonstruierende Arbeit *am* Geschlecht, sondern *des* Geschlechts. In dieser Lesart würde „Gender" durch das „Undoing" attribuiert, es ginge um „das erschütternde Geschlecht" und nicht um „die Erschütterung von Geschlecht." Es ist laut Butler tatsächlich die ‚Arbeit' oder Auswirkung von Gender am Selbst, dank derer die Struktur deutlich wird, von der ihr Spätwerk ausgeht: eine primäre und anhaltende Sozialität am Grunde von Subjektivität. Das zentrale Anliegen ist eine Konzeption von Geschlecht und Sexualität die diese nicht als individuelles Eigentum, sondern als Instrument der Enteignung ausweist. Butler formuliert ihre Hypothese folgendermaßen:

> „Wenn das so ist, dann löst das Gender dieses »Ich« auf, das doch erwartungsgemäß sein Gender sein soll oder sein Gender innehaben soll, und diese Auflösung ist Teil der eigentli-

---
49 „This does not spell the end to my political claims. It only means that when one makes those claims, one makes them for much more than oneself" (UG 16).

chen Bedeutung und Verständlichkeit dieses »Ichs«. Wenn ich beanspruche, eine Sexualität zu »haben«, dann wäre es doch offenbar so, dass es da eine Sexualität gibt, die mir gehört, die ich als ein Attribut besitzen kann. Was aber, wenn Sexualität das Mittel ist, mit dem ich enteignet werde?" (MG 32f)

Das Selbst soll somit zwar seine Bedeutung und Zugänglichkeit über die Geschlechtlichkeit erwerben, diese selbst aber nicht als Eigenschaft besitzen. Butlers These von der primären Kollektivität von Geschlecht – *"that gender is always coming from a source that is elsewhere and directed toward something that is beyond me, constituted in a sociality I do not fully author"* (UG 16) – stützt sich auf drei Annahmen.

Die erste ist bereits in ihrem vorausgegangenen Werk explizit entwickelt und ließe sich auf die These bringen, dass Gender und Sexualität deshalb stets überindividuell und potentiell ‚enteignend' sind, weil sie in Anerkennungsverhältnissen entstehen, die Norm-vermittelt und Norm-vermittelnd sind. *„Die Normen der Geschlechtsidentität, die mir mein Selbstverständnis oder meine Überlebensfähigkeit vermitteln, werden nicht von mir allein gemacht. Ich bin schon in der Hand des anderen, wenn ich mir über mich selbst klar zu werden versuche"* (RK 57). In ihren Überlegungen in *Kritik der ethischen Gewalt*, die sich auf das für diesen Prozess entscheidende Moment der Anredeszene konzentrieren, skizziert Butler im Anschluss an (einen dezidiert ‚posthegelianschen') Hegel, wie sich aus der Dynamik von Anerkennungsprozessen im allgemeinen das Bild eines ‚ekstatischen' Subjekts ergibt, das nur außerhalb seiner selbst das findet, was es zur Selbsterhaltung benötigt. *„Man stellt fest, dass der einzige Weg zur Selbsterkenntnis über eine Vermittlung führt, die sich außerhalb des eigenen Selbst kraft einer Konvention oder Norm vollzieht, die man nicht gemacht hat und in deren Licht man sich nicht als Autorin oder Handelnde eigenen Rechts verstehen kann."* (EG 41). Die Normen und Vorbilder, die uns prägen, werden auch durch die Aneignung nie komplett verfügbar, sie entwickeln sich in gesellschaftlichen Diskursen weiter und intervenieren fortgesetzt in unsere Geschlechtsidentität. Und ohne diesen ‚ekstatischen' Umweg über das Äußere könnten wir so etwas wie ein Selbstbild überhaupt nicht erzielen und aufrecht erhalten. Darauf, dass man die Normen und Konventionen z.B. für Männlichkeit und Weiblichkeit nicht gemacht hat, beharrt Butler dabei nicht, um eine vermeintliche Inauthentizität zu beklagen. Vielmehr geht es ihr darum, überhöhte Phantasien von Selbstautorschaft und Kontrolle abweisen zu können – Phantasien, die ihrer Meinung nach ohnehin nur dazu führen, dass das Subjekt sich und anderen Gewalt antut.

Dem selben Zweck dient auch der zweite wichtige Aspekt, nämlich Butlers Annahme, dass die Quelle der Triebe im Einschlag Anderer zu suchen sei. In ih-

5.1 Ekstatisches Geschlecht

ren Überlegungen zum Primat der Anredeszene entwickelt Butler, dem Psychoanalytiker Jean Laplanche folgend, detaillierter, wie die „Enteignung in der Ansprache" mit der Entwicklung von Sexualität zusammenhängt (Laplanche 1988). Während Freud davon ausging, dass Sexualität zu den angeborenen Primärtrieben gehöre, führt Laplanche sie auf die traumatische Qualität der Erfahrungen zurück, die ein Säugling mit seiner Umgebung macht. Nach Laplanche ist das Baby von Anfang an mit erotischen ‚Botschaften' konfrontiert, die die Erwachsenen aussenden. Diese Äußerungen der Erwachsenen stellen überwältigende, rätselhafte Ansprüche, denen gegenüber der Säugling über keine passenden Reaktionsweisen verfügt. Sie übersteigen sein Fassungsvermögen vollkommen, aber gehen doch nicht spurlos daran vorbei. Um die Eindrücke irgendwie zu bewältigen, kommt es in dieser Ausgesetztheit nämlich zur sogenannten „Urverdrängung", einer Verdrängung, die nicht von einer zensierenden Instanz bewirkt wird, sondern einfach aus dem Übermaß der unverständlichen aber eindringlichen Informationen resultiert. Die verdrängten enigmatisch-erotischen Botschaften bilden den Grundstein des Unterbewussten und das Reservoir der späteren eigenen Triebe. *„Die Triebe (Lebens- wie Todestriebe) gelten Laplanche nicht als primär – sie erwachsen aus einer Verinnerlichung des rätselhaften Begehrens anderer und führen die Rückstände jenes ursprünglich externen Begehrens mit sich"* (EG 98f). Dass das eigene Begehren sich auf das verinnerlichte Begehren anderer zurückführen lässt, als Nachhall einer anfänglichen Überlastung, entspricht nun Butler zufolge auch der ‚erwachsenen' Erfahrung einer Enteignung und Fremdheit im eigenen Begehren. *„Wer begehrt, wenn »ich« begehre? In meinem Begehren scheint ein anderer am Werk zu sein, eine* étrangereté, *die jeden Versuch stört, mich selbst als abgegrenztes und separates Wesen zu verstehen"* (EG 101f). Sobald ‚meine Sexualität' sich äußert, kommt darin also eigentlich zum Vorschein, was mir als Kleinkind zu fremd war, um es bewusst aneignen zu können: das Begehren der Anderen.

Die nächste Intervention in ein Selbstverständnis als separat und abgegrenzt, die den dritten Aspekt von Butlers ‚Vergesellschaftung' von Geschlechtlichkeit bildet, fußt ebenfalls auf einem Motiv der Psychoanalyse, nämlich dem Vorgang der Übertragung. Zur Erhellung dieses Aspekts kehren wir auf gewisse Weise zum Schauplatz des ersten zurück, nämlich der Anredeszene, nur dass das Augenmerk nun nicht so sehr auf der Herkunft der darin wirksamen Normen liegt, sondern auf dem transformativen Effekt, den jede solche Begegnung laut Butler auf die beteiligten Subjekte hat. Dieser verdankt sich dem Umstand, dass in einer gegenwärtigen Beziehung auch Anteile früherer, fundamentaler Beziehungen und Abhängigkeitsverhältnisse anklingen. Das Unbewusste projiziert Gefühlslagen der Vergangenheit auf ein aktuelles Gegenüber, weist diesem also sozusagen eine Rolle in der

Reinszenierung der eigenen Geschichte zu. Durch solche Wiederholung kann sich aber jeweils auch eine Verschiebung ergeben. Man erhält seine Geschichte in gewandelter Form zurück, denn die eigene Konstellation bleibt nicht unberührt davon, wie das jeweilige Gegenüber, das man in sie eingespannt hat, reagiert. Das Unbewusste kann sich dank dieser Rückwirkung mithin von einer Anredeszene zur nächsten stets ein Stück weit umstrukturieren. In der Psychoanalyse werden diese Effekte von Übertragung und Gegenübertragung gezielt und kontrolliert als therapeutische Mittel eingesetzt: „*Gerade weil die Analytikerin jedoch (hoffentlich) mit dieser Enteignung besser umgehen kann als ich, widerfährt hier beiden an der Unterredung Beteiligten eine Verschiebung, die überhaupt erst einen Zugang zum Unbewussten möglich macht*" (EG 76). Butler schlägt nun vor, diese Situation auszuweiten und letztlich als ein Sinnbild dessen zu verstehen, was in der Anrede immer passiert, und zwar je mehr Unbewusstes darin mitschwingt, desto stärker. Als allgemeiner gefasstes Äquivalent der Übertragung verwendet Butler den Begriff des „being undone" oder eben der Enteignung. Gerade im leidenschaftlichen und sexuellen Austausch konzentrieren sich Übertragungsmomente – seine Intensität verdankt sich ja gerade dem Umstand, dass hier, psychoanalytisch gesprochen, die fundamentalen frühkindlichen Beziehungen reaktiviert werden.

Gerade die ‚eigensten' Aspekte des Selbst, Geschlecht und Sexualität, stellen mithin einerseits Einfallstore für Alterität und Transformation dar und sind andererseits selbst in den jeweiligen Anredeszenen der Möglichkeit einer partiellen Rekonfiguration ausgesetzt. In der erotischen Ansprechbarkeit potenziert sich die Ausgesetztheit von Subjekten, so dass jede Berührung konstituierend und dekonstituierend wirken kann. Ich mag von ‚meinem' Geschlecht und ‚meiner' Sexualität ausgehen, und werde doch gerade durch sie immer wieder ‚außer mich' gebracht. Man bleibt eben nicht immer intakt, konstatiert Butler, um fortzufahren: „*Vielleicht will man das oder bleibt es, aber es kann auch so sein, dass man trotz aller Anstrengungen aufgelöst wird, beim Anblick des Anderen, durch die Berührung, den Duft, das Gefühl, durch die Aussicht auf Berührung, durch die Erinnerung an das Verspürte*" (MG 38). Angesichts dieser unauflösbaren Vorgeschichte und Verschränkung unserer Identitätsaspekte mit denjenigen anderer, schließt Butler auf die eingangs erwähnte Neubestimmung von Geschlechtlichkeit: „*Wenn wir von meiner Sexualität oder meiner Geschlechtsidentität sprechen, wie wir es tun (oder tun müssen), meinen wir also etwas Kompliziertes. Genau genommen ist weder das einen noch das andere ein Besitz, vielmehr sind beide als* Modi der Enteignung zu verstehen, *als Formen des Daseins für einen Anderen oder sogar kraft eines Anderen*" (MG 38).

5.1 Ekstatisches Geschlecht

Wir haben also, so scheint es, kein ‚Patent' auf unsere Identität anzumelden. Darüber hinaus bringt Butler an, dass es sich bei Sexualität und Gender nicht um die Art von Gütern handelt, die in dem Sinne stabil und abgrenzbar wären, dass sie einzelnen Individuen dauerhaft zugeteilt werden könnten. Ihre Geschlechtertheorie ist nicht einfach eine der Sozialisation – dass wir im Kontakt mit Anderen werden, wer wir sind –, sondern eine der Sozialisierung. Subjekte sind nicht nur in den Händen anderer, sondern gehören da auch hin: sie sind Gemeingut, in unabschliessbarer Ko-Autorschaft produziert. Was wie eine abstrakte Verherrlichung der Wehrlosigkeit erscheinen mag, würde Butler allerdings zunächst als Einsicht in unsere Empfindlichkeit erachten, derer es bedarf, um sich besser vor Gewalt und unwillkommenen Ansprüchen schützen zu können. Darüber hinaus will sie jedoch eben jener ‚ekstatischen' Verfassung selbst eine dezidiert positive Valenz abgewinnen, indem sie von dort aus einen Übergang zum Ethischen skizziert:

> „Ich habe (…) eben gerade den Wert betont, den es hat, außer sich zu sein, eine durchlässige Grenze zu sein, anderen ausgeliefert zu sein, sich im Sog des Begehrens wiederzufinden, durch den man von sich abgelenkt wird und unwiderruflich im Feld der anderen platziert wird, in welchem man nicht das vermeintliche Zentrum ist. Die besondere Sozialität, die zum körperlichen Leben, zum sexuellen Leben und zur Ausformung eines Genders gehört (ein Gender, das stets in einem gewissen Maße *für andere* gebildet wird), begründet ein Feld der ethischen Verstrickung mit anderen und ein Gefühl der Orientierungslosigkeit für die erste Person, das heißt die Perspektive des Egos. Als Körper sind wir immer auf etwas mehr und auf anderes aus als uns selbst." (MG 47)

Die ethische Perspektive, die Butler von dieser „besonderen Sozialität" her entwickeln will, leitet bereits zum weiteren Spätwerk über. Das Plädoyer für Akzeptanz und sogar Affirmation einer ohnehin gegebenen Ausgesetztheit und Unverfügbarkeit kann sich aber noch auf eine andere Beobachtung stützen. Die von Butler rekonstruierte Unverfügbarkeit beurteilt sie nämlich als schlichtweg attraktiver als alle Versuche, sie zu leugnen oder zu überwinden. Wir könnten Eigentumsrechte an unserer Geschlechtsidentität nur um einen unzumutbaren Preis reklamieren, nämlich den radikalen Ausschluss der Anderen, eine Situation jenseits von Verlust und Begehren, in der wir zwar auf unheimliche Weise ‚sicher' vor Einbrüchen sein mögen, aber umso beraubter.

5.2 Widerrufbare Subjekte

> „Let's face it, we are undone by each other. And if we're not, we're missing something. If this seems so clearly the case with grief, it is only because it was already the case with desire."
>
> (UG 19)

Den Begriff des prekären Lebens, der zunächst als Rahmenbedingung des Krieges die Gefahr der Dehumanisierung verdeutlichen sollte, mobilisiert Butler im Folgenden für ihre Subjekttheorie. Hat sie in ihrem bisherigen Entwurf, klassischer Subjektkritik folgend, vor allem darauf hingewiesen, dass wir nicht Autor_innen unserer selbst sind, nicht in der Weise souverän, dass wir unsere Identität bestimmen könnten, arbeitet sie in ihre Schriften seit *Kritik der ethischen Gewalt* und *Undoing Gender* daran, die Vorstellung vom Selbst als so etwas wie einem abgeschlossenen, eingegrenzten und eigenständigen ‚Werk' überhaupt als falsch zu erweisen. Ein Leben, und gerade das je eigene Leben ist nicht etwas, das in einem Narrativ aufgehen würde. Jede Geschichte müsste genau das abschneiden, wovon am meisten abhinge, nämlich die Implikation des Lebens in andere, die es auch im Moment der Äußerung immer schon transformieren. Butlers Theorie des Subjekts nimmt diese Wendung zu radikaler Intersubjektivität, weil Butler in der Analyse der Anredeszene die Normvermittlung auf eine Serie zahlloser dyadischer Austausche von Subjekten untereinander auffächert. Sie geht damit noch einen weiteren entscheidenden Schritt über Foucaults Machtanalyse hinaus (vgl. EG 37). Hatte sie in *Psyche der Macht* bereits untersucht, wie Macht sich psychisch vermittelt, rückt in ihren nachfolgenden Werken auch die Rolle des jeweiligen Gegenübers in der Normübertragung genauer ins Blickfeld. Butler führt sozusagen ‚den Anderen' ein, und koppelt das Subjekt auf so grundlegender Ebene an ihn, dass sich daraus eine Neubestimmung von Lebensbedingungen als „prekär" ergibt. Butler beleuchtet mit einer Reihe von Begriffen je leicht unterschiedliche Aspekte dessen, was diese Prekarität ausmache: „Verletzbarkeit", „Ansprechbarkeit", „Ausgesetztheit", „Inkohärenz" und „Teilblindheit", „Ekstatik" und „Abhängigkeit". Diese Charakterisierungen erinnern an Butlers existentialistische Anfänge (vgl. Coole 2008), aber auch an die Phänomenologie Emmanuel Lévinas'.[50] Der Begriff der Prekarität meint dabei gerade nicht nur so etwas wie ‚Gefährdetheit', denn Butler will darauf hinaus, dass sich dieser heikle Zustand eben nicht wie eine Gefahr abwenden lassen, dass man vor dieser existentiellen Labilität nicht geschützt werden sollte. Subjekte bedürfen des Schutzes, aber nicht vor ihrer Verletzbarkeit, sondern

---

50 Zu Lévinas Ethik und insbesondere einer möglichen Verbindung seiner Theorie auch schon mit dem Butler'schen Frühwerk vgl.: Moebius 2003.

5.2 Widerrufbare Subjekte

vor bestimmten Verletzungen. „Precarious" bedeutet im Englischen nicht nur „unsicher", „heikel" und „prekär", sondern wird im juristischen Sprachgebrauch für Rechtstitel gebraucht, deren Geltungsdauer nicht garantiert ist, die „widerrufbar" sind. Worauf Butler vor dem Hintergrund von Kriegen und Rassismen aufmerksam machen will, ist die Tatsache, dass der Subjektstatus und die Menschlichkeit einem Leben nicht selbstverständlich zufallen. Sie verdanken sich vielmehr komplexen, normgeleiteten Anerkennungsverhältnissen, und gewinnen vor allem niemals eine Stabilität, die sie von diesen Bezügen unabhängig machte. Butler will aber damit, dass Menschen sich in ihrer Widerrufbarkeit fortgesetzt ausgeliefert sind, nicht nur auf eine spezifische Verletzlichkeit aufmerksam machen, sondern daraus eine fundamentale „Gebundenheit" von Subjekten an andere ableiten. *„Let's face it, we're undone by each other."* erhält zur Ergänzung und Grundlage die weitere Formel *„We are all over each other from the start"* (Butler 2010f). Butler weist daraufhin, dass infolgedessen das Label der „Relationalität" für ihre These letzlich noch zu schwach sei.

> „Es würde nicht einmal ausreichen zu sagen, dass ich eine relationale Sicht des Selbst befürworte anstelle einer autonomen Sicht oder dass ich versuche, die Autonomie unter dem Aspekt der Relationalität neu zu beschreiben. Obwohl ich zu dem Begriff Relationalität neige, benötigen wir vielleicht doch eine andere Sprache, um der Frage, die uns beschäftigt, näher zu kommen, eine Methode, um darüber nachzudenken, in welcher Weise wir durch unsere Beziehungen nicht nur begründet werden, sondern durch sie auch enteignet werden." (GL 41)

Nicht, dass Andere Effekte auf uns hätten, was ja kaum eine ernstzunehmende Theorie leugnen würden, und auch nicht die konstruktivistische Radikalisierung, dass wir nichts als Effekte anderer seien, macht den Kern dieses Ansatzes aus, sondern dass sich zwischen Selbst und Anderen gar nicht eindeutig trennen lassen solle. Wir sind nicht nur konstituiert durch unsere Beziehungen, sondern auch beständig durch sie in einer Enteignung gehalten, die dem Selbst seine eindeutige Selbstverfügung vorenthält. Butler nähert sich der „Verletzbarkeit" oder „Widerrufbarkeit" in verschiedenen Texten von vielen unterschiedlichen Seiten an. Ihre Darstellung insisitiert dabei darauf, einen vorargumentativen Raum zu besetzten, der weder im strengen Sinne Gründe für die eigene Perspektive beibringen will, noch mit einem Gegenstand zu tun habe, den man überhaupt widerlegen könne. Methodisch haben wir es hier also am ehesten mit einer Phänomenologie zu tun, mit einer gewissermaßen spekulativen Phänomenologie, da die Wurzeln des Untersuchungsgegenstands im Dunkeln der frühkindlichen Erfahrung liegen. Obwohl Butler, wie unten zu rekapitulieren sein wird, für einzelne Aspekte unserer Prekarität durchaus Argumentationslinien aufzeigt, bleibt der Appell, diesen Zustand als fundamental und unausweichlich anzuerkennen, letztlich therapeutisch, sowohl im psychoanalytischen Sinne als auch im philosophischen. Unsere Ausgesetztheit kann man vielleicht verleugnen oder wegwünschen, aber das ändert nichts an ihrer Gegebenheit:

> „Obgleich ich darauf bestehe, den Bezug zu einer allgemeinen menschlichen Verletzbarkeit herzustellen, einer Verletzbarkeit, die mit dem Leben selbst entsteht, bestehe ich ebenso darauf, dass wir die Quelle dieser Verletzbarkeit nicht wiederfinden können: Sie geht der Ausbildung des »Ichs« voraus. Dies ist eine Voraussetzung, eine Bedingung des Lebens, die von Anfang an auf der Hand liegt, über die wir nicht streiten können. Wir können natürlich darüber streiten, doch wenn wir das tun, sind wir möglicherweise dumm, wenn nicht gar gefährlich." (GL 48)

Butler geht davon aus, dass wir die „Quellen dieser Verletzbarkeit" nicht wiederfinden können – das heißt jedoch nicht, dass sie sich nicht nennen ließen. Die frühkindliche Ausgeliefertheit beschreibt Butler ja selbst immer wieder, um zu demonstrieren, wie stark wir von Benennungen, ‚Botschaften' und Beziehungen abhängen, die von außen kommen und durch die ein Subjekt überhaupt erst seine Existenz gewinnt. *„Diese erste Person wird ermöglicht dank der zweiten und dritten und jener »anderen Stimmen«, die Teil der eigenen werden. Sie bilden die Ermöglichungsbedingung für etwas, das nachträglich und vielleicht nur zum Teil »eigen« ist"* (Butler 2008: 113*). Dass wir diese Quellen nicht wiederfinden könnten, ist deshalb aus der subjektiven Perspektive zu verstehen: Wir erinnern uns nicht, dass wir jemals so abhängig waren. Genau so eine Vergegenwärtigung dieser Verfassung, und nicht nur ihre theoretische Verteidigung, versucht Butler herbeizuführen, weil sie davon ausgeht, dass die Einsicht in unsere Verletzbarkeit ethische Folgen hat. Deshalb stellt sie die Phänomenologie jener Erfahrungen in den Mittelpunkt, in denen das bewusste, kohärente Selbst so ‚enteignet' ist, dass sich ihm ein Eindruck seiner Beziehungsabhängigkeit vermittelt. Sie beginnt mit der Trauer, in der eben nicht wie in der Melancholie eine Ersatz-Identifikation über den Verlust hinwegtäuscht, sondern in der Desorientierung und Transformation des betroffenen Subjekts deutlich wird, in wieweit die Andere auch ein Teil von diesem war. Wie im vorigen Abschnitt ausgeführt, zeigt sich auch im Begehren, wie anfällig wir dafür sind, von einem (oder mehreren) Du(s) ‚außer Gefecht gesetzt' zu werden: *„Machen wir uns nichts vor. Wir werden vom Anderen dekomponiert (...). Bei der Trauer scheint das eindeutig so zu sein, allerdings nur deshalb, weil es schon beim Begehren so war"* (MG 38).

Dennoch ist gerade das Begehren kein durchweg harmonisches Verhältnis der Abhängigkeit. Mit Melanie Klein geht Butler davon aus, dass Liebe mit Aggression verbunden sein kann. Butler will außerdem letztlich darauf hinaus, mehr als bloße Abhängigkeit aufzuzeigen. Was sie herleiten möchte, ist ein Zustand anhaltender Verbundenheit. Diese kann durchaus auch widerstrebend sein, weshalb Butler den

5.2 Widerrufbare Subjekte

stärkeren, weniger Sympathie nahelegenden Begriff der „Gebundenheit" verwendet. In einem Rückgriff auf Kleins Theorie des Gewissens, führt Butler vor, wie sie zu dieser Vorstellung gelangt. Melanie Klein, die ebenfalls den Vorrang des Anderen für die eigene Existenz betont, leitet in ihrer Theorie der Schuldgefühle das schlechte Gewissen davon ab, dass wir uns sozusagen selbst davor schützen, den geliebten Anderen zu töten, weil wir dadurch unser eigenes Überleben bedrohen würden. Butler spitzt dieses Bild der Überlebensbedingungen nun weiter zu und weist darauf hin, dass die Unterscheidung zwischen Selbsterhaltung und Bewahrung des Anderen durch die Ausgangsprämissen unterlaufen würde:

> „Wenn meine Überlebensfähigkeit letztendlich von meinen Beziehungen zu anderen abhängt, zu einem »Du« oder einer Gruppe von »Du's«, ohne die ich nicht existieren kann, dann gehört mein Dasein nicht mir allein, sondern ist außerhalb meiner selbst in dem Beziehungsgeflecht angesiedelt, das die Grenzen meiner eigenen Identität immer schon überschreitet. (…) Wenn ich dein Leben zu bewahren suche, dann nicht nur, weil ich mein eigenes erhalten will, sondern weil dieses »Ich« ohne dein Leben gar nichts ist." (RK 48f)

Als Überlebensbedingungen voneinander sind Leben immer schon wechselweise ineinander impliziert, gar der Begriff des Lebens selbst sollte als dieses Geflecht reformuliert werden. Auch die Körpergrenzen hält Butler nicht für geeignet, dieses Gefecht in einzelne Einheiten zu unterteilen. In Wortspielen zwischen „boundary" und „bondage" verweist Butler auf die Verbundenheit und den ständigen Austausch des Körpers mit seinem Umfeld. Zeitlichkeit, andere Körper und Normen formen und verändern die physische Erscheinung. Sich dies klarzumachen, so Butler, käme einer „Entfesselung" des Körpers gleich, allerdings auch hier um den Preis seiner Enteignung: *„In diesem Sinn gehört der Körper nicht sich selbst"* (KA 39).

Zielt Butler in *Gefährdetes Leben* und *Raster des Krieges* mit dem Begriff der Verletzlichkeit auf eine Bedingtheit, in der auch das physische Überleben auf dem Spiel steht, führt sie dies in *Kritik der ethischen Gewalt* bereits konzentriert auf die Anredeszene durch. Ausgehend von Adriana Cavareros Lévinas- und Arendt-Lektüre bestimmt Butler die Dimensionen unseres diskursiven und dialogischen Ausgesetztseins, aus denen sich die Unmöglichkeit ergibt, ganz über sich selbst zu verfügen, und damit einmal mehr auch die notwendige Angewiesenheit auf andere.

> „Nach Cavarero bin ich kein innerliches, in mir selbst abgeschlossenes, solipsistisches Subjekt, das nur für sich selbst Fragen stellt. In einem bedeutsamen Sinne existiere ich für dich und kraft deiner. Wenn mir die Voraussetzungen der Anrede abhanden gekommen sind, wenn ich kein »Du« habe, an das ich mich wenden kann, dann habe ich »mich selbst« verloren." (EG 46)

In der Anredeszene kulminieren gleich mehrere theoretische Anliegen. Zum einen treibt der Hinweis auf den tatsächlichen Moment des dialogischen Austauschs, insbesondere, wenn in der Unterredung auch ein Moment der Selbstrechtfertigung mitschwingt, wie das englische „*giving an account of oneself*" bedeutet, die gerade in postmodernen und feministischen Kontexten favorisierten Theorien von der Narrativität des Selbst über sich hinaus.[51] Wenn man die rhetorischen Umstände solcher autobiografischen (und Selbst-konstituierenden) Geschichtenproduktion mitberücksichtigt, stellt sich das Leben gerade als das heraus, was vom Narrativ nicht mehr einzufangen wäre – „*das Leben ließe sich als eben das verstehen, was über jeden unserer Erklärungsversuche hinausgeht*" (EG 60). Dies sei deshalb so, weil mit der (evtl. auch imaginierten) Anderen in die Unterredung auch ein ganzer Horizont normativer Erwartungen und unbewusster Übertragungen eingeführt wird, die die Darstellung des sprechenden Subjekts beeinflussen und auf je bestimmte Weise strukturieren. Wenn man also, mit Theorien narrativer Identität gesprochen, seine eigene Geschichte sei, dann ergibt sich nun eine Situation, in der einem diese Geschichte nicht nur nicht gehört, sondern einem auch immer das an ihr entgeht, was sie jetzt gerade strukturiert. Butler nennt diesen Umstand das „nichterzählbare Ausgesetztsein", das Subjektivität auszeichne. Zugleich ist damit aber auch ein entscheidender Baustein in Butlers Theorie der Subjektwerdung expliziert. Sie gibt selbstkritisch zu bedenken, in *Psyche der Macht* die „*Strafszene (...) vielleicht etwas voreilig als Entstehungsszenario des Subjekts akzeptiert*" (EG 24), und das Subjekt als Subjekt des schlechten Gewissens womöglich zu direkt an die Verinnerlichung des Gesetzes gebunden zu haben. In der Auffächerung der Normvermittlung auf unzählige Anredeszenen, in denen sich Identität immer wieder neu anhand der ihr entgegengebrachten normativen Erwartungen und Anerkennungsakte ausrichtet, wird dieser Vorgang verständlicher, ohne dass dabei das Drohpotential der Macht aus dem Blick gerät. Sich nicht verständlich machen zu können, keine Anerkennbarkeit zu erzielen, mit dem anderen brechen zu müssen, ist nach wie vor die Strafgewalt des Diskurses. Und jede Erzählung muss sich dieses Mediums bedienen. Allerdings beharrt Butler auf einer Diskontinuität zwischen Norm und Gegenüber, die dadurch entsteht, dass ein Anerkennungsbegehren mitunter auch dort nicht Ruhe gibt, wo es scheitert und dadurch eventuell den normativen Rahmen in eine Krise versetzt:

> „Wenn ich bei einem immer wieder scheiternden Versuch, anzuerkennen oder anerkannt zu werden, den normativen Horizont in Frage stelle, innerhalb dessen Anerkennung vollzogen wird, dann ist diese Infragestellung Teil des Begehrens nach Anerkennung, eines Begehrens, das keine Erfüllung finden kann und dessen Unstillbarkeit einen kritischen Ausgangspunkt für die Befragung der vorhandenen Normen bildet." (EG 36f)

---

51 Explizit bezieht Butler sich auf Cavarero 2000, Ricoeur 2005 und Riley 2000.

5.2 Widerrufbare Subjekte

Auch diese Konzeption muss, um nicht paradox zu sein, bereits von der vorgängigen Gebundenheit ausgehen, die mich am Anderen mitunter auch festhalten lässt, wenn mir seine Anerkennbarkeit nicht eindeutig erscheint. Ohne diese Möglichkeit wäre auch tatsächlich undenkbar, dass dehumanisiertes Leben jemals wieder in seiner prekären Menschlichkeit bestätigt werden könnte, und mithin in der Widerrufbarkeit auch die Aussicht auf mögliche Rettung zum Tragen käme. Um diese Grauzone einer Anerkennungsforderung, der aber keine schon eindeutig registrierbare Anerkennbarkeit anhand der herrschenden Normen entspricht, markieren zu können, bedient sich Butler auch der Lévinas'schen Figur des „Antlitz" des Anderen, das uns mit einer unbedingten und unausweichlichen ethischen Forderung konfrontiere: *„Seine Gegenwart ist eine Aufforderung zu Antwort. Das Ich wird sich nicht nur der Notwendigkeit zu antworten bewußt, so als handele es sich um eine Schuldigkeit oder eine Verpflichtung, über die es zu entscheiden hätte. In seiner Stellung selbst ist es durch und durch Verantwortlichkeit"* (Lévinas 1883: 224). Obwohl Butler in Auseinandersetzung mit Lévinas' Phänomenologie des Anderen stets betont, dass das Antlitz immer schon der Vermittlung bedarf, unweigerlich innerhalb normativer Interpretationsrahmen vermenschlicht oder auch dämonisiert erscheint, so dass unsere ethische Ansprechbarkeit eben gerade nicht voraussetzungslos wäre, behält sie doch eine Spur dieser Konzeption in ihrer Theorie zurück, um mit einem gewissen Überschuss an wechselseitiger Gebundenheit Verantwortlichkeit vor der Verantwortung herzustellen.

Indem Butler den Subjektbegriff in einem Verständnis von Leben als *„komplexen, leidenschaftlichen, antagonistischen und notwendigen Beziehungen zu anderen"* (KA 27) aufgehen lässt, glaubt sie zeigen zu können, dass sich Verantwortung gerade jenseits individueller Souveränität und Autonomie ansiedeln lässt. „Verantwortung" versteht sie hier nicht in dem Sinne, in dem man es verwendet, wenn man nach Schuld oder Urheberschaft fragt. Sie ist vielmehr der Meinung, dass diese Bedeutung, wenn sie in die Moral hineinspielt – wenn man fragt „Wer ist für diese Person verantwortlich?" wie man fragen würde „Wer ist für den Zusammensturz der Brücke verantwortlich?" – bereits die eigentliche ethische Beziehung zerstört und in individuelle Rechtfertigungsspiralen führt, die allzu leicht bewirken können, dass man mit dem Blick auf das eigene Gewissen und die Begründung der eigenen Pflichten das Gegenüber aus den Augen verliert (vgl. EG 180). Butler will von einem anderen Sinn von Verantwortung ausgehen. Wie auch Lévinas, der hervorhebt, dass in Ver-antwortung immer schon die Antwort auf einen Anruf stecke,[52] spricht Butler „responsiveness" den Vorrang gegenüber der

---

[52] „Differenz, die nicht In-Differenz ist – Verantwortung: Antwort ohne Frage" (Lévinas 1992: 305.); vgl. zum ‚Ver-Antwortungsbegriff' bei Lévinas auch: Goodman-Thau 2002: 292ff. Ein

"responsibility" zu. Diese „Reaktionswilligkeit" oder „Ansprechbarkeit" ist eine Vorbedingung dafür, dass es überhaupt zu einem moralischen Austausch kommen kann. Wo ich ein Gegenüber nicht wahrnehme, stellt sich nämlich gar nicht erst die Frage nach dem Ausmaß der moralischen Verantwortung. Mit ihrer Konzeption des ‚gebundenen Selbst' dreht Butler den Spieß sozusagen um. Wir sind auf ontologischer Ebene, also als das, was wir nun mal sind, bereits unweigerlich auf andere angewiesen. Zunächst sind wir ausgesetzt und damit radikal ansprechbar, und in dem andauernden Zustand der „Widerrufbarkeit" bleiben Subjekte auch weiterhin *„in den Händen des anderen"* (KA 40). Wir begingen also auf ontologischer Ebene immer schon einen Irrtum, wenn wir behaupteten, ein Gegenüber ‚ginge uns nichts an' – und auf ethischer übten wir damit im Butler'schen Sinne Gewalt aus.

5.3 Kampf um Gewaltlosigkeit

> „Frieden ist ein bestimmter Widerstand gegen die schrecklichen Befriedigungen des Krieges."
>
> (KA 81*)

In ihren Analysen von Gewalt konzentriert Butler sich zunehmend auf die Haltung, die ein Subjekt gegenüber seiner fundamentalen Widerrufbarkeit einnimmt. Besonders akut wird diese Frage, wenn ein Angriff oder ein Verlust diese Verfassung tatsächlich in Erinnerung gerufen hat. Wenn die klassische Frage pazifistischer Ethik lautet, wie man auf Gewalt anders als gewaltsam reagieren kann, dann verschiebt Butler den Fokus dergestalt, dass sie nun erkundet, wie man mit Verletzlichkeit umgehen kann, ohne andere zu verletzen.

Den Alternativen von Akzeptanz oder Verleugnung eigener Verletzlichkeit geht Butler sowohl auf individueller wie auf kollektiver Ebene nach. In der Anredeszene steht auf dem Spiel, ob Subjekte einander „ethische Gewalt" antun oder sich im Anerkennungsbegehren bewahren. Im Rahmen von politischen Gemeinschaften und ‚nationalen Subjekten' besteht die Wahl zwischen aggressivem Souveränitätsstreben oder einer Gewaltlosigkeit, die die eigene Aggression in den Dienst der Verantwortung für die Anderen stellt.

Den Begriff der ethischen Gewalt führt Butler in ihrem Buch *Giving an Account of Oneself* ein, das auf die 2002 unter dem Titel „Kritik der ethischen Gewalt" in Frankfurt gehaltenen Adorno-Vorlesungen zurückgeht. Butler lokalisiert ethische Gewalt in Kontexten persönlichen Austauschs, in denen eine Sprecherin

---

selektiver und sentimentaler Bezug auf Lévinas wird Butler hingegen von Séan Hand vorgeworfen; vgl. Hand 2009: 118f.

5.3 Kampf um Gewaltlosigkeit

ihrer Adressatin unrecht tut, weil sie sie mit einem verfehlten Anspruch auf Kohärenz konfrontiert. Dies kann etwa in einem tyrannischen Beharren auf vollständiger Rechtfertigung bestehen oder in der Forderung an das Gegenüber, sich als lückenloses, widerspruchsfreies Selbst zu präsentieren.

> „Meine Rechenschaft von mir selbst ist nur eine partielle; sie ist heimgesucht von etwas, wofür ich keine bestimmte Geschichte ersinnen kann. Ich kann nicht genau erklären, warum ich gerade so geworden bin, und meine Bemühungen um eine narrative Rekonstruktion unterliegen einer ständigen Überarbeitung. In mir und an mir ist etwas, von dem ich keine Rechenschaft geben kann." (EG 57)

Aber auch Praktiken der Anerkennung und des Urteils, die eine totalisierende Bestimmung vornehmen und wähnen, das Gegenüber ganz und gar erfasst zu haben, sind insofern gewaltsam, als dass sie Normen vermitteln, die dem Selbstbezug der Angesprochenen einen unerfüllbaren Maßstab aufzwingen. Den Extremfall im Beschädigen des Selbstbezugs eines Gegenüber beschreibt Butler als die Situation, wo ein Urteil so vernichtend wirkt, dass es die Ressourcen zur Selbstanerkennung und Entwicklung des Adressaten ganz auslöscht. In *Kritik der ethischen Gewalt* illustriert sie dies mit Kafkas Erzählung „Georg", in der der Sohn, von der Verwünschung seines Vaters getrieben, Selbstmord begeht (EG 66; Kafka 1994). Wenn entweder eine Kategorie, die man unmöglich erfüllen kann, zur Existenzvorlage oder aber eine, die man angeblich erfüllt, zu etwas Unmöglichem erhoben werden, zerbricht das betroffene Selbstverständnis daran. Aber auch moderat kritische moralische Urteile haben nach Butler eine Tendenz zur Gewalt. Was kritisiert wird, vielleicht eine Untugend oder ein Versäumnis, wird als etwas hervorgehoben, das keine Anerkennung verdient – und es wird jemand anderem zugeordnet, so als könnte es einem Selbst nicht angehören. Damit arbeiten definitive Urteile laut Butler auch der eigenen Selbsterkenntnis entgegen: Indem man etwas etabliert, was auf keinen Fall einem selbst anhaften kann, ergibt sich, dass man alles Unbekannte und Unbewusste in Abrede stellen muss, um gegen ‚böse Überraschungen' gefeit zu sein. Butler ist dennoch nicht der Meinung, dass man durchweg mit dem Urteilen aufhören sollte. Die von ihr herausgearbeitete Teilblindheit sich selbst gegenüber, die begrenzte Verfügung über die eigene Lebensgeschichte verlangen hingegen nach einer Modifikation dieser Praktik. Urteile müssen die Anerkennbarkeit erhalten, und jede moralische Situation muss auf ihre „rhetorische Voraussetzung" (EG 69), die Anredeszene, reflektieren, in der sich die beteiligten Parteien unausweichlich in einer Beziehung befinden.[53] Die Anerkennung, die ausgetauscht wird, soll sich ihrer produktiven und transformativen Kraft be-

---

53 Auch hier findet sich eine von Butler so nicht gezogene Parallele zu Lévinas, der darauf hinweist, dass vor jedem „Gesagten" (le dit) das „Sagen" (*le dire*) als performativer Akt der Ansprache

wusst sein und Festlegungen vermeiden. Bei Lévinas hieße das, eine Haltung zu entwickeln, die den Anderen achtet, „*ohne ihm einen Stempel aufzudrücken*" (Lévinas 1987: 23). Mit Cavarero und Arendt schlägt Butler als ‚Anerkennungs-Formel' nicht die gewöhnliche Qualifizierung vor – „Anerkennung als ..." – sondern eine offene Frage: „*Wer bist Du?*".[54] Dies trägt laut Butler der Bereitschaft Rechnung, „*die Grenzen der Anerkennung selbst anzuerkennen*" (EG 59) und deutet in die Richtung einer Reformulierung von Anerkennung als ethischem Projekt, das verlangt, dass diese „grundsätzlich unerfüllbar werden" müsse (EG 61). Entscheidend wird somit, dass man die Frage weiter stellt, ohne eine abschließende Antwort zu erwarten, und somit das Begehren nach Anerkennung in den Mittelpunkt rückt und nicht ihr Erteilen.

> „Wenn also in der Frage ein Begehren nach Anerkennung liegt, dann eines, das verpflichtet ist, sich als Begehren am Leben zu halten und sich nicht in der Befriedigung aufzulösen.»Oh, jetzt weiß ich, wer du bist« – in diesem Moment höre ich auf, mich an dich zu wenden oder von dir angesprochen zu werden." (KG 60)

Der ethische Imperativ, der diese Vorstellung leitet, fordert, auf keinen Fall die Verbindung aufzugeben, sich nicht abzuwenden, wo dem Begriff des prekären, verflochtenen Lebens nach ohnehin schon eine Beziehung besteht.

Ein ähnliches Festhalten an der Relationalität leitet auch Butlers Überlegungen zur Gewalt und Gewaltlosigkeit auf politischer Ebene. In einer nicht unproblematischen Analogie von individueller und institutioneller Identität interpretiert sie auch das Handeln von Staaten als das von Subjekten, die von bestimmten Normen geprägt sind. Butler weist darauf hin, dass Nationalismus „*zum Teil über die Produktion und die Aufrechterhaltung einer bestimmten Vorstellung von Subjektivität*" funktioniere, die ein „imaginäres Subjekt" herstelle, dessen Aktionen eine Norm dessen etablieren, was es heißt, z.B. amerikanisch zu handeln (KA 31). Die Reaktion der Vereinigten Staaten im ‚*war on terror*' porträtiert Butler auf dieser Grundlage folgendermaßen:

> „In den vergangenen Monaten ist auf nationaler Ebene ein Subjekt eingeführt worden: ein souveränes und außergesetzliches Subjekt, ein gewalttätiges und selbstbezogenes Subjekt; seine Handlungen stellen den Aufbau eines Subjekts dar, das seine beherrschende Stellung wiederherstellen und aufrechterhalten will, indem es seine multilateralen Beziehungen, seine Verbindungen zur internationalen Völkergemeinschaft, systematisch zerstört. Es panzert sich, es versucht, seine eingebildete Ganzheit wiederzuerlangen, dies aber um den Preis, seine eigene Verwundbarkeit, seine Abhängigkeit und Ungeschütztheit leugnen zu müssen, wohingegen

---

und der Empfänglichkeit für die Ansprache immer schon die Kommunikationsgrundlage stellt. Vgl.: Lévinas 1992: 92.

54 Eine kurze, exzellente Darstellung der Butler'schen Ethik ausgehend vom Arendt'schen Begriff des „Wer" findet sich bei Purtschert 2004: 199ff.

5.3 Kampf um Gewaltlosigkeit

es genau diese Eigenschaften bei anderen ausnutzt und dabei diese Eigenschaften zum »anderen« seiner selbst macht." (GL 58f)

Butler beschreibt dies als eine fehlgeleitete Reaktion auf eine erfahrene Verletzung, die Terroranschläge von 9/11. Mit der Erfahrung, angegriffen worden zu sein, steht die eigene Verletzlichkeit direkt vor Augen. Sie zeigt sich zudem umso mehr in der Trauer um die Opfer, denn Trauer hat nach Butler in ganz besonderem Maße das Potential, uns an unsere eigene Prekarität und Anfechtbarkeit zu erinnern. Man verliert und vermisst in dem anderen ein Stück seiner selbst und befindet sich folglich im aufgelösten Zustand erhöhter Desorientierung und Selbstunkenntnis. Aggression und Gewalt haben in diesem Zusammenhang die Funktion, diesen Zustand der unerwünschten Anfechtbarkeit zu verlassen. Der Vergeltungsschlag zielt vor allem auf die Wiederherstellung einer Phantasie der eigenen Kontrolle und Unversehrtheit. Es ist dieser Automatismus, in den Butler mit ihren Überlegungen intervenieren möchte.

Das Fatale an der Situation, in der der Weg der Destruktivität eingeschlagen wird, ist, dass sich Gewalt allzu leicht als gerechtfertigt oder zumindest notwendig ausgibt. Butler diagnostiziert die Verfassung des kriegerischen Subjekts folgendermaßen:

> „Ich möchte auf ein Schisma aufmerksam machen, das das nationale Subjekt strukturiert (und destrukturiert) und das, um es in psychoanalytischen Kategorien auszudrücken, durch Mechanismen von Abwehr und Verschiebung funktioniert, die uns anleiten, im Namen der Souveränität eine Grenze einmal zu verteidigen und ein andermal zu verletzen." (KA 32)

Als Schisma, und somit und nicht von ungefähr wiederum als ‚Abspaltung', ‚Verwerfung', bezeichnet sie die in zweierlei Maß zerfallenen Kriterien der Gewaltbestimmung. Auf der einen Seite inszeniert sich das kriegerische Subjekt krampfhaft als ‚unverwundbar', undurchdringlich und souverän. Auf Angriffe, Verluste und Verletzung reagiert es nicht mit Trauer, die die Verunsicherung eingestehen und durchleben müsste, sondern mit Verleugnung. Um aber die eigene Verletzlichkeit leugnen zu können, muss sie umgehend bei einem anderen lokalisiert werden. Der effektivste Weg dieser Übertragung besteht darin, eben jenen Anderen zu verletzen: „*Wenn der Gewaltakt unter anderem eine Verschiebung der Verletzlichkeit an einen (jederzeit) anderen Ort darstellt, erweckt er den Anschein, dass das gewalttätige Subjekt selbst von der Gewalt nicht berührt werden kann*" (RK 164). Während dieser Mechanismus also Gewalt gebiert, wird jene Gewalt in einem gegenläufigen, gleichermaßen verblendeten Deutungsmuster umgehend legitimiert oder verschleiert. Wie Butlers Nachweis der Dehumanisierungsphänomene vor Augen führte, kann der Status des Anderen erheblich manipuliert werden. Dann handelt es sich bei dem Gegenüber nicht eigentlich um Leben, das verletzlich und schutzbedürftig wäre, und die Gewalt erscheint als ethisch unproblematische Maßnahme. Dies lässt sich noch verstärken, wenn die anderen Leben zur wandelnden Lebensgefahr stilisiert werden, deren Ausschaltung geradezu notwendig erscheint, um die eigene Sicherheit zu garantieren. Im Moment meiner Verletzung ist also nur der andere verletzlich, und im Moment meiner Aggression wäre nur ich es. So stellt sich die verzerrte Perspektive dar, mit der Kriege geführt werden und der Butler beharrlich widerspricht: *„Es kann nicht sein, dass der andere zerstörbar ist und ich nicht; und es kann nicht sein, dass ich zerstörbar bin und der andere nicht. Vielmehr ist Leben, verletzbares und prekäres Leben, ein allgemeiner Zustand, der allerdings unter bestimmten politischen Umständen radikal verschärft oder sogar in Abrede gestellt wird"* (KA 32).

Wenn Butler also nach einer alternativen Reaktionsweise sucht, dann nimmt diese wiederum die Erfahrung der Verunsicherung und Trauer zum Ausgangspunkt und plädiert zunächst vor allem dafür, nicht zu reagieren, bzw. nicht mit einem Gegenschlag zu reagieren, sondern das Gefühl der Verwundbarkeit erneut auszuloten:

> „Dass wir verwundbar sind, dass andere verletzbar sind, dass wir dem Tod unterworfen sind, gerade wie es der Willkür eines anderen entspricht, sind alles Gründe für Furcht und Trauer. Weniger selbstverständlich ist allerdings, ob die Erfahrungen von Verwundbarkeit und Verlust geradewegs zu militärischer Gewalt und Vergeltung führen müssen. Es gibt andere Auswege. Wenn wir daran interessiert sind, die Gewaltspirale anzuhalten, um weniger gewalttätige Konsequenzen zu bewirken, ist es zweifellos wichtig zu fragen, was politisch gesehen aus der Trauer anderes entstehen könnte als der Ruf nach Krieg." (GL 7)

Es ist wichtig, zur Kenntnis zu nehmen, dass Butler hier im Konjunktiv spricht – „was (...) entstehen könnte." Nach dem ultimativen Beleg dafür, dass Subjekte, die sich der Erfahrung der Trauer oder Desorientierung stellen, pazifistisch werden müssten, sucht man vergeblich. Dies ließe sich aber auch als Indiz dafür sehen, dass wir es mit einem genuin ethischen Problem zu tun haben – die Theorie kann hier nur Optionen aufzeigen, aber keine Entscheidungen prophezeien. Was Butler allerdings plausibel machen will, ist eine bestimmte Sichtweise von Handlungsmustern, eine Moralpsychologie gewissermaßen. Wenn ihre Deutung stimmt, und Phänomene der Gewalttätigkeit häufig von dem Begehren getrieben sind, die eigene Anfechtbarkeit zu überwinden oder auszuschließen, dann könnte eine gewisse Versöhnung mit der eigenen Verletzlichkeit den Boden für Gewaltlosigkeit bilden. Butlers Strategie bestand zunächst darin, nachzuweisen, dass wir als Subjekte ohnehin grundlegend abhängig und widerrufbar sind, dass diesem Zustand etwas unentrinnbares anhaftet. Man kann ihn nach Butlers Ansicht nur leugnen und verdrängen, aber nicht verlassen. Das, was sie als Alternative solcher Verdrän-

5.3 Kampf um Gewaltlosigkeit

gung anzubieten hat, ist ein anspruchsvolles Programm der Gewaltlosigkeit, dessen Grundlage das Ausharren bei eben jener Entgrenzungserfahrung bildet. Butler definiert Gewaltlosigkeit nicht als einen friedlichen Zustand, und sie will darüber auch nicht als ein Prinzip sprechen, sondern sie als Praxis verstehen. Gewaltlosigkeit entsteht in der Auseinandersetzung oder gar im ‚Kampf' des Subjekts an der Schaltstelle verschiedener Gewaltpotentiale: *„In this sense, non-violence is not a peaceful state, but a social and political struggle to make rage articulate and effective – the carefully crafted »fuck you«"* (FW 182). Butler geht vom Konflikt eines Subjekts aus, das bereits Gewalt erfahren hat, aus dieser Gewalterfahrung heraus vielleicht gerade den Anspruch auf Gewaltfreiheit vernimmt, aber nichtsdestotrotz auch in seiner eigenen Aggression ein Gewaltpotential aufbringt. Nach Butler besteht nun die ethische Forderung gerade nicht darin, die eigene Aggression zu überwinden, sondern sie in den Dienst der Gewaltlosigkeit zu stellen, sie in eine „aggressive Wachsamkeit" (RK 170) zu überführen, die dem Gewaltausbruch Einhalt gebietet und angesichts der Tatsache der verflochtenen Prekarität mit dem Anderen zugleich sich selbst vor der drohenden Gewalt schützt:

> „Um das gefährdete Leben des Anderen zu bewahren, werden Aggressionen umgestaltet in Ausdrucksformen, die diejenigen schützen, die man liebt (…). Für Klein ebenso wie für Lévinas ist die Verantwortung ihrem Sinn nach mit einer fortbestehenden Angst verbunden, die die Ambivalenz nicht durch Verleugnung auflöst, sondern vielmehr Raum für eine bestimmte ethische, an sich selbst experimentelle Praxis schafft, die besser zum Schutz als zur Zerstörung von Leben geeignet ist." (RK 163)

Diese ethische Praxis bestimmt Butler im Englischen allerdings so, dass tatsächlich das volle Ausmaß der Ambivalenz erhalten bleibt: *„… a certain ethical practice, itself experimental, that seeks to preserve life better than it destroys it"* (FW 177). Es gilt also danach zu streben, das Leben „besser" zu schützen und zu erhalten, als man es immer auch beschädigt. Auch (oder gerade) im „fuck you"-Sagen erhält sich die Verbindung der Anredeszene und weicht nicht der Phantasie einer Auslöschung des Gegenüber, der die Verleugnung der geteilten Verfassung vorausgeht. Nicht moralische Tugend sondern das Festhalten an einer geteilten Kondition unter Umständen, die zum Bruch verlocken, macht dann laut Butler die Gewaltlosigkeit aus: *„Ich bin mir nicht sicher, ob Gewaltlosigkeit die Unbeflecktheit der Seele von irgendjemandem rettet, aber in jedem Fall ist sie ein Bekenntnis zur sozialen Bindung, auch wenn sie von anderer Seite gewaltsam angegriffen wird"* (RK 164).

Nur in der ambivalenten und beängstigenden Konfrontation mit sowohl der eigenen Aggression als auch dem geteilten Zustand der Verletzlichkeit lässt sich also laut Butler der Gewalt so die Waage halten, dass ihr Zyklus durch eine ‚andere Wiederholung' unterbrochen wird. Die Bedingungen dafür liegen in der Praktizierung einer bestimmten Haltung, aber diese selbst ist nicht voraussetzungslos: Butler erinnert in ihren ethischen Ausführungen beständig daran, dass Wahrnehmungsweisen nicht nur von Subjektivitäten bestimmt, sondern, visuell, affektiv und hermeneutisch auch von medial hergestellten, normativen Rahmen vorgegeben werden. Ob der Anspruch der Gewaltlosigkeit in der Lage ist, diese Rahmen zu brechen, bleibt offen.

5.4 Philosophie der Freiheit

> „Moralische Erfahrung hat mit einer Selbst-Transformation zu tun."
>
> (Butler 2002: 253)

Indem Butler neben den Ermöglichungsbedingungen von Gewalt mehr und mehr auch die Ermöglichungsbedingungen von Gewaltlosigkeit analysiert, wird der normative Zug, der ihr Werk immer schon geprägt hat, stärker explizit. Butler verknüpft ihren moralischen Maßstab der „Lebbarkeit von Leben" mit dem Begriff der Freiheit:

> „Einen normativen Anspruch gibt es hier jedoch durchaus, und der hat mir der Fähigkeit zu tun, leben, atmen und sich bewegen zu können, und würde zweifellos bei dem einzuordnen sein, was man gemeinhin eine Philosophie der Freiheit nennt." (MG 347f)

Und als Einschränkung von Freiheit lässt sich die von Butler auf so vielen Gebieten analysierte ‚Gewalt vor der Gewalt' tatsächlich konzipieren. Die rigide Binarität von Geschlechternormen, die historisch angesammelte, verletzende Schlagkraft in Beleidigungen, die melancholiestiftende Verwerfung bestimmter Identitätsoptionen, die Anforderung an das Selbst, kohärent und umfassend rechenschaftsfähig zu sein, die sich in der Unbetrauerbarkeit manifestierende Entmenschlichung von Leben und die in gewalttätige Souveränitätsbehauptung umschlagende Leugnung der eigenen und geteilten Verletzlichkeit sind allesamt Muster oder Mechanismen, die einen bestimmten Lauf der Dinge oder eine bestimmte Ordnung der Dinge festlegen. Und zwar genau solche Abläufe und Ordnungen, die selbst wiederum offen gewaltsam sind und Nonkonformität mit ‚Unlebbarkeit' bedrohen. Das entscheidende Medium, das Butlers Kritik analysiert und für diese Phänomene verantwortlich macht, sind Normen. Damit ist aber noch nicht, jedenfalls nicht in einem starken Sinne, die globale Gewalttätigkeit jeder Norm postuliert.[55] Normen besitzen nach Butler ohnehin keinen ablösbaren ontologischen Status, son-

---

[55] Von dieser Lesart aus begründet Catherine Mills ihre Kritik an der Paradoxie von Butlers Begriff der Gewaltlosigkeit; vgl. Mills 2007.

5.4 Philosophie der Freiheit

dern sind stets in den sozialen Verkörperungen, in Diskursen, Phantasien und den durch sie geleiteten Anerkennungs- und Sanktionspraktiken verwirklicht. Problematisch ist Normativität in ihrer Verbindung mit gesellschaftlicher Macht dort, wo sie in Normalisierung umschlägt. Dieser Begriff ist von Foucault entlehnt, der darunter das Wirken einer Norm (bzw. einer ganzen Reihe von Normen) versteht, die so angewendet wird, dass anhand ihrer Erfüllung zwischen ‚Normalem' und ‚Anormalen' unterschieden wird:

> „Die disziplinarische Normalisierung besteht darin, zunächst ein Modell, ein optimales Modell zu setzen, das in Bezug auf ein bestimmtes Resultat konstruiert ist, und der Vorgang der disziplinarischen Normalisierung besteht darin, zu versuchen, die Leute, die Gesten, die Akte mit diesem Modell übereinstimmen zu lassen, wobei das Normale genau das ist, was in der Lage ist, sich dieser Norm zu fügen, und das Anormale ist das, was dazu nicht in der Lage ist." (Foucault 2004: 89f)

Entscheidend ist, dass sich das Bild von dem einer Streuung, in der verschiedene Subjekte in verschiedener Hinsicht einem Ideal mehr oder weniger nah kommen, in das eines klaffenden Gegensatzes verwandelt, der zwischen dem Normalen und Anormalen aufgemacht wird.

Butler baut das Foucault'sche Modell aus, indem sie beschreibt, wie manche Normen – allen voran die des Geschlechts – dermaßen ‚eingebürgert' sind, dass einem nur bei der Konformität mit ihnen die Anerkennung als ‚menschlich' zuteil wird. Weil aber Normalisierung kein automatischer Prozess ist, der von allen Normen gleichermaßen losgetreten würde, bedarf es jeweils der gezielten und gründlichen Diagnose der Diskurse, sozialen Praktiken und psychischen Operationen, die eine Situation herstellen, in der sich Ausschlussmechanismen verselbständigen und Gewalt konzentriert, in der manche Subjekte als ‚anormal' abgestempelt werden.

In einem gewissen Sinne ist Normalisierung dabei nicht nur das Einfallstor für Gewalt, sondern zugleich das Gegenteil von Freiheit: Sie beschränkt die Möglichkeiten. Butler sähe diese Möglichkeiten ob der voluntaristischen Anklänge ungern als ‚Wahlmöglichkeiten' beschrieben. Nichtsdestotrotz sind es Möglichkeiten, die auf der Bandbreite von Subjektpositionen anzeigen, wo Leben lebbar sein können und wo nicht.

Die Strategien der Gewaltkritik, die Butler vorschlägt, haben damit allesamt einen, wenn auch überwiegend implizit bleibenden, Freiheitsindex. Die parodistische Subversion, in der Normen deplaziert und diversifiziert werden, wirkt so auf die normative Ordnung zurück, dass in ihr größere Freiheiten entstehen. Die Drag Queen oder der lesbische Phallus entkräften einerseits die vermeintliche Durchschlagkraft der Norm und addieren zudem neue Formationen, Vorbilder der Normvariation, die den Raum des Möglichen vergrößern. ‚Möglichkeiten zu eröffnen' als der kleinste Nenner, auf den Butler ihre normativen Voraussetzungen zu bringen bereit ist, bedeutet einen Freiheitszuwachs. Die Entwicklung in Butlers Werk lässt sich nicht nur an den Themen festmachen – erst Gender und *queer*, dann Subjekt und Macht allgemein, dann Krieg und Staatsgewalt – oder gar am Disziplinwechsel – von feministischer zu politischer Theorie (als ob Feminismus nicht immer schon politisch wäre) – sondern vor allem als Perspektivwechsel beschreiben. In den früheren Büchern ist der kritische Blick auf Gewalt von der Position der Ausgeschlossenen her theoretisiert. Auch und gerade die Gewalt vor der Gewalt hat eine strukturelle Dimension, die das Subjekt formt und potentiell bedroht. Mit den Fragen von Krieg und internationalen Beziehungen hingegen wird die Perspektive des privilegierten Erste-Welt-Subjekts aufgeworfen und schließlich sogar die der Staatsbürger_innen in einer kriegsführenden Nation. Die Problemstellung verschiebt sich für Butler insofern, als dass sie nun insbesondere nach den Aussichten für Gewaltlosigkeit fragt, die sich aus einer Selbstkritik vom privilegierten Standpunkt aus, durch die ‚Enteignung' der souveränen, hegemonialen Subjektivität ergeben. Daraus könnte sich zunächst Freiheit in dem Sinne ergeben, dass es zu einer ‚Rehumanisierung', einer Befreiung, der abqualifizierten Leben käme, womöglich gar daraus folgend zum Ende von Kriegen. Wenn das auch das politische Anliegen darstellt, hat der Freiheitsbegriff noch weitere Facetten.

Butler entwirft eine Perspektive, in der für die Subjekte jenseits von Souveränität und Individualität eine ‚größere Freiheit' zu gewinnen ist. Dies entspricht zunächst dem hegelianischen Gedanken, dass wahre, ‚positive Freiheit' nur im Sozialen, und zwar in Anerkennungsverhältnissen, zu erreichen ist, nimmt aber bei Butler eine spezifischere und kritischere Wendung. Nicht in der anerkannten Selbstverwirklichung, sondern in der kritischen Selbstenteignung gewinnt das Subjekt eine gewisse Freiheit.

Im Zusammenhang mit der Trauer hatte Butler von der notwendigen Bereitschaft gesprochen, sich einer Selbsttransformation zu unterziehen. Die Bereitschaft zur Selbsttransformation, die Bereitschaft, ihr nicht mit souveräner Selbstbehauptung vorzubauen, hat Butler einerseits zum reflexiven Ausgangspunkt einer gewaltlosen Haltung erklärt. Andererseits sieht sie in der Selbsttransformation aber noch in einem weiteren Sinne eine moralische Praxis. Sie bewegt sich in ihren Überlegungen zur Ethik sozusagen über das ‚Verharren in Verletzlichkeit' hinaus in Richtung einer aktiv betriebenen Selbst-Enteignung oder Dekomposition – umso besser, wenn wir gerade nicht angegriffen oder beraubt sind, denn dann haben wir die Gelegenheit, auf andere Weise vom Potential der Widerrufbarkeit Gebrauch zu machen. Bereits in ihrem Text zum Kritikbegriff schneidet Butler den Zusam-

5.4 Philosophie der Freiheit

menhang von moralischer und selbsttransformativer Praxis an, und zwar über eine Exkurs zu Foucaults Spätwerk:

> „Foucault gibt uns in der Einleitung des zweiten Bandes von *Sexualität und Wahrheit: Der Gebrauch der Lüste* einen Hinweis darauf, was er unter Tugend versteht. An dieser Stelle macht er klar, dass er versucht, einen Schritt über den Begriff der ethischen Philosophie hinaus zu tun, die eine Reihe von Vorschriften erlässt. So wie sich Kritik mit Philosophie kreuzt, ohne wirklich mit ihr zusammenzufallen, versucht Foucault in dieser Einführung, sein eigenes Denken zum Beispiel einer nicht-präskriptiven Form moralischer Erkundung zu machen. In gleicher Weise wird er später nach Formen moralischer Erfahrung fragen, die nicht durch ein juristisches Gesetz, eine Regel oder einen Befehl rigide definiert sind, unter welche dieses Selbst mechanisch oder gleichförmig zu unterwerfen wäre. Von dem Text, den er schreibt, sagt er uns, dass er selbst ein Beispiel der Praxis sei, ‚zu erkunden, was in seinem eigenen Denken verändert werden kann, indem er sich in einem ihm fremden Wissen versucht'. Moralische Erfahrung hat mit einer Selbst-Transformation zu tun, veranlasst durch eine Form des Wissens, die einem fremd ist." (Butler 2002: 253)

Das Motiv eines „Versuchs in fremdem Wissen" überträgt Butler in den Kontext ihrer eigenen Machtanalyse und Gewaltkritik. Sie exemplifiziert diese Praxis selbst, nicht wie Foucault im Bezug auf die Antike, sondern mit klarem Gegenwartssinn an einer Lektüre von Gloria Anzaldúa Werk *Borderlands/La Frontera* (Anzaldúa 1987).

> „Man könnte sagen, dass das Subjekt für sie eher »multipel« ist anstatt einheitlich, und damit würde man den Punkt gewissermaßen erfassen. Ich denke aber, ihr wesentlicher Gedanke ist radikaler. Sie fordert uns auf, am Rande dessen zu bleiben, was wir wissen, unsere epistemologischen Gewissheiten in Frage zu stellen und durch dieses Risiko und mit dieser Offenheit für eine andere Form des Wissens und des Lebens in der Welt unsere Fähigkeiten zu erweitern, uns das Menschliche vorzustellen. Sie fordert uns auf, die Bereitschaft aufzubringen, über Unterschiede hinweg in Koalitionen zu arbeiten, was zu einer stärker integrierten Bewegung führen wird (…). Das einheitliche Subjekt ist eines, das schon weiß, was es ist, das in derselben Weise in ein Gespräch eintritt, wie das Gespräch beendet, das es unterlässt, die eigenen epistemologischen Gewissheiten in der Begegnung mit dem anderen zu riskieren, und daher an einem Ort bleibt, einen bewacht, zum Sinnbild für Eigentum und Territorium wird, und die Selbstveränderung ironischerweise im Namen des Subjekts ablehnt." (MG 361)

Was Butler hier als Lehre von Anzaldúa präsentiert – und damit genau die Praxis demonstriert, die sie propagiert – ist eine Strategie, seine eigene Identität oder Subjektivität zu öffnen und zu pluralisieren, indem man sie gezielt mit fremden Alternativen konfrontiert. Dabei geht es weniger um die Aneignung fremden Wissens, sondern um die Enteignung des eigenen. Es ist kein ins Subjekt verpflanzter Multikulturalismus, sondern eine kulturelle Selbstenteignung, die einen einem fremdem Wissen unterzieht. Dadurch, dass Butler ihr Machtverständnis mit der Einführung der Anredeszenen dynamisiert hat, tut sich auch eine weitere Lücke zur Transformation auf, als nur die internen Widersprüche der normativen Ordnung gegeneinander auszuspielen. Dekomponierende Begegnungen bilden den Schlüssel, wenn auch nicht um das System aus den Angeln, dann doch immerhin um sich selbst aus seinem Griff zu heben. Die Selbsttransformation, veranlasst durch ein fremdes Wissen, lässt einen neben der Desorientierung auch etwas gewinnen: größeren Spielraum gegenüber dem normalisierenden Zugriff des normativen Regimes, dem man seine Subjektwerdung verdankt. Man gewinnt sozusagen zusätzliches Material, mit dem man den „promisken Gehorsam" orchestrieren kann; mehr Widerstands-„Werkzeuge", die man aufsammeln kann, wo sie liegen.

Die Praxis der Selbstenteignung hält das Subjekt zudem in jenem ‚ekstatischen' Zustand, den Butler als Verletzlichkeit zum Ausgangspunkt von Gewaltlosigkeit und als „das ‚wir' derer, die ‚außer sich' sind" (vgl.: MG 39) zur Grundlage politischer Gemeinschaft machen will. Wenn Normalisierung die Gewalt vor der Gewalt ist, dann ist Selbstenteignung die Gewaltlosigkeit vor der Freiheit.

Was Butler dennoch schuldig bleibt, ist die Reflektion auf die Kriterien, die einen das jeweils ‚fremde' Wissen wählen lässt – dass Butler mit Anzaldúa eine Autorin aussucht, die „*Chicana, mexikanisch, lesbisch, amerikanisch, intellektuell, arm, Schriftstellerin, Aktivistin*" (MG 360) ist, und zum Zweck der Konfrontation mit fremdem Wissen nicht etwa Sara Palins Autobiographie herangezogen hat, müsste auf andere Weise eingeholt werden, wenn nicht doch über selektive Sympathien, dann etwa über die geteilten Ziele, die man in „Koalitionen über Unterschiede hinweg" verfolgt.

Die in ihrer unverhohlenen Normativität so überraschenden und in ihrer politischen Positionierung so provokanten Äußerungen Judith Butlers im Rahmen ihres Berlin-Besuchs zum CSD 2010 gehen in diese Richtung. In ihrem Vortrag an der Volksbühne über queere Bündnispolitik forderte Butler, mit Blick auf das in Frankreich vorbereitete Burka-Verbot, dass queere Antidiskriminierungspolitik die Freiheit einer vollverschleierten Frau, sich im öffentlichen Raum zu bewegen, als konstitutiv für die Freiheit einer Transsexuellen, das selbe zu tun, angesehen werden müsse (vgl. Butler 2010f). Entweder man kämpfe für beide Freiheiten, oder wofür man sich einsetze sei nicht wert, Freiheit genannt zu werden – und, wenn es nach Butler ginge, auch nicht queer, da queere Politisierung ihrem Verständnis nach nicht als Identitätspolitik vollzogen werden, sondern als Bündnisbildung gegen Normalisierungstendenzen eintreten sollte. Nicht das Prinzip der Ähnlichkeit, sondern die Praxis der Gewaltlosigkeit – und zwar als Renitenz, „carefully crafted ..." – innerhalb der Diskurse, in die man selbst impliziert ist, bildet die Grundlage für Butlers kritisches Projekt, das fraglos auch als eine Philosophie der Freiheit bezeichnet werden kann.

6. Rezeption

> „... in dem Moment, in dem wir unsere Worte von uns geben, nehmen wir an einer gewissen wilden Erb-Zukunft teil, für die kein verwandtschaftlicher Rahmen gegeben ist."
>
> (Butler 2005: 32*)

Einen Überblick über die Rezeption eines Werks zu geben, setzt einen ganz anderen Blickwinkel voraus als das Bemühen, es inhaltlich verständlich zu machen. Es geht nicht mehr um die hermeneutische Interpretation von Motiven und die philosophische Rekonstruktion von Argumenten, sondern darum, nachzuzeichnen, welche Effekte bestimmte Texte hatten – auf andere Texte, aber auch auf Institutionen und soziale Praktiken, auf Selbstverständnisse und politische Diskurse.[56]

Butler hat wiederholt versichert, dass sie *Gender Trouble* für ein kleines Publikum geschrieben hat und dass der Text vornehmlich an die Protagonist_innen einer innerfeministischen Debatte gerichtet war. Inzwischen ist das Buch in mehr als 20 Sprachen übersetzt und keine Gender-theoretische Debatte kommt mehr ohne den – ggf. auch negativen – Bezug auf Butlers Werk aus. Neben den bereits vorliegenden Einführungen demonstriert auch dieses Buch einmal mehr, dass ‚Butler' zum akademischen Unterrichtsstoff geworden ist (Bublitz 2002; Villa 2003; Diestelhorst 2009).[57] Ihre Thesen zur Performativität von Geschlechtsidentität, die Kritik an Heteronormativität, Zweigeschlechtlichkeit und der *sex/gender*-Unterscheidung werden weit rezipiert und diskutiert. Demgegenüber sind die Anschlüsse an das Spätwerk im deutschsprachigen Raum recht überschaubar. Aus den Themen der jüngeren Bücher ist besonders zur Sprachgewalt (Krämer 2001; Hermann et al. 2007), zur Subjekttheorie (Lorey 1996; Hauskeller 2000) und zur Kritik ethischer Gewalt (Thiem 2008; Schönwälder-Kuntze 2010) philosophisch gearbeitet worden. Als ‚Rezeptionsphänomen' steht ‚Butler' somit fast ausschließlich für *Gender Trouble* und vielleicht noch die Einleitung von *Bodies That Matter.* Deshalb wird sich auch die folgende Darstellung auf deren Aufnahme und Effekte, und zwar auch nur beschränkt auf den deutschsprachigen Raum, konzentrieren.

---

56 Da dieser Blickwinkel die Fähigkeiten einer philosophisch geschulten und interessierten Autorin an ihre Grenzen bringt, sei gleich eingangs auf profundere Darstellungen der Thematik verwiesen. Eine hervorragende, ausführliche Analyse und Auswertung der Rezeption von Gender Trouble in der deutschen Geschlechterforschung findet sich in Hark 2005, S.269-332; ebenfalls ausgesprochen hilfreich sind Purtschert 2008 und 2003 sowie Villa 2008b.

57 Zur Ergänzung seien auch zwei sehr nützliche englische Einführungen genannt: Salih 2002; Lloyd 2007.

Die deutsche Übersetzung von *Gender Trouble* erschien 1991 nur ein Jahr nach dem amerikanischen Original. Der vom Suhrkamp-Verlag gewählte Titel *Das Unbehagen der Geschlechter* verzichtet auf die Übertragung des Untertitel *Feminism and the Subversion of Identity* und damit auf die Situierung des Werks im feministischen Diskussionszusammenhang. Dies scheint bereits vorwegzunehmen, was dann tatsächlich der zunächst vorherrschende Eindruck unter deutschsprachigen Feminist_innen war, nämlich dass es sich bei dem Werk um eine Infragestellung feministischer Theorie und Politik überhaupt handele (vgl. Hark 2005: 304). Die Befürchtung, mit dem Bezugspunkt der geteilten weiblichen Identität auch die Grundlage für feministische Politik zu verlieren, scheint sich indessen besonders aus den Erfahrungen des westdeutschen Feminismus zu ergeben. Für den ostdeutschen Kontext beschreibt Eva Schäfer demgegenüber, dass „*bereits zu Zeiten der DDR nicht mehr ohne ironischen Unterton*" von einem weiblichen Kollektivsubjekt die Rede war – „*In letzter Bedeutung steht das »Wir Frauen« für das totalisierende Repräsentationssystem der DDR*" (Schäfer 1998: 96).

Die erste Phase akademischer Butler-Lektüre bündelt sich im November 1993 in dem Themenheft „Kritik der Kategorie »Geschlecht«" der Zeitschrift *Feministische Studien*. In dessen Diskussionsteil sind zwar auch ein Vortrag von Teresa de Lauretis enthalten, sowie ein Versuch, die in Amerika aufgekommene *Queer Theory* zu vermitteln (de Lauretis 1993; Hark 1993), aber die Autor_innen der Aufsätze aus dem Hauptteil haben durchweg starke Vorbehalte gegen Butlers zu dem Zeitpunkt bereits viel diskutiertes Buch anzumelden. Die zentralen Einwände, die den Diskussionsrahmen auch nachfolgender Debatten um poststrukturalistische Positionen im Feminismus abstecken (vgl. Purtschert 2003: 148), leiten sich alle von dem Postulat her, dass Butler auch das biologische Geschlecht für konstruiert halte. Diesem „Idealismus" (Landweer/Rumpf 1993: 4) setzt Hilge Landweer aus symboltheoretischer Sicht entgegen, dass die Bedingungen menschlicher Mortalität und Generativität die wahrgenommene Geschlechterdifferenz unhintergehbar machen (Landweer 1993). Im Fokus der Diskussion steht ansonsten aber weniger die Kritik der Zweigeschlechtlichkeit, sondern die Entmaterialisierung von Geschlecht, die mit Butlers Version des Konstruktivismus einhergehe.[58]

Konstruktivistische Positionen, die jeden Rekurs auf eine natürliche Grundlage der Geschlechterdifferenz bestreiten, sind indessen nicht erst mit Butler aufgekommen. Inspiriert von ethnomethodologischen Forschungsansätzen (exemplarisch Garfinkel 1967) sind in der deutschen feministischen Theorie radikal konstruktivistische Ansätze aufgegriffen und mikrosoziologisch oder sozialisationstheoretisch ausgebaut worden (vgl. z.B. Hagemann-White 1984; Hirschauer 1989; sowie

---

58 Für eine inhaltliche Auseinandersetzung mit diesen Lesarten s. Kap. 3.2..

Bilden 1980). Auch in der historischen Wissenssoziologie wurde nachgewiesen, wie naturwissenschaftliche Diskurse die Wahrnehmung und Polarisierung der Geschlechtskörper bewirken (Honegger 1989). Von *doing gender* und kulturell erzeugter Zweigeschlechtlichkeit war also bereits vor Butler die Rede, auch wenn die Vertreter_innen konstruktivistischer Ansätze wiederholt beklagten, dass eine spezifisch deutsche „Rezeptionssperre" deren Verbreitung verhindere (Gildemeister/Wetterer 1992). Ein Teil der mitunter Ressentiment-geladenen Ablehnung von *Unbehagen* lässt sich somit gerade nicht auf einen Streit zwischen Differenz- und Egalitäts-Feminismus, oder zwischen essentialistischen und dekonstruktivistischen Positionen abbilden. Im Beitrag von Carol Hagemann-White, einer wichtigen Verfechterin des konstruktivistischen Ansatzes, wird vielmehr das Empfinden deutlich, auf ‚unlautere' Weise überholt worden zu sein:

> „Prozesse der Konstruktion von Geschlecht werden erst in letzter Zeit, allerdings mit einer bemerkenswerten Verschiebung, diskutiert, wobei das höchst oberflächliche und ärgerliche Buch von Judith Butler als Bezugsschrift dient. In dieser rasch populär gewordenen Diskussion gilt die konstruktivistische Sicht auf das Geschlecht als Verkündung postmoderner Beliebigkeit (...), als handele es sich um einen vergnüglichen Maskenball, worin wir alle nach Lust und Laune einmal Frau, einmal Mann sein können. Diese Lesart des konstruktivistischen Ansatzes scheint eine neue Gestalt der anhaltenden, untergründigen Rezeptionsverweigerung zu sein, als hieße es: Die soziale Konstruktion des Geschlechts selbst könne nicht ernst gemeint sein." (Hagemann-White 1993: 69)

Der Eindruck des Unernstes, der sich wohl aus einer einseitigen Lektüre der Parodie-Konzeption ergibt, bildet auch eines der zentralen polemischen Instrumente dieser Auseinandersetzung.[59]

Zugleich teilen aber viele Kritiker_innen die Einschätzung, dass Butler eine falsche Leichtigkeit beim Bezug geschlechtlicher Subjektpositionen vorgaukele (Lindemann 1993: 52). Anstatt eines Konstruktivismus, der beim empirischen Selbst (Lorey 1993: 14) oder Alltagsprozessen (Hirschauer 1993: 62) ansetze und die Zählebigkeit vergeschlechtlichter Subjektivität „*als Bedingung des Funktionierens sozialer Kontrolle und damit der Stabilität gesellschaftlicher Ordnung*" auch „*unter der Haut*" erfasse (Lindemann 1993: 52), schüttet Butler vermeintlich das Kind mit dem Bade aus: De-Naturalisierung führe hier in Entmaterialisierung; der diskurstheoretische Dekonstruktivismus übergehe die Empirie (vgl. auch Villa 2008: 155).

Während die oben genannten Einwände und nachfolgende Arbeiten (bes. Maihofer 2005) produktive Alternativen vorschlagen, die z.T. auch in *Körper von*

---

59 Er steigert sich im Beitrag Barbara Dudens, die vor dem „Ätzbad dekonstruktivistischer Lektüre" (Duden 1993: 31) warnt, und die Autor_innenfigur Butler auch als moralisch unvertrauenswürdig stilisiert (ebd. 33).

Gewicht und *Psyche der Macht* einfließen, äußert sich der Entmaterialisierungs-Vorwurf auch in erbitterterer Form. Barbara Duden wendet diesen Befund zum zeitdiagnostischen Symptom und damit über weite Strecken in ein *ad hominem* Argument, indem sie Butlers Theorie als körpergeschichtliches Selbstzeugnis der „durch die Verkörperung von Theorie entkörperte[n] Frau" liest (Duden 1993: 27). Was dabei vor allem deutlich wird, ist, dass das Archiv eines historischen Weiblichkeits- und Mütterlichkeitsdiskurses, das Duden gegen die dekonstruktive Position aufbaut, in der Tat keinen Ort hat, an dem so etwas wie der lesbische Phallus errichtet werden könnte. ‚Butler' erscheint Duden in Konsequenz dieser vehement verteidigten Leerstelle folglich bereits im Aufsatztitel als „Frau ohne Unterleib".

Was die Herausgeberinnen als Dudens „leibhaftiges Erschrecken" (Landweer/Rumpf 1993: 5) beschreiben, verweist aus umgekehrter Richtung auf die dekonstruktiv eingeforderte innerfeministische Differenz. Nur unter der Annahme, dass ‚Butler' als Teilnehmer_in des feministischen Diskurses dessen allgemeines Empfinden repräsentiere, kann ihre Intervention als so fundamentale Bedrohung erscheinen, dass dagegen die eigene, „meine Leibhaftigkeit" (Duden 1993: 27) verteidigt werden müsste.

Die augenfälligste Auslassung der Diskussion um Butlers Buch spiegelt sich nicht nur in derartigen Ausfälligkeiten, sondern bereits in der Rahmung der Debatte. Im Herausgeberinnenvorwort entwerfen Landweer und Rumpf die Auseinandersetzung als einen Generationenkonflikt zwischen „jüngeren" und „älteren" Feministinnen, der letztlich nicht mit theoretischen Mitteln, sondern im Erhellen der jeweils unterschiedlichen Erfahrungshintergründe bearbeitet werden müsse:

> „Ergäben sich lediglich durch unterschiedliche Lektüren die Differenzen in der Sache, so müssten die jeweils verschiedenen Theoriesprachen wenigstens prinzipiell ineinander übersetzbar sein. Doch das beobachtete Kopfschütteln scheint auszudrücken, daß gerade das nicht für möglich gehalten wird." (Landweer/Rumpf 1993: 3)

In der Projektion auf Generation geht aber nun nicht nur unter, *„dass sich hier ein sehr materieller Konflikt um Terrain, Ressourcen und Definitionsmacht abzeichnete"*, sondern die Generationenmetapher ermöglicht auch, das eigentliche „intellektuelle Trauma" zu übergehen (Hark 2005: 289), das Butlers Werk auslöst, nämlich die kritische Thematisierung von Heterosexualität als Grundlage der (Zwei-)Geschlechterordnung (Purtschert 2003: 148). Tatsächlich geht keiner der versammelten Beiträge auch nur am Rande auf Sexualität ein, oder diskutiert Butlers Thesen, dass sich die Verengung auf zwei intelligible Geschlechter aus der heterosexuellen Organisation von *sex*, *gender*, Begehren und sexueller Praktik ergibt. Vielmehr wird ein Konflikt entworfen, der zu ‚Töchtern', nicht etwa zu lesbischen Kolle-

6. Rezeption 145

ginnen und Studentinnen besteht, und sich zudem in einer Beziehung abspielt die
– familiär codiert – wiederum lesbisches Begehren ausschließt.[60]

Sabine Hark interpretiert die Funktion dieses Vorgehens innerhalb der disziplinären Ausdifferenzierung der frisch institutionalisierten Frauenforschung als Konsolidierungs-Manöver – *„dass nämlich das feministische Wissen, genauer: seine in der Nachfolge der »Butler-Debatte« zentral werdende Wissenskategorie »Geschlecht« respektive Gender, akademisch stabilisiert wurde durch eine* Grenzziehung, *die Grenzziehung gegenüber der Kategorie der »Sexualität«"* (Hark 2005: 319).

Jenseits dieser Abgrenzungsbewegung in der feministischen Geschlechterforschung wurde die Sexualität zum primären Gegenstand sich als queer verstehender Theoriebildung.[61] Dieser Theoriebereich, für den Butler geradezu das Fundament abgibt, hat sich in den USA zu Beginn der 90er als *Queer Theory* formiert. Neben *Gender Trouble* stellt Eve Sedgwicks *Epistemology of the Closet* (Sedgwick 1991) einen Grundlagentext dar, der die bereits etablierten *Gay and Lesbian Studies* in Richtung einer umfassenden Kulturtheorie erweiterte. Obwohl Butler fraglos zu den meistgelesenen und -zitierten Autor_innen in diesem Feld gehört, ist es nützlich, im Hinterkopf zu behalten, dass sie sich selbst lieber strategisch im feministisch-philosophischen Spektrum verortet, wie etwa mittels folgender Anekdote:

> „Ich weiss noch, wie ich auf einer *dinner party* neben jemandem saß, der mir erzählte, dass er zu *Queer Theory* arbeite. Und ich sagte: Was ist *Queer Theory*? Er schaute mich an als hielte er mich für verrückt, denn er dachte offensichtlich, dass ich Teil dieser *Queer Theory*-Angelegenheit wäre. Aber alles, was ich wusste war, dass Teresa de Lauretis eine Ausgabe des Journals *Differences* herausgegeben hatte, die ,*Queer Theory*' hieß. Ich dachte, das sei etwas, das sie sich ausgedacht hatte. Es war mir definitiv nie in den Sinn gekommen, dass ich Teil der *Queer Theory* wäre." (Butler 1994)

In Deutschland ist Butlers Zuordnung zur *Queer Theory* demgegenüber in Folge der zunächst ablehnenden feministischen Reaktionen eindeutiger. *Gender Trouble* wurde in der queeren Szene ausgesprochen euphorisch rezipiert. Damit war Butlers Theorie ,queer' geworden, und die deutsche Queer Theorie ausgesprochen Butler-fixiert (Jagose 2001: 185; hier findet sich im Herausgeber_innen-Nachwort auch ein guter Überblick über die Anschlüsse an *Queer Theory* in Deutschland). Queere Theorie bildete dabei zunächst ein weitgehend außerakademisches Phänomen,

---

60 In manchen Beiträgen setzt sich diese unbewusste Konstellation sogar soweit fort, eine vertrauensunwürdige, verführerische und vermännlichte Figur ,Judith Butler' zu konstruieren, vor deren verantwortungslosem Einfluss die feministische Jugend geschützt werden müsse (vgl. Hark 2005: 304ff).

61 Die wiederum sich im Gegenzug oft übermäßig stark gegen die etablierte feministische Forschung abgrenzte und stellenweise eine Dichotomisierung von Homo- und Heterosexualität betrieb (vgl. Hark 2005: 331).

das wenn, dann über studentische Initiativen an einige wenige Universitäten geholt wurde, wie etwa im interdisziplinären „Studienprogramm Gender und Queer Studies", das ab 2003 für einige Jahre an der Universität Hamburg finanziert wurde und auf eine AstA-Initiative zurückgeht, die 2001 die erste deutschsprachige Aufsatzsammlung zur Queer-Theorie unter dem Titel *Jenseits der Geschlechtergrenzen* publiziert hatte. Als Pionierinnen der deutschen Butler-Rezeption verfassten Antke Engel und Sabine Hark erste queertheoretisch motivierte Dissertationen, die diesen Ansatz philosophisch und sozialwissenschaftlich weiter ausbauten (Hark 1996; Engel 2003).

Die Fronten zwischen positiver und ablehnender Butler-Rezeption haben sich inzwischen – womöglich doch auch per Generationswechsel – deutlich verschoben. In den universitär etablierten *Gender Studies* gehört Butler zum kanonisierten Wissensbestand und wird mitunter geradezu als ‚*state of the art'* gehandelt. Nichtsdestotrotz sind aber nach wie vor auch besonders produktive und provokante Stränge der deutschsprachigen Queer Theory nicht oder ambivalent universitär gebunden. Beispiele für die Weiterentwicklung der Queer Theorie und die Verknüpfung ihrer Analysemethoden mit weiteren machtkritischen Themenfeldern stellen zum Beispiel Arbeiten zum Verhältnis von Neoliberalismus und queeren Bildwelten (Engel 2009a), zur Sexualisierung von Arbeitsverhältnissen (Lorenz 2009) zur Analyse der Subjektivität von Migrantinnen (Casto Varela 2007) oder zu sadomasochistischen Inszenierungen (Woltersdorff 2007; 2008) dar. Die derzeit größte queertheoretische Herausforderung bietet die „Homonationalismus"-Debatte, die die positiven Diskurse um Schwulen- und Lesben-Emanzipation daraufhin untersucht, ob Sie zur Legitimierung nationalistischer oder rassistischer Denkmuster gebraucht werden – eine Strategie, für die Jasbir Puar den Begriff des „pink-washing" geprägt hat (Puar 2007; eine kritische Analyse von konkreten Beispielen homonationalistischer Politiken in Deutschland gibt Engel 2009b).

Auch innerhalb der akademischen Einzeldisziplinen gibt es inzwischen eine Reihe von fruchtbaren Anschlüssen an Butler'sche Motive. Ihr Begriff der Performativität ist in den Kulturwissenschaften sogar im Zuge eines „performative turn" in die methodologische Periodisierung des Feldes eingegangen und hat viele Untersuchungen inspiriert (vgl. Bachmann-Medick 2006: 127f). Die neuere Theaterwissenschaft benutzt den Performativitätsbegriff, wenn sie ihren Untersuchungen einen erweiterten Aufführungsbegriff zugrunde legt, der nicht allein künstlerische, sondern auch soziale, geschlechtliche und sonstige alltägliche Aufführungen in den Blick nimmt (dafür beispielhaft: Fischer-Lichte 2004).[62]

---

62 Vielen Dank an Rainer Simon für die Auskünfte zu „seinem" Fach.

6. Rezeption

Butlers radikaler Konstruktivismus in Hinblick auf Geschlecht und Identität ist dagegen in der Geschichtswissenschaft und historischen Wissenssoziologie aufgegriffen und untermauert worden (Lutter 2005; Honegger 1991). Er bewahrt davor, gegenwärtig naturalisierte Vorannahmen zu Geschlecht auf die historischen Quellen zu projizieren und erlaubt eine Analyse von Geschlecht im Plural und nicht als Dichotomie, sowie mit Blick auf ganz unterschiedliche Begehrensstrukturen. Solche Arbeiten können genau jene historische Tiefendimension wieder beisteuern, die in Butlers eigenem Genealogieverständnis verloren geht.[63] Als sozial- bzw. de-konstruktivistische Theoretikerin wird Butler auch in das Fundament einer poststrukturalistischen Sozialwissenschaft eingeschrieben (vgl. Moebius 2003; Moebius/Reckwitz 2008). In empirischen sozialwissenschaftlichen Studien bietet sie zudem nicht nur bei Fragen der Geschlechtsidentität einen theoretischen Rahmen, sonder ihr (De-)Konstruktivismus ist ebenfalls inspirierend, wenn es um den Nachweis sozialer Bedingtheit anderer scheinbar unhintergehbar körperlicher Erfahrungen geht, wie etwa der des Schmerzes (vgl. Degele 2008).

Wo das Thema der Heteronormativitätskritik über Butler rezipiert wird, geht das meist mit der Etablierung queer-theoretischer Perspektiven in und zwischen den Einzeldisziplinen einher. In der kritischen Rechtswissenschaft hat zum Beispiel Susanne Baer unter anderem auch queere Impulse in die Debatte um Gleichstellungspolitik eingebracht (vgl. z.B. Baer et al. 2000). Einen Überblick über die – immer noch sehr vereinzelt – aufkommenden queertheoretischen Fragestellungen in verschiedenen, zumeist geisteswissenschaftlichen, Disziplinen vermitteln immerhin schon zwei Sammelbände (Haschemi Yekani/Michaelis 2005; Kraß 2009).

Butlers Werk fand wie das keiner anderen zeitgenössischen Denkerin auch außerakademischen Anklang. Dies steht in erstaunlichem Gegensatz einerseits zu den vehementen Vorwürfen, dass Butler unzugänglich und schwierig schreibe, andererseits zu den anhaltenden Bedenken anderer Theoretiker_innen, dass ihre Theorie in politische Handlungsunfähigkeit führe (Benhabib 1993: 109f). Diese Wirkungen und Resonanzen zu erforschen bedürfte nun endgültig einer gesonderten Studie, aber zumindest anhand einiger exemplarischer Momente sollen solche Anknüpfungen im Folgenden vor Augen geführt werden. Generell ermöglichte der Bezug auf Butler ein politisiertes Verständnis von Alltagshandeln, von einerseits gezielter Intervention in normalisierende Kategorien und andererseits der erleichternden Einsicht, dass man sich auch von identitär unterdrückender Macht nicht immer schon vollkommen befreit haben muss, um wirksam und glaubwürdig ge-

---

63 Für anhaltenden regen Austausch über queere Potenziale in der Geschichtswissenschaft danke ich besonders Babette Reicherdt.

gen sie opponieren zu können. Die kreativ-aktivistische Rezeption beschreibt Butler dabei selbst als typisch deutsche Antwort auf ihr Werk:

> „Eine der ersten Aufnahmen fand das Buch z.b. in Deutschland, und dort wurde sehr deutlich, dass junge Leute eine Politik wollten, die Handlungsfähigkeit betonte, bzw. etwas Affirmatives, das sie schaffen oder produzieren konnten. Die Idee der Performativität – die mit dem Aufbringen neuer Kategorien oder dem Hervorbringen neuer sozialer Realitäten zu tun hat – schien sehr aufregend, besonders für jüngere Leute, die die alten Modelle der Unterdrückung satt hatten – eben die Vorstellung, dass Männer Frauen unterdrücken oder Heteros Homos." (Butler 2010c*)

Eine ausgesprochen scharfsinnige Variante solcher performativer Widerstandspraxen stellt zum Beispiel die Hamburger ‚Firma' *Monkeydick Productions* dar. Die Gruppe von Künstler/Unternehmer/Aktivist_innen inszeniert auf Performances, Messen, pädagogischen Veranstaltungen sich selbst und Gesellschaftskritik, z.B. indem sie als „Consulting Agentur" für das „unternehmerische Selbst" Beratungen anbieten. Man könnte das Konzept als *Drag-Neoliberalism* beschreiben; *Monkeydick* selbst sprechen von Ambivalenzproduktion als Ziel ihres Unternehmens:

> „Die sichtbare Herstellung und Aufrechterhaltung von Ambivalenz ist damit unser Produkt. Deshalb lautet unser Claim: Performance of Performance. Wir sind quasi der Stachel im eigenen Fleisch. Dahinter steht die Annahme, dass ein sich selbst reproduzierendes System, welches sich seiner systemimmanenten Paradoxien bewusst wird, nicht mehr in der Lage ist, sich identisch zu reproduzieren. Dabei sind wir uns unserer eigenen Verwobenheit mit dem System durchaus bewusst. Unsere Form der Gesellschaftskritik ist somit immer mit einer Selbstkritik verbunden."[64]

Für die nicht-identische Reproduktion von Gesellschaft agitierte jahrelang auch die Berliner A.G. Genderkiller. Unter dem Schlachtruf „*Wir wollen andere Aufführungen, andere Kopien!*" ruft sie zum Kampf gegen die Zweigeschlechtlichkeit auf. Mit der Präsenz auf vielen linken und queeren Veranstaltung, Organisation von Film- und Diskussionsabenden und grandiosen Analysen auf Flugblattformat – 2003 zum Valentinstag etwa gegen die Naturalisierung von heterosexuellen, monogamen Zweierbeziehungen und die Kaschierung deren Gewaltpotentials in einem mystifizierten Begriff von ‚Liebe' – versteht die Gruppe sich als Multiplikator und Experimentierfeld für „*Versuche, sich der Geschlechtermatrix zu entziehen*".[65] Strategischer Ausgangspunkt sind dabei, ganz Butler'sch, „*die Brüche, Lücken und Ritzen, welche die beständige (Re-)Produktion unserer Geschlechter hinterlässt.*" Sie gilt es zu nutzen, um die Binarität in Frage zu stellen, die prekären Gender-Identitäten – „*Tunten, Intersexen, Butches, Dykes, Kings und Queens*" – nach wie

---

64 S.: http://www.monkeydick-productions.com/blog/
65 S.: http://www.gender-killer.de/ag/about_lang.htm

6. Rezeption

vor keinen Platz einräumt. Zugleich richten die *Genderkiller* immer wieder das Augenmerk darauf, wie andere Diskriminierungsdiskurse entlang von Rassen- und Klassengrenzen sich zu ihrer Konsolidierung ebenfalls geschlechtlicher Codes bedienen, und erproben, ob sie auch von dieser Seite her angegriffen werden können. Was sich hier abzeichnet, ist typisch für ein politisches Selbstverständnis, das darauf abzielt, queere Räume nicht über ein identitäres Selbstverständnis und separatistische Türpolitik herzustellen, sondern im Widerstand gegen herrschende diskriminierende Diskurse. Das Kollektiv der Berliner Bar Silver Future formuliert das explizit in der Speisekarte – die übrigens selbst eine Drag-Kreatur ist, nämlich auf die Seiten alter Mädchen-Internats- oder Enid-Blyton-Romane geklebt – folgendermaßen:

> „how does it work? - oder was macht das silverfuture zu unserem raum?
>
> wir* haben alle keine lust auf die gesellschaftlich durchgesetzte heteronormativität** + zweigeschlechtlichkeit** + erwarten das auch von unserem publikum. deswegen funktioniert das silverfuture als schutzraum**** für queere***** menschen und ihre freund_innen"[66]

Die Erläuterung der Sternchen leistet die nötige queere Begriffsarbeit, angefangen mit einer Verweigerung des Identitätsbekenntnisses – der Eintrag „*wir:" besteht aus einer Reihe überwiegend explosiver Windings-Symbole –, dem nachdrücklichen Hinweis, dass der Schutzraum sich nicht darin beweise, „*dass sich hinz und kunz hier wohlfühlen, sondern dass sonst übliche dominanzen und realitäten gebrochen werden*" und schließlich einer konzisen Kurzfassung dessen, wogegen man sich behauptet:

> „**heteronormativität + zweigeschlechtlichkeit: „hetero" meint, dass zwei - + nur zwei – geschlechter (ein männliches und ein weibliches) existieren + ergänzend + hierarchisch aufeinander bezogen werden. zu einem männlich (bzw. weiblich) kategorisierten körper gehört nach diesem schema stets eine männliche (bzw. weibliche) Geschlechtsidentität und ein heterosexuelles, auf frauen (bzw. männer) gerichtetes begehren.
>
> „normativität" meint, dass heterosexualität + zweigeschlechtlichkeit die einzige vorstellbare soziale wirklichkeit darstellen + als gesellschaftliche norm auch durchgesetzt werden, indem andere lebensweisen – z.b. homosexualität, trans-, bi-, a- oder intersexualität durch kriminalisierung, pathologisierung, statistische marginalisierung oder dethematisierung aus der wahrnehmung des gesellschaftlich „normalen" aus geschlossen werden."

Abgesehen von der Frequentierung des Silver Future bilden ein performativer Politikstil, die Verbindung des Kampfs gegen Homophobie mit Kritik an der kapitalistischen Gesellschaftsordnung und die vorrangige Aufmerksamkeit für diejeni-

---

66 Einen ganz herzlichen Dank ans Team des Silver Future für die Zurverfügungstellung des Materials – und auch für die Möglichkeit zu einer Erholung vom Schreiben dieses Buches, die gleichzeitig Motivation war.

gen Identitäten und Sexualitäten, die in der zweigeschlechtlichen Welt besonderer Ausschließung ausgesetzt sind, auch die Charakteristika desjenigen Teils der (Berliner) queeren Szene, die um den „Transgenialen CSD" herum mobilisiert ist. Seit 1997 finden in Berlin zum Christopher Street Day, an dem jährlich an die Aufstände vor der Stonewall-Bar in New York erinnert wird, jeweils zwei Paraden statt. Die ‚offizielle' Parade mit über einer halben Million Besucher, die als großes, karnevaleskes Strassenfest am Brandenburger Tor endet, und ein kleiner ‚Kreuzberger' Umzug, bei dem weder Parteien noch Firmen präsent sind und aus queerer Perspektive an viele der Forderungen, die auch die Kreuzberger 1.Mai-Demonstrationen prägen, angeknüpft wird.

Diese grob skizzierte Szenerie gibt den Hintergrund ab für den äußerst medienwirksamen und kontroversen Auftritt Judith Butlers beim CSD 2010. Der Zivilcourage-Preis, der jährlich vom Träger des CSD, dem Berliner CSD e.V., für besondere Verdienste in der Schwulen- und Lesbenbewegung vergeben wird, war in dem Jahr für Judith Butler vorgesehen. Sie lehnte die Auszeichnung aber nach einer Ausführung zu ihrem Verständnis von Zivilcourage (anzuschauen auf http://www.youtube.com/watch?v=BV9dd6r361k) mit der Begründung ab, dass die Initiatoren des offiziellen CSD nicht aktiv genug gegen den in ihren Reihen, der Bewegung und der Gesamtgesellschaft herrschenden Rassismus vorgingen, sich gar zu dessen Komplizen gemacht hätten. Symbolisch sprach Butler den Preis deshalb GLADT, Lesmigras, suspect und Reach Out zu, antirassistischen Organisationen und Initiativen, die sich für die Anliegen von *queers of color* und queeren Migrant_innen einsetzen.[67]

Tatsächlich sind diese Organisationen auch nicht auf der offiziellen Parade präsent, sondern gestalten den Transgenialen CSD mit. Der Streit um Rassismus in den eigenen Reihen, auf den Butler im Vorfeld von den Betroffenen aufmerksam gemacht wurde, hat eine schwierige Vorgeschichte in der Szene und wird zum Beispiel um die Wahl des CSD-Mottos 2008 – *„Hass' du was dagegen?"* – geführt. Was sich auf den ersten Blick einfach als etwas unbeholfenes Wortspiel zum Begriff der Hassgewalt beschreiben ließe, offenbart, so die Kritiker_innen, eine subtile Logik gesellschaftlicher Ausgrenzung. Die beteuerte Akzeptanz gegenüber einer Gesellschaftsgruppe – den Homosexuellen – wird gleichzeitig dazu genutzt, eine andere – Migrant_innen – zu stigmatisieren. Diejenigen, die hier „was dagegen" haben sollen, scheinen auf einmal nicht mehr die eigenen Verwandten, gesellschaftliche Institutionen oder die heterosexuelle Mehrheit zu sein, sondern gewaltbereite Jugendliche, die offenbar auch nicht richtig deutsch sprechen. Indem der ‚schwarze Peter' weitergereicht wird, kann sich die weiße gesellschaftliche Mehrheit die ei-

---

[67] Der CSD e.V. hat das Preisgeld im Nachhinein auch an diese Gruppen überwiesen.

gene Auseinandersetzung mit dem Thema sparen, und selbstgerecht darauf verweisen, dass die Probleme, die Schwule und Lesben offenbar immer noch haben, von ‚den anderen' bereitet werden. Ein Nebeneffekt dieser Stereotypisierung ist, dass diejenigen, die ohnehin schon unter Mehrfachdiskriminierung leiden, zudem in eine völlig unkenntliche Identitätsposition gedrängt werden – schwarze, migrantische und muslimische Queers erscheinen als ‚Paradox' und werden je nach Kontext auf einander ausschließende Identitätsanteile reduziert.

Die Auseinandersetzungen entzünden sich zudem an der Frage, inwieweit sich die schwul-lesbische Bewegung in der Verantwortung sehen sollte, Aneignungen ihrer vermeintlichen Anliegen in Kontexten, die sich gegen andere Minderheiten richten – etwa in Einwanderungstests – aktiv entgegen zu arbeiten. Die Minimalforderung der Antirassit_innen beläuft sich darauf, die Kulturalisierung von Homophobie nicht noch zu verstärken, wie es etwa einer Umfrage des schwulen Anti-Gewalt-Projekts Maneo vorgeworfen wird, in der sich die Befragten zu dem vermeintlichen Hintergrund der Täter äußerten. Was einerseits als wichtige Aufklärungsarbeit und Grundlage von Präventionsarbeit verteidigt werden kann, beruht andererseits bereits auf nahezu unumgänglich verzerrten Wahrnehmungen – einen ethnischen Hintergrund nimmt man als Mitglied einer Mehrheit zumeist nur bei ‚den Anderen' wahr, zudem verdankt es sich demografischen Zufällen, dass in Berlin – wie in vielen europäischen Metropolen – die schwulen Wohn- und Ausgehviertel multikulturell geprägt sind, und sozial benachteiligte junge Männer – eine andere mögliche und durchaus plausiblere Kategorisierung der homophoben Tätergruppe – in diesen Gegenden zumeist einen Migrationshintergrund haben, während sozial benachteiligte weiße Jugendliche vor allem in Stadtrandgebieten anzutreffen sind, wo es überhaupt nicht zum intensiven Kontakt mit der Schwulenszene kommt.

Ob es sich beim Einsatz gegen Homophobie und gegen Rassismus um zwei Kämpfe oder einen handelt, und ob Rassismus erst bei gezielter Diskriminierung beginnt oder bereits bei Indifferenz gegenüber den möglichen Kehrseiten und Instrumentalisierungen der eigenen Forderungen und Formulierungen, macht also den tiefschürfenden Streit aus, in dem Butler dezidiert Partei ergriff. Während die antirassistischen und *of-color*-Organisationen Butlers Intervention sehr begrüßten und der Kreuzberger CSD sich anschließend über ungewöhnlich großen Zulauf freute, beteuerten die Angeschuldigten ihren Anti-Rassismus und weisen zu Recht darauf hin, dass in der ganzen Debatte keine konkreten Belege für die angedeuteten rassistischen Äußerungen öffentlich gemacht worden seien.[68] Während sich

---

68 Die Stellungnahmen finden sich im Internet unter: http://www.lesmigras.de/Presse.html; http://nohomonationalism.blogspot.com/2010/06/judith-butler-lehnt-berlin-csd.html; http://transgeni-

Butlers Vorgehen in der Tat als brüsk und undialogisch bezeichnen lässt, unterstrichen manche Reaktionen doch die Dringlichkeit solch einer Intervention. So schien die Rassismus-Thematik anscheinend derartig unselbstverständlich, dass Butlers Begründung in allen Printmedien nachfolgend fälschlich als Kritik an der Kommerzialisierung des CSD dargestellt wurde. Am Sprechendsten scheint aber die unmittelbarste Reaktion: Versuchte doch der verständlicherweise außer Façon geratene Moderator der Preisverleihung den Applaus einiger *queers of color* und Butler-Sympathisant_innen unfassbarerweise ausgerechnet mit folgender Äußerung zu beschwichtigen: *„Ihr seid hier nicht die Mehrheit."*

Von Butlers Einfluss auf die queere Szene und Subkultur lässt sich indessen nicht nur im Register der Politik sprechen. Die Butlerrezeption ließe sich auch als Geschichte der Pluralisierung von Subkultur-Identitäten erzählen, und damit unweigerlich mit existentieller Bedeutung für die betreffenden Protagonist_innen aufladen. Diese Bedeutsamkeit ist es aber auch, die allzu oft zur theoretischen Delegitimierung benutzt wird. Anstatt sich mit Butlers Thesen auseinanderzusetzen, fragen Akademiker_innen oft irritiert, was denn so faszinierend an der Frau sei, und in der Presse wird zumeist im Analogien zu religiöser Erweckung von Butlers Anklang berichtet, anstatt ihre Gesellschaftskritik zu referieren (vgl. Hark 2005: 312ff, aber auch die taz 24.06.2008). Es ist also in diesem Kontext wichtig, darauf hinzuweisen, dass die Formierung von Identitäten einer Vielzahl von Faktoren unterliegt und nicht einfach durch ein philosophisches Werk provoziert wird, wie sehr dieses auch als Befreiungsschrift empfunden wird. Das ‚diskursive Ereignis' *Gender Trouble* darf nicht mit dessen theoretischem Gehalt verwechselt werden, dessen existentielle Zugkraft aber auch nicht auf die vermeintliche Aura seiner Autorin reduziert werden. Butler selbst versucht sich mit wohlkalkulierter Distanzierung aus dieser schwierigen Situation herauszuhalten:

> „Ich habe das Gefühl, dass mich die Rezeption meines Werkes nichts angeht. Wisst Ihr? Das ist nicht meine, das ist Eure Sache. Ich arbeite einfach weiter (…). Ich kann nicht immer gleich bleiben, so dass mich jedermann als Autorin von Gender Trouble konsumieren kann. Ich muss weiterleben und das heißt, ich muss weiterfragen – ‚*reposer les questions*'…" (Butler 2005: 5f.*)

Während Butler als Denkerin also das Fragen und Hinterfragen fortsetzt, haben einige Motive und Argumente ihres Werks als wichtige Bezugspunkte und Inspirationsquellen für queere Ausdrucksformen gedient. In Folge der Exemplifizierung von Geschlechtsidentität als Drag ergab sich innerhalb der Szene ein gewisser Spielraum für Rekombinationen und Mutationen der ‚klassischen' queeren Gender. Besonders das neuauflebende Interesse an Butch/Femme-Inszenierungen

---

alercsd.wordpress.com/presse/; sowie gesammelt auf: http://berlinercsd.blogspot.com/.

6. Rezeption

in der lesbischen Szene (blendend dokumentiert in Kuhnen 1997) konnte Butlers Thesen zum subversiven Charakter vermeintlicher ‚Kopien' in ein neues Selbstverständnis umsetzen. Während *Gender Trouble* die Drag-Queen und die Butch als Parade-Parodien privilegiert, ist seit den Neunzigern auch in Deutschland eine lebendige Drag-King Szene entstanden, der die Konzeptions eines Widerstands-in-der-Wiederholung eine gute Handhabe gibt, den Verdacht der Komplizenschaft mit patriarchalen Motiven abzuweisen. Aktuell ist zudem viel Nachdenken über die ‚Doppelagentenfunktion' von Femmes zu verzeichnen. Wie lässt sich Femininität gestalten, die die Visionen der Zweigeschlechterordnung aneignet, ohne aus heterosexueller Sicht reibungslos darin aufzugehen, wie etwa die medial hoffähig gewordenen ‚Lipstick-Lesbians' à la *the L-Word*? Die Repräsentation queerer, widerständiger Weiblichkeit, die zuvor schon der_die amerikanische Künstler_in Del LaGrace Volcano in eine Bildband gefeiert hatte, stand so z.B. 2010 im Mittelpunkt der Sommerausgabe des Hamburger queer-Magazins und Szene-Seismographen *hugs & kisses*. Mit dem Versuch einen subversiven Begriff von Femininität aus Femme-Praktiken zu entwickeln, waren die Anschlüsse an Butler dabei nicht zu übersehen (vgl. Mann/Göbel 2010; Tsomou 2010).

Ganz am Anfang dieses Buches stand die Vision, dass das Risiko, ein queeres Gender anzunehmen, unter bestimmten Umständen so bedrohlich sein kann „*als ob Du eine einspurige Straße langfährst und einen Achtzehntonner geradewegs auf Dich zusteuern siehst*" (Feinberg 1993: 69). Das Buch konzentrierte sich anschließend darauf, Butlers Werk als Analyse und Kritik von solchen Momenten darzustellen, in denen normative Gewalt Leben unlebbar werden lässt. Das letzte Wort soll nun aber eine typisch Post-Butler'sche Selbstbeschreibung haben, die ein wunderbares Beispiel für eine optimistische Sicht der Rekombinations- und Resignifikationsmöglichkeiten von Geschlecht abgibt. In einem in Baltimore entstandenen *Zine* propagiert Jackie Wang als ‚neues' queeres Gender „hard femme".[69] Zwischen diesen Brückenschlag von einer jüdischen *stone butch* der 60er zur asiatisch-amerikanischen *hard femme* am Beginn des 21.Jahrhunderts gehört, mit welchen performativen Effekten auch immer, viel ‚Butler':

> „The term ‚hard femme' resonated with me deeply because it spoke to my confused and sometimes incoherent/contradictory gender identity. On some days I even felt bad about my gender expression, I love to wear red lipstick, but don't shave my legs or armpits. I like to dress sexy, but not for men. I wear dresses, but will gleefully hop into a dumpster or crawl under a fence while sporting my finest. I'll bicycle 60 miles in 4 and a half hours in 98 degree weather wearing heeled boots and a knife on my belt

---

69 Der Text ist ist glücklicherweise in dem großartigen Online-Projekt „Queer Zine Archive" gesammelt und frei zum Download zugänglich: http://www.qzap.org/v6/index.php?option=com_g2bridge&view=gallery&Itemid=41&g2_itemId=1623 (zuletzt besucht am 20.03.2011).

(…) Hard femme made me realize that gender can be more fun and dynamic than that, and more open-ended than the typical ‚butch-femme' dichotomy that people set up. Not only is that dichotomy false and reductive, but the idea that there is even a spectrum that runs from butch to femme is false. This shit is not linear. We can be everything and nothing at once. We can fuck with everyone's notion of what these categories mean. And we should do it without apology!" (Wang 2009)[70]

---

[70] „Der Begriff »hard femme« hat mich stark angesprochen, weil er meine verworrene und mitunter inkohärente/widersprüchliche Gender-Identität traf. An manchen Tagen fühlte ich mich wegen meiner Gender-Ausdrucksweisen sogar schlecht, ich liebe roten Lippenstift aber ich rasiere mir nicht die Beine oder Achseln. Ich zieh' mich gern sexy an, aber nicht für Männer. Ich trage Kleider, aber würde auch in meinem besten vergnügt in eine Mülltonne springen oder unter einem Zaun durchkriechen. In 4 einhalb Stunden schaffe ich mit dem Rad fast hundert Kilometer, und zwar bei 37 Grad in Stiefeln mit einem Messer am Gürtel (…).

Hard femme hat mir klargemacht, dass Gender witziger und dynamischer sein kann, und offener als die typische butch/femme Aufteilung, die die Leute vornehmen. Nicht nur diese Zweiteilung ist verkehrt und verkürzend, sondern die ganze Vorstellung, dass es überhaupt ein Spektrum gibt, das von butch zu femme reicht, ist falsch. Der Scheiß ist nicht linear. Wir können alles sein und nichts und zwar gleichzeitig. Wir können mit Jedermanns Vorstellungen von diesen Kategorien Scheiß bauen. Und wir sollten das tun, ohne uns zu entschuldigen!" (Wang 2009*)

Bibliographie

Werke von Judith Butler

Monografien

Butler, Judith (1999): Gender Trouble. Feminism and the Subversion of Identity (Orig. 1990). New York/London: Routledge.
Butler, Judith (1991): Das Unbehagen der Geschlechter. Frankfurt a.M.: Suhrkamp.
Butler, Judith (1993): Bodies That Matter. On the Discursive Limits of ‚Sex'. New York/London: Routledge.
Benhabib, Seyla/Butler, Judith/Cornell, Drucilla/Fraser, Nancy (1993): Der Streit um Differenz. Feminismus und Postmoderne in der Gegenwart. Frankfurt a. M.: Fischer.
Butler, Judith (1997a): Excitable Speech. A Politics of the Performative. New York/London: Routledge.
Butler, Judith (1997b): The Psychic Life of Power. Theories in Subjection. Stanford: Stanford University Press.
Butler, Judith (1997): Körper von Gewicht. Die diskursiven Grenzen des Geschlechts. Frankfurt a.M.: Suhrkamp.
Butler, Judith (1999): Subjects of Desire. Hegelian Reflections in Twentieth-Century France. New York: Columbia University Press.
Butler, Judith (2000): Antigone's Claim. Kinship between Life and Death. New York: Columbia University Press.
Butler, Judith/Laclau, Ernesto/Žižek, Slavoj (2000b): Contingency, Hegemony, Universality. Contemporary Dialogues on the Left. London: Verso.
Butler, Judith/Guillory, John/Thomas, Kendell (2000c): What's Left of Theory? New Work on the Politics of Literary Theory. New York/London: Routledge.
Butler, Judith (2001): Psyche der Macht. Das Subjekt der Unterwerfung. Frankfurt a.M.: Suhrkamp.
Butler, Judith (2001): Antigones Verlangen. Verwandtschaft zwischen Leben und Tod. Frankfurt a.M.: Suhrkamp.
Butler, Judith (2004): Undoing Gender. New York/London: Routledge.
Butler, Judith (2005): Giving an Account of Oneself. New York: Fordham University Press.
Butler, Judith (2005): Gefährdetes Leben. Frankfurt a.M.: Suhrkamp.
Butler, Judith (2006): Precarious life. The Powers of Mourning and Violence. London/New York: Verso.
Butler, Judith (2006): Haß spricht. Zur Politik des Performativen. Frankfurt a.M.: Suhrkamp.
Butler, Judith (2007): Kritik der ethischen Gewalt. Frankfurt a.M.: Suhrkamp.
Butler, Judith (2009): Frames of War: When is Life Grievable? London/New York: Verso.
Butler, Judith (2009): Die Macht der Geschlechternormen und die Grenzen des Menschlichen. Frankfurt a.M.: Suhrkamp.
Butler, Judith (2009): Krieg und Affekt. Hrsg. u. ü. v. J. Mohrmann, J. Rebentisch u. E. v. Redecker, Berlin: Diaphanes.
Butler, Judith (2010): Raster des Krieges. Warum wir nicht jedes Leid beklagen. Frankfurt a.M.: Campus.

Aufsätze und Interviews:

Butler, Judith (1990b): Performative Acts and Gender Constitution. An Essay in Phenomenology and Feminist Theory. In: Case, Sue-Ellen (Hrsg.) (1990): Performing Feminisms. Feminist Critical Theory and Theatre. Baltimore: Johns Hopkins University Press. 210-282.

Butler, Judith/Rubin, Gayle (1994): Sexual Traffic. Interview. In: differences 6. 1994 (2+3). 62-97.

Butler, Judith (2000d): Competing Universalities. In: Butler et al. (2000b): 136-181.

Butler, Judith (2002): Was ist Kritik? Ein Essay über Foucaults Tugend. In: Deutsche Zeitschrift für Philosophie 50. 2002 (2). 249-265.

Butler, Judith (2003): Values of Difficulty. In: Culler, Jonathan/Lamb, Kevin (2003): Just Being Difficult? Academic Writing in the Public Arena. Stanford: Stanford University Press. 199-215.

Butler, Judith (2004b): Changing the Subject. Judith Butler's Politics of Radical Resignification. Interview mit Gary A. Olson und Lynn Worsham. In: Salih, Sarah (2004): Judith Butler. The Judith Butler Reader. Oxford: Blackwell. 325-356.

Butler, Judith (2005c): On Never Having Learned How to Live. In: Derridas Gift. Differences 16. 2005 (3). 27-34.

Butler, Judith (2007b): Wittig's Material Practice. Universalizing a Minority Point of View. In: GLQ 13. 2007 (4). 519-533.

Butler, Judith/Rosenberg, Jordana (2007): Serious Innovation. A Conversation with Judith Butler. In: Haggerty, George E./McGarry, Molly (2007): A Companion to Lesbian, Gay, Bisexual, Transgender, and Queer Studies. Oxford: Blackwell. 379-388.

Butler, Judith (2008): Taking Another's View: Ambivalent Implications. In: Honneth, Axel (2008): Reification. A New Look at an Old Idea. hrsg. v. Martin Jay. Oxford: Oxford University Press. 97-119.

Online:

Butler, Judith (1994): Gender as Performance: An Interview with Judith Butler. Interview von Peter Osborne und Lynne Segal. In: Radical Philosophy 67. 1994 (Sommer). In Auszügen online abrufbar unter: http://www.theory.org.uk/but-int1.htm (zuletzt besucht am 15.09.2010).

Butler, Judith (1999): A 'bad writer' bites back. In: New York Times on the Web (20.03.1999): https://pantherfile.uwm.edu/wash/www/butler.htm (zuletzt besucht am 05.09.2010)

Butler, Judith (2007c): Gender Trouble: Still Revolutionary or Obsolete? Interview with Judith Butler. (10.08.2007). Zum download auf http://judithbutler.wordpress.com/ (zuletzt besucht am 18.03.2011).

Butler, Judith (2010b): A Carefully Crafted F**k You. Judith Butler im Interview mit Nathan Schneider. In: Guernica. A magazine of arts & politics. 2010 (März): http://www.guernicamag.com/interviews/1610/a_carefully_crafted_fk_you/ (zuletzt besucht am 14.09.2010).

Butler, Judith (2010c): As a Jew, I was taught it was ethically imperative to speak up. Judith Butler im Interview mit Udi Aloni. Ha'aretz (24.02.2010). Online abrufbar unter: http://www.haaretz.com/news/judith-butler-as-a-jew-i-was-taught-it-was-ethically-imperative-to-speak-up-1.266243 (zuletzt besucht am 15.09.2010).

Butler, Judith (2010d): Rede zur Ablehnung des Zivilcouragepreises des Berliner CSD (19.06.2010): http://www.youtube.com/watch?v=BV9dd6r361k (zuletzt besucht am 18.03.2011).

Butler, Judith (2010e): Ich bin für Spaß und Genuss. Interview mit Judith Butler. In: Die Tageszeitung (01.07.2010): http://www.taz.de/1/leben/koepfe/artikel/1/ich-bin-fuer-spass-und-genuss/ (zuletzt besucht am 16.09.2010).

Sonstiges:

Butler, Judith (2010f): Queere Bündnisse und Antikriegspolitik. Vortrag an der Volksbühne am 18.06.2010. Mitschrift EvR.

Literatur zu Butler:

Bachmann-Medick, Doris (2006): Cultural Turns. Neuorientierung in den Kulturwissenschaften. Hamburg: Rowohlt.
Baer, Susanne (1998): Inexitable Speech. Zum Rechtsverständnis postmoderner feministischer Positionen in Judith Butlers „Exitable Speech". In: Hornscheidt, Antje/Jähnert, Gabriele/Schlichter, Anette (Hrsg.) (1998): Kritische Differenzen – geteilte Perspektiven. Opladen: Westdeutscher Verlag. 229-249.
Baer, Susanne/*Beger, Nico J./de Silva*, Angela (2000): Recht und Rechte. Zwischen legaler Anerkennung und kulturell-politischer ‚Revolution'. Diskussion. In: Beger et al (2000): 182-208.
Becker, Ruth/Kortendiek, Beate (Hrsg.) (2008): Handbuch Frauen- und Geschlechterforschung. Theorie, Methoden, Empirie. Wiesbaden: VS Verlag.
Benhabib, Seyla (1993): Feminismus und Postmoderne. Ein prekäres Bündnis. In: Benhabib et al (1993): 9-30.
Benhabib, Seyla/Butler, Judith/Cornell, Drucilla/Fraser, Nancy (1993): Der Streit um Differenz. Feminismus und Postmoderne in der Gegenwart. Frankfurt a.M.: Fischer.
Bublitz, Hannelore (2002): Judith Butler zur Einführung. Hamburg: Junius.
Buchmann, Sabeth et al. (Hrsg.) (2005): Wenn sonst nichts klappt: Wiederholung wiederholen (in Kunst, Popkultur, Film, Musik, Alltag, Theorie und Praxis). Berlin: b_books.
Carver, Terrell/Chambers, Samuel A. (2008a): Judith Butler and Political Theory. Troubling Politics. New York/London: Routledge.
Carver, Terrell/Chambers, Samuel A. (2008b): Judith Butler's Precarious Politics. Critical Encounters. New York/London: Routledge.
Coole, Diana (2008): Butler's phenomenological existentialism. In: Carver/Chambers (2008b):11-27.
Distelhorst, Lars (2009): Judith Butler. Stuttgart: UTB.
Duden, Barbara (1993): Die Frau ohne Unterleib: Zu Judith Butlers Entkörperung. Ein Zeitdokument. In: Feministische Studien 11. 1993(2). 24-33.
Engel, Antke (2003): Wider die Eindeutigkeit. Sexualität und Geschlecht im Fokus queerer Politik der Repräsentation, Frankfurt a.M.: Campus.
Hagemann-White, Carol (1993): Die Konstrukteure des Geschlechts auf frischer Tat ertappen? Methodische Konsequenzen einer theoretischen Einsicht. In: Feministische Studien 11. 1993(2). 68-78.
Hand, Séan (2009): Emmanuel Lévinas. New York/London: Routledge.
Hark, Sabine (1993): Queer Interventionen. In: Feministische Studien 11. 1993(2). 103-109.
Hark, Sabine (2005): Dissidente Partizipation. Eine Diskursgeschichte des Feminismus. Frankfurt a.M.: Suhrkamp.
Hauskeller, Christine (2000): Das paradoxe Subjekt. Unterwerfung und Widerstand bei Judith Butler und Michel Foucault. Tübingen: edition diskord.
Herrmann, Steffen K./Krämer, Sybille/Kuch, Hannes (Hrsg.) (2007): Verletzende Worte. Zur Grammatik sprachlicher Missachtung. Bielefeld: Transcript 2007.
Herrmann, Steffen K./Kuch, Hannes (Hrsg) (2010): Philosophien sprachlicher Gewalt. 21 Grundpositionen von Platon bis Butler. Weilerswist: Velbrück Wissenschaft.

Hirschauer, Stefan (1993): Dekonstruktion und Rekonstruktion. Plädoyer für eine Erforschung des Bekannten. In: Feministische Studien 11. 1993(2). 55-67.
Jagose, Annemary (2001): Queer Theory. Eine Einführung. Berlin: Querverlag.
Landweer, Hilge (1993): Kritik und Verteidigung der Kategorie Geschlecht. Wahrnehmungs- und symboltheoretische Überlegungen zur sex/gender-Unterscheidung. In: Feministische Studien 11. 1993(2). 34-43.
Landweer, Hilge/Rumpf, Mechthild (1993): Kritik der Kategorie »Geschlecht«. Streit um Begriffe, Streit um Orientierungen, Streit der Generationen? Einleitung. In: Feministische Studien 11. 1993(2). 3-9.
Lindemann, Gesa (1993): Wider die Verdrängung des Leibes aus der Geschlechtskonstruktion. In: Feministische Studien 11. 1993(2). 44-54.
Lorey, Isabell (1993): Der Körper als Text und das aktuelle Selbst: Butler und Foucault. In: Feministische Studien 11. 1993(2). 10-23.
Lorey, Isabell (1996): Immer *Ärger* mit dem Subjekt. Tübingen: edition diskord.
Lloyd, Moya (2007): Judith Butler. From Norms to Politics. Cambridge, UK: Polity Press.
Maihofer, Andrea (1995): Geschlecht als Existenzweise. Macht, Moral, Recht und Geschlechterdifferenz, Frankfurt a.M.: Ulrike Helmer.
Mills, Catherine (2007): Normative Violence, Vulnerability, and Responsibility. In: differences 18. 2007 (2). 133-156.
Moebius, Stephan (2003): Die soziale Konstituierung des Anderen. Grundrisse einer poststrukturalistischen Sozialwissenschaft nach Lévinas und Derrida. Frankfurt a.M.: Campus.
Martha Nussbaum (1999): The Professor of Parody. In: The New Republic 220 (8). Februar 1999. 1-13.
Purtschert, Patricia (2003): Feministischer Schauplatz umkämpfter Bedeutungen. Zur deutschsprachigen Rezeption von Judith Butlers ‚Gender Trouble'. In: Widerspruch 44. 2003. 147-159.
Purtschert, Patricia (2004): Judith Butler. Macht der Kontingenz - Begriff der Kritik. In: Munz, Regine (Hrsg.) (2004): Philosophinnen des 20. Jahrhunderts. Darmstadt: Wissenschaftliche Buchgesellschaft. 181-202.
Purtschert, Patricia (2008): Des réactions troublantes: la réception de »trouble dans le genre« de Judith Butler dans le monde germanophone. In: Société Contemporaines 71. 2008 (3). 29-47.
Rebentisch, Juliane (2005): Zur sprachpragmatischen Kritik der (post-)strukturalistischen Subjektkritik. Judith Butler revisited. In: Buchmann et al. (2005): 32-51.
Rubin, Gayle (1994): Sexual Traffic. Gayle Rubin im Interview mit Judith Butler. In: differences 6. 1994 (2+3). 62-99.
Salih, Sara (2002): Judith Butler. London/New York: Routledge.
Sara Salih (2004): Judith Butler. The Judith Butler Reader. Oxford: Blackwell.
Schäfer, Eva (1998): Postmoderne Implikationen im Feminismus – der Ostdeutsche Kontext. In: Feministische Studien 1. 1998. 95-106.
Schönwälder-Kuntze (2010): Zwischen Ansprache und Anspruch: Judith Butlers moraltheoretischer Entwurf. In: Deutsche Zeitschrift für Philosophie 58. 2010 (1). 83-104.
Seery, John E. (2008): Acclaim for Antigone's Claim reclaimed (or, Steiner contra Butler). In: Carver/ Chambers (2008b): 62-76.
Thiem, Annika (2008): Unbecoming Subjects. Judith Butler, Moral Philosophy, and Critical Responsibility. New York: Fordham University Press.
Wilhelm Trapp (2009): Ewige Arbeit am Geschlecht. In: Die ZEIT (07.04.2009).
Villa, Paula-Irene (2003): Judith Butler. Frankfurt a.M.: Campus.
Villa, Paula-Irene (2008b): (De)Konstruktion und Diskurs-Genealogie. Zur Position und Rezeption von Judith Butler. In: Becker/Kortendiek (2008): 146-158.

Villa, Paula-Irene (2010): Butler. Subjektivierung und sprachliche Gewalt. In: Herrmann/Kuch (2010): 408-427.

Sonstige Literatur:

Anzaldúa, Gloria (1987): Borderlands. The New Mestiza = La Frontera. San Francisco: Aunt Lute.
Althusser, Louis (1977): Ideologie und ideologische Staatsapparate (Anmerkungen für eine Untersuchung). In: Althusser, Louis (1977): Ideologie und ideologische Staatsapparate. Aufsätze zur marxistischen Theorie. Hamburg/Berlin: VSA. 108-153.
Arendt, Hannah (2002): Vita activa oder vom tätigen Leben. München: Piper.
Austin, John L. (1972): Zur Theorie der Sprechakte. Hrsg. v. Eike von Savigny. Stuttgart: Reclam.
de Beauvoir, Simone (2000): Das andere Geschlecht. Sitte und Sexus der Frau. Hamburg: Rowolth.
Beger, Nico J./Engel, Antke/Genschel, Corinna/Hark, Sabine/Schäfer, Eva (2000): Queering Demokratie. Sexuelle Politiken. Berlin: Querverlag.
Benjamin, Walter (1988): Über die Sprache überhaupt und über die Sprache des Menschen. In: Benjamin, Walter (1988): Angelus Novus. Ausgewählte Schriften 2. Frankfurt a.M.: Suhrkamp. 9-26.
Bilden, Helga (1980): Geschlechtsspezifische Sozialisation. In: Hurrelmann/Ullrich (1980): 777-812.
Califia, Pat (1983): Sapphistry. The Book of Lesbian Sexuality (revised edition). Tallahassee: Naiad.
Califia, Pat/Sweeney, Robin (Hrsg.) (1996): The Second Coming. A Leatherdyke Reader. Los Angeles: Alyson Publications.
Case, Sue-Ellen (Hrsg.) (1990): Performing Feminisms. Feminist Critical Theory and Theatre. Baltimore: Johns Hopkins University Press.
Castro Varela, María do Mar (2007): Unzeitgemäße Utopien. Migrantinnen zwischen Selbsterfindung und Gelehrter Hoffnung. Bielefeld: transcript.
Castro Varela, María do Mar/Dhawan, Nikita/Engel, Antke (Hrsg.) (2011): Hegemony and Heteronormativity. Revisiting ‚The Political' in Queer Politics. Farnham: Ashgate.
Cavarero, Adriana (2000): Relating Narratives: Storytelling and Selfhood. New York/London: Routledge.
Crimp, Douglas (2002): The Spectacle of Mourning. In: Crimp, Douglas (2002): Mourning and Moralism. Essays on AIDS and Queer Politics. Cambridge, MA: MIT Press. 195-202.
Culler, Jonathan/Lamb, Kevin (2003): Just Being Difficult? Academic Writing in the Public Arena. Stanford: Stanford University Press.
Degele, Nina (2008): Normale Exklusivitäten – Schönheitshandeln, Schmerznormalisieren, Körper inszenieren. In: Villa (2008a): 67-84.
Derrida, Jacques (1976): De la grammatologie. Paris: Seuil.
Derrida, Jacques (1988): Signatur Ereignis Kontext. In: Derrida, Jacques (1988): Randgänge der Philosophie. Hrsg. v. Peter Engelmann. Wien: Passagen. 291-314.
Dworkin, Andrea (1988): Pornographie. Männer beherrschen Frauen. Köln: Emma.
Easton, Dossie/Liszt, Catherine A. (1997): Ethical Slut. A Guide to Infinite Sexual Possibilities. Emeryville: Seal Press.
Engel, Antke (2009a): Bilder von Sexualität und Ökonomie. Queere kulturelle Politiken im Neoliberalismus. Bielefeld: transcript.
Engel, Antke (2009b): Unauffällig, unbehelligt – und staatstragend. Sexualpolitiken in Zeiten konservativer Restauration. In: Kraß (2009): 41-62.
Engel, Antke (2011): Tender Tensions – Antagonistic Struggles – Becoming-Bird: Queer Political Interventions into Neoliberal Hegemony. In: Castro Varela et al (2011): 63-90.

Feinberg, Leslie (1993): Stone Butch Blues. A Novel. Ithaca: Firebrand Books.
Fischer-Lichte, Erika (2004): Ästhetik des Performativen. Frankfurt a.M.: Suhrkamp.
Foucault, Michel (1977): Überwachen und Strafen. Frankfurt a.M.: Suhrkamp.
Foucault, Michel (1983): Der Wille zum Wissen. Sexualität und Wahrheit I. Frankfurt a.M.: Suhrkamp.
Foucault, Michel (1986): Sexualität und Wahrheit: Der Gebrauch der Lüste. Frankfurt a.M.: Suhrkamp.
Foucault, Michel (1992): Was ist Kritik? Berlin: Merve.
Foucault, Michel (2002): Geschichte der Gouvermentalität I: Sicherheit, Territorium, Bevölkerung. Vorlesungen am Collège de France 1977-78. Frankfurt a.M.: Suhrkamp.
Freedman, Estelle B. (2006a): Introduction. Identities, Values, and Inquiries. A Personal History. In: Freedman (2006): 1-20.
Freedman, Estelle B. (2006b): Separatism as Strategy. Female Institution Building and American Feminism. 1870-1930. In: Freedman (2006): 21-36.
Freedman, Estelle B. (2006): Feminism, Sexuality, and Politics. Essays. Chapel Hill: University of North Carolina Press.
Freud, Sigmund (1948): Das Unbehagen in der Kultur. In: Freud, Sigmund (1948): Gesammelte Werke. Band 14. Hrsg. v. Anna Freud. Frankfurt a.M.: Fischer. 421-516.
Freud, Sigmund (1969): Trauer und Melancholie. In: Freud, Sigmund (1969): Gesammelte Werke. Band 10. Hrsg. v. Anna Freud. Frankfurt a.M.: Fischer. 427-447.
Freud, Sigmund (1976): Das Ich und das Es. In: Freud, Sigmund (1976): Gesammelte Werke. Band 13. Hrsg. v. Anna Freud. Frankfurt a.M.: Fischer. 235-290.
Freud, Sigmund (1986): Drei Abhandlungen zur Sexualtheorie. In: Freud, Sigmund (1986): Gesammelte Werke. Band 5. Hrsg. v. Anna Freud. Frankfurt a.M.: Fischer. 27-146.
Garfinkel, Harold (1967): Studies in Ethnomethodology. Englewood Cliffs, N.J.: Prentice Hall.
Gildemeister, Harold/Wetterer, Regine (1992): Wie Geschlechter gemacht werden. Die soziale Konstruktion der Zweigeschlechtlichkeit und ihre Reifizierung in der Frauenforschung. In: Knapp/Wetterer (1992): 201-254.
Goodman-Thau, Eveline (2002): Aufstand der Wasser. Jüdische Hermeneutik zwischen Tradition und Moderne. Berlin: Philo.
Gould, Deborah B. (2009): Moving Politics. Emotions and ACT UP's Fight Against AIDS. Chicago: University of Chicago Press.
Gramsci, Antonio (1991): Gefängnishefte. Hamburg: Argument.
Habermas, Jürgen (1984): Mit dem Pfeil ins Herz der Gegenwart: Zu Foucaults Vorlesung über Kants „Was ist Aufklärung". In: Die Tageszeitung (07.07.1984).
Haggerty, George E./McGarry, Molly (2007): A Companion to Lesbian, Gay, Bisexual, Transgender, and Queer Studies. Oxford: Blackwell.
Hagemann-White, Carol (1984): Thesen zur kulturellen Konstruktion der Zweigeschlechtlichkeit. In: Schaeffer-Hegel/Wartmann, (1984): 137-139.
Hark, Sabine (1996): Deviante Subjekte. Die paradoxe Politik der Identität. Opladen: Leske + Budrich.
Haschemi Yekani, Elahe/Michaelis, Beatrice (2005): Quer durch die Geisteswissenschaften. Berlin: Querverlag.
Heidel, Ulf/Micheler, Stefan/Tuider, Elisabeth (2001): Jenseits der Geschlechtergrenzen. Hamburg: Männerschwarm.
Heisler, Evamaria/Koch, Elke/Schäffer, Thomas (Hrsg.) (2007): Drohung und Verheißung. Mikroprozesse in Verhältnissen von Macht und Subjekt, Freiburg i.Br.: Rombach.
Hessische Landeszentrale für politische Bildung (Hrsg.) (1989): Freiheit - Gleichheit - Schwesterlich-

keit. Männer und Frauen zur Zeit der Französischen Revolution. Wiesbaden: Landeszentrale.
Hill, Andreas/Briken, Peer/Berner, Wolfgang (Hrsg.) (2008): Lust-voller Schmerz. Sadomasochistische Perspektiven. Gießen: Psychosozial.
Hirschauer, Stefan (1989): Die interaktive Konstruktion der Zweigeschlechtlichkeit. In: Zeitschrift für Soziologie 18. 100-118.
Honegger, Claudia (1989): Aufklärerische Anthropologie und die Neubestimmung der Geschlechter. In: Hessische Landeszentrale (1989) 208-237.
Honegger, Claudia (1991): Die Ordnung der Geschlechter. Die Wissenschaften vom Menschen und das Weib 1750–1850. Frankfurt a.M.: Campus.
Hurrelmann, Klaus/Ullrich, Dieter (Hrsg.) (1980): Handbuch der Sozialisationsforschung. Weinheim/ Basel: Juventus.
Kafka, Franz (1994): Georg. In: Kafka, Franz (1994): Gesammelte Werke in zwölf Bänden. Bd. 1. Hrsg. v. Hans-Gerd Koch. Frankfurt a.M.: Fischer. 37-52.
Kemp, Sandra/Squires, Judith (Hrsg.) (1997): Feminisms. Oxford: Oxford University Press.
Knapp, Gudrun-Axeli/Wetterer, Angelika (Hrsg.) (1992): TraditionenBrüche. Entwicklungen feministischer Theorie. Freiburg i.Br.: Kore.
Krämer, Sybille (2001): Sprache – Sprechakt – Kommunikation. Sprachtheoretische Positionen im 20. Jahrhundert. Frankfurt a.M.: Suhrkamp.
Kraß, Andreas (Hrsg.) (2009): Queer Studies in Deutschland. Interdisziplinäre Beiträge zur kritischen Heteronormativitätsforschung. Berlin: trafo.
Kuhnen, Stephanie (1997): Butch / Femme. Eine erotische Kultur. Berlin: Querverlag.
Lacan, Jacques (1973): Das Spiegelstadium als Bildner der Ichfunktion. In: Lacan, Jacques (1973): Schriften. Band 1. Hrsg. v. Norbert Haas, Olten/Freiburg im Breisgau: Walter. 61–70.
Laplanche, Jean (1988): Der Trieb und sein Quell-Objekt; sein Schicksal in der Übertragung. In: Laplanche, Jean (1988): Die allgemeine Verführungstheorie und andere Aufsätze. Tübingen: edition discord. 122-148.
Lévinas, Emanuel (1983): Die Spur des Anderen. Untersuchungen zur Phänomenologie und Sozialphilosophie. Freiburg/München: Karl Alber.
Lévinas, Emanuel (1987): Totalität und Unendlichkeit. Versuche über die Exteriorität. Freiburg/München: Karl Alber.
Lévinas, Emanuel (1992): Jenseits des Seins oder anders als Sein geschieht. Freiburg/München: Karl Alber.
Laclau, Ernesto/Mouffe, Chantal (2000): Hegemonie und radikale Demokratie. Zur Dekonstruktion des Marxismus. Wien: Turia und Kant.
LaGrace Volcano, Del/Dahl Ulrika (2009): Femmes of Power. Exploding Queer Feminities. London: Serpent's Tail.
Laqueur, Thomas W. (1992): Auf den Leib geschrieben. Die Inszenierung der Geschlechter von der Antike bis Freud. Frankfurt a.M.: Campus.
de Lauretis, Teresa (1993): Der Feminismus und seine Differenzen. In: Feministische Studien 11. 1993(2). 96-102.
Lorenz, Renate (2009): Aufwändige Durchquerungen. Subjektivität als sexuelle Arbeit. Bielefeld: transcript.
Lutter, Christina (2005): Geschlecht & Wissen, Norm & Praxis, Lesen & Schreiben. Monastische Reformgemeinschaften im 12. Jahrhundert. Wien: Oldenbourg.
Mann, LCavaliero/Göbel, Malte (2010): Queer Femininities, Tunten und Femmes, politisch. In: Hugs and Kisses 6. 2010(April). 14-18.
MacKinnon, Catherine A. (1994): Nur Worte. Ü. v. Susanne Baer. Frankfurt a.M.: Fischer.
Marx, Karl (1957): Zur Kritik der Hegelschen Rechtsphilosophie. In: MEW 1. Berlin: Dietz.

Moebius, Stephan/Reckwitz, Andreas (Hrsg.) (2008): Poststrukturalistische Sozialwissenschaften. Frankfurt a.M: Suhrkamp.
Munz, Regine (Hrsg.) (2004): Philosophinnen des 20. Jahrhunderts. Darmstadt: Wissenschaftliche Buchgesellschaft.
Nietzsche, Friedrich (2002): Zur Genealogie von Moral. In: Nietzsche, Friedrich (2002): Kritische Studienausgabe. Hrsg. v. Giorgio Colli u. Mazzino Montinari. München: DTV. 245-412.
Puar, Jasbir K. (2007): Terrorist Assemblages. Homonationalism in Queer Times. Durham: Duke University Press.
Reiter, Rayna R. (1975): Toward an Anthropology of Woman. New York: Monthly Review Press.
Rich, Adrienne (1997): Compulsory Heterosexuality and Lesbian Existence. In: Kemp/Squires (1997): 320-325.
Ricoeur, Paul (2005): Das Selbst als ein Anderer. München: Fink.
Riley, Denise (2000): The Words of Selves. Identification, Solidarity, Irony. Palo Alto: Stanford University Press.
Rubin, Gayle (1975): The Traffic in Women. Notes on the 'Political Economy' of Sex. In: Reiter, Rayna R. (1975): Toward an Anthropology of Woman. New York: Monthly Review Press. 157-210Rubin, Gayle (1996): The Outcasts: A Social History. In: Califia/Sweeney (1996): 339-346.
Schaeffer-Hegel, Barbara/Wartmann, Brigitte (Hrsg.) (1984): Mythos Frau. Projektionen und Inszenierungen im Patriarchat. Berlin: Publica-Verlagsgesellschaft.
Sedgwick, Eve (1991): Epistemology of the closet. Berkeley: University of California Press.
Sophocles (1992): Antigone. Ü. v. W. Kuchenmüller. Stuttgart: Metzler.
de Spinoza, Baruch (1977): Die Ethik [lat./dt.: Ethica. Ordine Geometrico demonstrata]. Ü. v. J. Stern. Stuttgart: Reclam.
Steiner, George (1988): Die Antigonen. Geschichte und Gegenwart eines Mythos. München: Carl Hanser Verlag.
Tsomou, Margarita (2010): Femme-Praktiken. In: Hugs and Kisses 6. 2010(April). 19-22.
Villa, Paule-Irene (2008a): schön normal. Manipulationen am Körper als Techniken des Selbst. Bielefeld: transcript.
Wittig, Monique (1980): The Straight Mind. In: Feminist Issues 1. 1980(1). 103-112.
Wittig, Monique (1980): One is not born a Woman. In: Feminist Issues 1. 1981(2). 47-54.
Woltersdorff, Volker (2007): Zuckerbrot und Peitsche: Verheißungsvolle Drohungen sadomasochistischer Rollenspiele. In: Heisler et al. (2007): 215-233.
Woltersdorff, Volker (2008): Doppel pervers? Über schwule, lesbische und trans-queere SM-Sexualität. In: Hill et al. (2008): 113-126.

Online:

Gender Killer: http://www.gender-killer.de/ag/about_lang.htm (zuletzt besucht am 18.03.2011).
"The Bad Writing Contest Press Releases" 1996-1998, Philosophy and Literature: http://www.denisdutton.com/bad_writing.htm (zuletzt besucht am 05.09.2010)
Luig, Judith (2008): Offenbarung in Potsdam. In: Die Tageszeitung (24.06.2008): http://www.taz.de/1/archiv/digitaz/artikel/?ressort=tz&dig=2008/06/24/a0107&cHash=e922df4652 (zuletzt besucht am 18.03.2011).
Monkeydick Productions: http://www.monkeydick-productions.com/blog/(zuletzt besucht am 18.03.2011).
Wang, Jackie (2009): On being hard femme 1. Baltimore; zum Download unter: http://www.qzap.org/v6/index.php?option=com_g2bridge&view=gallery&Itemid=41&g2_itemId=1623 (zuletzt besucht am 20.03.2011).

Über das sprachliche Kapital der Länder in Europa

> Zur Fremdsprachenkompetenz der Bürger Europas

Jürgen Gerhards
Mehrsprachigkeit im vereinten Europa
Transnationales sprachliches Kapital als Ressource in einer globalisierten Welt

2010. 244 S. (Neue Bibliothek der Sozialwissenschaften) Br.
EUR 24,95
ISBN 978-3-531-17441-9

Globalisierung und die fortschreitende Verflechtung der Mitgliedsländer der Europäischen Union führen zu neuen Anforderungen an und Chancen für die Bürger in Europa. Wollen diese am Europäisierungsprozess partizipieren, indem sie z. B. im Ausland studieren oder arbeiten, dann müssen sie die Sprache des jeweiligen Landes sprechen. Transnationales sprachliches Kapital wird damit zu einer zentralen Ressource der Teilhabe am Europäisierungsprozess.

Jürgen Gerhards rekonstruiert die Rahmenbedingungen, unter denen Mehrsprachigkeit zu einer zentralen Ressource geworden ist. Auf der Grundlage einer Umfrage in 27 Ländern der EU analysiert er die Fremdsprachenkompetenz der Bürger Europas; dabei gelingt es ihm, die enormen Unterschiede, die sich in der Ausstattung mit transnationalem sprachlichen Kapital zwischen und innerhalb der Länder zeigen, systematisch zu erklären. Gerhards plädiert für eine radikale Umkehr in der Sprachenpolitik der EU, indem er sich für die verbindliche Einführung des Englischen als ‚lingua franca' in Europa ausspricht.

Erhältlich im Buchhandel oder beim Verlag.
Änderungen vorbehalten.
Stand: Juli 2010.

www.vs-verlag.de

Abraham-Lincoln-Straße 46
65189 Wiesbaden
Tel. 0611.7878-722
Fax 0611.7878-400

MIX
Papier aus verantwortungsvollen Quellen
Paper from responsible sources
FSC® C105338

If you have any concerns about our products,
you can contact us on
ProductSafety@springernature.com

In case Publisher is established outside the EU,
the EU authorized representative is:
**Springer Nature Customer Service Center GmbH
Europaplatz 3, 69115 Heidelberg, Germany**

Printed by Libri Plureos GmbH
in Hamburg, Germany